이
산
離散

이산

분단과 월남민의 서사

2020년 11월 16일 초판 1쇄 발행

지은이 | 한성훈
펴낸곳 | 여문책
펴낸이 | 소은주
등록 | 제406-251002014000042호
주소 | (10911) 경기도 파주시 운정역길 116-3, 101동 401호
전화 | (070) 8808-0750
팩스 | (031) 946-0750
전자우편 | yeomoonchaek@gmail.com
페이스북 | www.facebook.com/yeomoonchaek

ISBN 979-11-87700-39-5 (93340)

여문책은 잘 익은 가을벼처럼 속이 알찬 책을 만듭니다.

(재)한국연구원은 학술지원사업의 일환으로 연구비를 지급하고, 그 성과를 한국연구총서로 출간함.

이산
離散

분단과 월남민의 서사

한성훈 지음

여문책

일러두기

- 책에서 인용한 구술 자료는 교육부(한국학중앙연구원)의 지원으로 연세대학교 국학연구원 역사와공간연구소가 수행한 '구술생애사 조사연구' 사업의 성과물입니다.

- 구술 자료의 표기는 구술자 구술, 면담자 채록, 구술을 채록한 장소, 날짜순입니다. 구술 자료 외에 다른 자기 증언이 있는 경우와 공적 영역에서 널리 알려진 구술자는 성명을 밝혔고, 부득이하게 구술자의 신원을 밝히기 어려운 경우는 성만 표기하고 이름은 ○○으로 처리했습니다.

- 북한과 남한을 가리키는 이북–이남, 북측–남측, 북쪽–남쪽, 평양–서울과 같은 용어는 글에서 이 어휘가 쓰이는 시기와 내용, 맥락에 따라 다르게 표기했습니다.

- 이 책의 일부는 다음 글에서 수정하고 보완한 것입니다.

  – 「북한의 해외동포 정책과 북미주의 이산가족찾기운동: 토론토의 이산가족찾기회를 중심으로」, 『한국연구』 02, 한국연구원, 2019.

  – 「월남 지식인의 정체성: 정치사회변동과 자기결정성」, 『동방학지』 180, 국학연구원, 2017.

  – 「월남민의 서사: 출신지와 이산가족, 신념, 전쟁체험을 중심으로」, 『사림』 60, 수선사학회, 2017.

- 이미지 자료의 출처는 다음과 같습니다.

  2장의 편지는 구술자 이병욱이 제공했고 7장과 8장의 사진과 편지, 신문은 전순영 여사가 기증한 것이며 12장의 사진은 구술자 유태영 목사가 제공한 것입니다.

일제강점기가 끝나고 광복을 맞은 이 땅에는 모든 것이 요동치고 있었다. 국가가 제 모습을 갖추기 위해 정치체제가 들어서고 사람들은 점차 그 구성원이 되어갔다. 대한민국과 조선민주주의인민공화국 사이에 처참한 결과를 남긴 전쟁이 벌어지고, 북측이 의도했던 무력을 앞세운 통일은 실패로 끝났다. 70년 전 시작한 전쟁은 멈추었지만 서울과 평양, 워싱턴 사이의 군사 위협은 여전히 계속되고 있다. 분단되어버린 땅은 체제의 대립으로 사람들의 인식 속에서 굳어져왔다.

이산離散은 흩어짐이다. 해방 이후 남북한의 정부 수립과 전쟁을 거치면서 월남민이나 피란민, 나중에 이산가족이라고 부르는 사람들이 생겨났다. 이산가족은 월남민에게만 해당하는 것은 아니다. 남쪽에서 북쪽으로 간 월북자의 남은 사람들도 이산가족이다. 그들은 가족과 친구, 사랑하는 사람들과 헤어져 관계가 단절되었다. 태어난 집과 자란 동네, 고향이라는 장소로부터 떨어졌다. 개인의 삶을 정치사회에서 보면 그들은 공동체의 경계를 넘나들던 사람들에 해당한다.

이 책은 우리의 과거와 관련되고, 우리가 미래에 무엇을 가치 있게 여기는지 알게 해준다. 북쪽에서 남쪽, 남쪽에서 다시 해외로 이주한 월남민은 우리 정치공동체의 구성원이다. 이들의 활동과 남북한에 대한 인식, 삶의 강한 동력인 가족과 그 서사, 그리고 국가의 의미를 밝히는 게 이 책의 목적이다. 남한에 정착한 월남민의 다양한 삶이 비교적 잘 알려진 데 비해, 해외에서 활동한 사람들의 존재는 평양에 가까운 타자의 삶으로 여겨져왔다.

월남민의 탄생과 남북관계에 지속적으로 영향을 받는 이산의 문제를 어떻게 볼 것인가. 서로 다른 체제 이행과 전쟁의 산물이 월남민과 이산가족이다. 그들은 분단사회가 낳은 서사의 주인공이다. 남북관계에 가장 예민한 사람들이 북쪽이 고향인 사람들이다. 남북대화라도 열리면 귀를 쫑긋 세울 수밖에 없는 그들의 삶은 소용돌이 속에 휘말린 채 별다른 주목을 받지 못했다.

지난 일을 뒤돌아볼 때 조심스러운 점은 변화의 과정과 선택의 순간에 집중해야 하는 것이다. 그 상황의 역동성을 보지 않으면 마치 모든 것이 이미 결정된 것처럼 보이기 때문이다. 사람의 행위를 설명하려면 그 사람의 행동이 어떤 인식과 상황에서 비롯되었는지 살펴보아야 한다. 행동이 어떤 틀에 따라 이루어졌는지, 자신과 주변 상황을 그들이 어떻게 인식하고 재구성했는지가 중요하다. 대규모 이산의 결과로 삶의 단절과 가족의 이별, 상이한 사회에 대한 적응, 정체성의 변화가 뒤따랐다. 전 생애에 걸쳐 이와 같은 영향이 나타난다. 격동의 현장에서 사소해 보이는 결정 하나가 인생의 갈림길로 작용했다.

이 땅의 분단은 한편으로 70여 년 동안 가속된 측면이 있는 반면, 다른 한편으로는 이 대립과 갈등을 어떻게든 이겨내려고 노력해온 과정이다. 사회변동에 영향을 주고받은 사람의 생애는 정치사와 개인사의 교차점을 들여다보게 한다. 남한을 포함해 북한이나 해외에서 바라볼 때, 월남민들의 경험과 생애가 남한 사회에서 어떤 변화를 가져왔는지 밝히는 것이 중요하다.

중첩된 세계에서 사람들의 관점은 여러 가지가 있을 수 있다. 세계시민의 관점과 한반도 전체에서 생각하는 관점, 남한의 국민으로서 또는 북한의 인민으로서 사고할 수 있다. 월남민이 남쪽으로 오기 전 이북에서 겪은 체험은 사회제도가 성립하는 과정에 비추어 살펴볼 수 있다. 이것은 일제강점기와 사회주의 체제 이행이라는 구조에 때로는 포섭되고, 때로는 저항하는 개인으로서 그들의 체험을 말하는 것이다.

북한의 사회주의와 남한의 자본주의 체제 수립, 한국전쟁과 시간의 흐름에 따른 남북관계는 월남민들에게 인식의 변화를 가져다주는 동시에 일정한 행위를 수행하게 한다. 사회주의 체제 이행과 전쟁은 개인의 선택을 극도로 제한한다. 불가피해 보였던 개인의 선택에는 사회변동에 대응하는 자신들의 관점, 곧 자아정체성이 포함될 수밖에 없다. 사람의 정체성은 자신의 '인식'과 '해석'이라는 '믿음체계'를 구성하면서, 또 그 안에 구속된 채 형성되는 경우가 대부분이다. 공간이나 지역에 따라 자신의 해석이 달라지고 '믿음체계' 또한 급격히 변화할 수 있다.

예를 들어 전쟁은 한 개인에게 반공주의라는 이념을 심는 데 그치지 않는다. '생존'을 위한 불가피한 선택이 개인의 인식을 바꾸고, 이는 정치권력에 대한 비판적 지성을 쉽게 외면하는 결과를 초래한다. 전장에서 벌어진 비참한 광경은 정치사회와 인간에 대한 이해를 근본적으로 바꾸어놓았다. 사상의 포로가 되었을 때 내전은 대규모 학살과 보복으로 이어졌다. '종전선언'으로 회자되고 있지만 남한과 북한은 한국전쟁이 남긴 유산을 넘어서지 못하고 있다. 미국의 개입을 포함해서 말이다.

개인의 행위라는 관점에서 눈여겨볼 것은 해외로 이주한 사람들이다. 남한에서 북미주로 이주한 월남민은 북쪽에서 남쪽으로 올 때보다 훨씬 더 합리적인 목적을 가진 행위자라고 할 수 있다. 그들 중에는 명백하게 '북한'을 염두에 둔 경우도 있지만, 대부분은 국제이주의 일반적인 경향이라고 볼 수 있다. 경제적 이해가 북미 지역으로 이주하는 주된 목적이라는 의미다. 이주 동기로 볼 때 이 같은 현상은 오늘날 벌어지고 있는 북한 인민의 남한행과 비교해볼 수도 있다.

북쪽에서 남쪽으로 온 후 남한을 떠나 남미와 북미 대륙에 정착한 월남민들이 상당하다. 평화통일운동에 앞장선 그들은 어떤 면에서 남북한 당사자들보다 오히려 남북 문제에 대한 이해가 더 깊을 수 있다. 남한이 보지 못하는 북한을 보거나, 북한이 보지 못하는 남한을 바깥 세계에서 볼 수 있기 때문이다. 쌍방의 교차 접촉 역시 가능하다. 해외 한인의 통일운동이 남북한 정책에 직접 영향을 끼치는 경우도 있다. 남한 정부는 이념과 노선의 차이를 극복하려고 노력한 사람들을 오랫동안 방관자의 입장에서 손 놓고 있었다.

해외에 이주한 월남민이나 이산가족들에게 중요한 것이 이북의 해외동포 정책과 '조국방문'이다. 이산가족 만남과 월남민의 교류에는 조선로동당 통일전선부 산하의 조선해외동포원호위원회 역할이 중요하다. 평양의 해외동포 정책과 이산가족사업은 조선해외동포원호위원회와 캐나다의 전충림이 운영한 해외동포 이산가족찾기회Organization for the Reunification of Separated Korean Families 활동에서 명쾌히 알 수 있다. 1960년대 초 토론토로 이주한 전충림·전순영 부부는 1970년대 초반 한국에 유신체제가 들어서자 민주화운동의 일환으로『뉴코리아타임스*The New Korea Times*』를 창간했다. 그들은 이를 바탕으로 1980년대 초반부터 해외동포 이산가족찾기 조직을 만들고 북한과 교류해왔다.

북미주 월남민의 대북 이산가족 교류는 평화통일운동을 예고한 셈이다. 우여곡절을 겪었지만 그들은 뿔뿔이 흩어진 이산가족들의 만남을 진행하며 평양의 해외동포 정책을 변화시켰다. 수많은 사람이 '조국방문'이라는 형식으로 평양을 다녀왔고, 그들이 남긴 각양각색의 형상은 또 다른 인민의 자화상을 보여준다. 남북관계의 이면에서 이루어진 이산가족들 사이의 편지와 왕래는 '주민접촉'이라는 제도로 환원되지 않는다.

생애사의 관점에서 볼 때 월남한 지식인의 행적은 남한 사회의 또 다른 속살을 보여준다. 책에서는 비교적 소상한 행적을 알 수 있는 네 사람의 정체성을 좇아본다. 문학평론가 김우종과 법률가 김태청, 기독교 통일운동가 유태영, 기업인 오동선이 그들이다. 생애에서 중요한 사건을 따라 정체성의 형성과 그 내용을 다루었다. 월남민을 하나의 집합으로 본다면 그들에게는 유사한 의식을 공유하는 공통의 정체성이 존재할 수 있다. 이들이 공유한 동일성을 '집단정체성'이라고까지 부르기는 어렵지만, 부분적이나마 공통의 인식을 가진 특수한 집단으로 살펴볼 수는 있을 것이다.

남북관계와 북한 연구의 종착점을 통일 문제에 귀속시켜온 것이 사실이다. 추상적인 어휘인 '통일'은 남북관계의 내적 연계성을 염두에 두면서 상대방 정치체제의 이행과 경제발전, 그 구성원의 성격을 어떻게 볼 것인지와 관련되어 있다. 남북한을 비교하는 것 역시 마찬가지다. 이산가족과 월남민을 포함해 해외동포들의 활동을 평화통일운동 관점에서 조명하는 것이 중요하다.

이산가족들이 작성한 여러 형태의 문건은 토론토의 해외동포 이산가족찾기회와 평양의 조선해외동포원호위원회가 교류하면서 생산한 자료다. 세계에 흩어져 있는 월남민들이 『뉴코리아타임스』 사무실로 전송하거나 우편으로 보내고, 이를 다시 평양과 주고받은 것들이다. 분단시대를 가로지르는 귀중한 사료라고 하겠다. 해외동포 이산가족찾기회의 자료는 북미주와 북한의 이산가족이 만나는 과정을 투명하게 보여준다. 그들이 작성한 수기나 가족에게서 받은 편지, 또 평양을 다녀온 이후의 감상이 포함된 방북기와 여행기는 개인의 감정을 반영하면서 평양의 내부세계 또한 보여주고 있다.

현재 남한 사람이 북한 사람을 만나는 것은 금지되어 있다. 미지의 세계였던 북한의 장막을 처음 연 이들은 북미주 월남민들이다. 막연히 봤을 때, 그들은 정치의 뒤안길에서 조용히 숨죽인 채 웅크리고 있던 존재들이다. 이 책을 읽다 보면 격동의 도가니 속에서 운 좋게 살아남은 사람들이 남긴 수많은 이산의 장면이 떠오를 것이다. 그들의 서사에는 북녘의 현장이 손에 잡힐 듯 펼쳐질 것이고, 그 상이 남녘의 눈에 맺힐 것이다. 우리의 미래를 앞서 살다 간 사람들의 삶이 펼쳐질 것이다. 마치 장인의 손으로 다듬어져온 것 같은 서사를 마주해보자.

명로 보아라

오늘 우연히 꿈에도 잊지못하던
네 소식을 인편에 전해들었다.
30대에 헤어진 네 소식을
팔값을 맞으며 받으니 한시도
못잊던 소식이만 그저 꿈만
같구나.
그간 불효막심한 우리를
남겨두고 부모님들은 다 돌아
가셨다.
지난해까지만 해도 어머님
산소에 갔댔는데 지금은
왼쪽팔라 다리에 마비가 와서
광조 내외 앞이 가고 있다.
형수는 무고하다.
어머님은 돌아가실때까지
네 이름을 부르며 눈을 감지
못했다.

1부

월남민의 탄생

그땐 아무도 북한의 가족을 찾거나 또 거기 나라와 사회를 보고자 감히 돌아가려 하지 않았다. 모두 '반공'의 우상에 사로잡혀 자유를 잃었다. 자유는 이 미국 땅에도 내 양심 속에만 존재했다. 가족도 친구도 교회도 내게 머리 둘 곳이 못 되었다.

—홍동근, "1981년 가을 북한을 방문한 이후",
『(홍동근 북한방문기) 미완의 귀향일기:
주체의 나라 북한을 가다(상)』, 서울: 한울, 1988

1장

이산

북쪽에서 남쪽으로

한반도 북쪽의 이미지는 춥고 쌀쌀하다. 이용악 시인이 말한 대로 「북쪽」은 시름과 아픔이 차갑게 깃든 곳이다. 해방 이후 남쪽과 북쪽에 이전에는 존재하지 않았던 사회주의와 자본주의를 지향하는 사회가 들어서기 시작했다. 근대국가의 형태를 띠는 이 체제의 수립은 곧 정치공동체 구성원을 형성하는 과정이었다. 어떤 사람들을 한 나라의 구성원으로 할 것인지는 대한민국과 조선민주주의인민공화국이 추구하는 사회의 성격과 주권자에 대한 명명에 따라 달라졌다. 개인의 정체성과 국가가 요구하는 공동체 구성원의 정체성은 일치할 수도 있고 그렇지 않을 수도 있다. 개인에게 선택의 여지가 있기는 하지만 현실에서는 때로 제한적이다.

월남민을 시간과 공간의 형식으로 표현하면, 그들은 1945년 해방 이후부터 한국전쟁 기간 동안 북쪽에서 38선이나 전선front line을 넘어 좀 더 남쪽으로 이주한 사람들이다.[1] 이산 1세대를 가리키는 이들에 대한 명칭은 시기마다 달라졌는데, 전쟁 상황의 여파를 강조해서 부를 때는 '피란민'이라고 했고 자신들의 처지를 비하해서 부를 때는 '삼팔따라지'라고 했다.

국립국어원은 '삼팔따라지'를 '놀음판에서 사용되는' 용례로 먼저 싣고 뒤이어 '38선 이북에서 월남한 사람을 속되게 이르는 말'이라고 풀이하고 있다.[2] 남한 사회에 적응하기 위해서 기울인 노력에 비해, 경제적으로 어렵고 지역공동체에서 제대로 자리잡지 못한 사람들이 종종 스스로를 '삼팔따라지'라고 불렀다.

한민족의 역사에서 분단은 그 이전에 이 땅을 떠난 사람들에게도 큰 영향을 끼쳤다. 일제강점기에 가장 먼저 뉴욕 땅을 밟은 한인으로 알려진 한승인을 비롯해 오랫동안 뉴욕에 거주한 김형린처럼 북미주로 이주한 그들에게 큰 영향을 끼친 것은 미국과 캐나다의 선교사들이었다. 김형린은 19세기 말 평안북도 강계에서 태어나 1921년 미국 땅을 밟았고 1933년 뉴욕으로 이주했다.[3] 그는 아마 뉴욕에서 가장 오래 거주한 한인이라고 해야 할 것이다. 영실중학교를 졸업한 후 1919년 숭실대학에 재학 중일 때 전교생이 구호를 외치며 길거리로 나선 3월 1일, 독립

---

1   월남민의 이주 동기와 피란민에 대해서는 다음 글을 참고한다. 한성훈, 「월남 지식인의 정체성: 정치사회변동과 자기 결정성」, 『동방학지』, 제180호, 2017, 99~103쪽.
2   국립국어원, 『표준국어대사전』, 서울: 두산동아, 2000, 3260쪽.
3   조종무, 『아메리카 대륙의 한인 풍운아들(상)』, 서울: 조선일보사, 1987, 220쪽, 312쪽.

운동에 참가해 평양 시내 거리를 누비고 다녔다.

한반도의 분단, 남한과 북한이라는 두 개의 사회는 후대 사람들이 보는 관점이지 일제강점기에서 해방 이후로 이어지는 당대 사람들에게는 실재하지 않는 현상이었다. 1930년대 이후 해외에 정착한 한인들에게 분단은 먼 훗날의 일이었고, 남북한이라는 서로 다른 사회가 앞으로 자신들의 삶에 어떤 영향을 끼치게 될지는 아무도 모르고 있었다. 1945년부터 진행된 분단사회의 형성 이전에 북미주로 이주한 이북 출신들에게 분단 이후의 조국은 남한일지, 북한일지 알 수 없었다. 지리적 분단은 결국 서로 다른 정치체제를 의미하게 되었지만, 분단 이전에 한반도를 떠난 사람들에게 남북한 정부는 또 다른 선택의 길이었다. 오늘날 해외 한인의 활동을 평가하려면 남북한의 역사와 정치를 통합적으로 보는 관점이 필요한 이유다.

일본 제국주의가 한반도를 통치하던 20세기 초에 해외로 이주한 한인들에게 분단은 낯선 인식이었다. 그들은 태평양 건너편에서 한반도의 해방과 남북한 정부가 들어서는 것을 목격했다. 1903년 함경남도 홍원 출생의 강용흘은 1921년 미국으로 건너가 의학과 영문학을 전공한다. 『브리태니커 백과사전*Encyclopaedia Britannica*』의 동양 부문 집필을 맡았던 그는 뉴욕대학에서 함께 교편을 잡았던 토머스 울프Thomas Wolfe의 친구였다.

2차 세계대전 중에 강용흘은 미국 육군성의 출판 책임자로 일했으며, 해방 이후에는 남한으로 파견되어 미 제24군단에서 민간인 고문으로 활약했다. 이때부터 이승만과 사이가 나빠진 그는 1948년 미국으로 돌아가 뉴욕대학을 비롯한 여러 대학에서 강의하는 동안 남한 정부로부터 공산주의자로 몰려 곤경에 처한 적이 많았다.[4] 아마 그가 이승만 대통령의 독재를 자주 비판한 이북 출신이었기 때문일 것이다.

북쪽에 살던 사람들이 남쪽으로 이주하게 된 사연은 각양각색이다. 광고산업을 개척하고 큰 업적을 남긴 신인섭은 대학 1학년 때 평등한 사회를 말하는 이북 사회에서 인민과 당 간부들의 전차 이용을 차별하는 정책을 보고 이것을 비판하는 글을 수필경연대회에서 썼다. "평등한 사회가 되자는데 특별전차는 이상한 것 아니냐는 취지였"다. 이 일로 여기저기 불려 다니며 자아비판을 했는데, 이것은 그에게 "인간으로서 모멸감을 느끼지 않을 수 없"게 만들었다.[5]

이런 일을 겪은 다음 남쪽으로 가야겠다고 결심한 신인섭은 전쟁이 발발한 후 4개월 남짓 사산리에 있는 할아버지 집에서 도피생활을 하다가 11월에 서울로 왔다. 1929년 7월 평안남도 평원군 서해면 사산리에서 태어난 그는 1949년 7월 평양교원대학 국문과를 졸업하고 교육성 편찬관리국에서 러시아어를 한국어로 번역하는 대학교재 교정원으로 일했다. 이태 전인 1947년 7월, 평양사범전문대학을 졸업한 그는 평양시 성동인민학교에서 교사생활을 하다가 다시 평양교원대학에서 수학한 교원이었다. 사회주의 체제 형성 과정에서 신인섭과 같이 자기 자신의 정체성을 부정당하는 지식인의 이탈은 피할 수 없었다.

여러 경로를 거쳐 남쪽으로 온 사람들은 각 지역에서 소규모 마을을

---

4   조종무, 1987, 233~239쪽.
5   김병희, 『신인섭: 르네상스 광고인의 불꽃같은 한평생』, 서울: 새로운사람들, 2010, 22~24쪽.

이루며 공동체를 만들었다. 부산이나 거제도에 도착한 사람들은 정부 정책에 따라 영도의 남항동이나 청학동 같은 피란민 수용소에 집단으로 거주한 후, 우암동이나 당감동으로 옮겨 그들만의 마을을 형성했다. 부산시가 마련한 피란지였던 우암동에 정착한 여성들은 동일한 공간을 배경으로 경제활동을 하면서 형성된 인맥을 이용해 계모임을 조직했다. 차철욱이 구술 자료를 가지고 꼼꼼히 살피고 있듯이 계모임은 거주(가사, 육아)와 일터(노동), 휴식(여가)으로 이어지는 생활공간과 이웃 사람들과의 관계 형성에 큰 역할을 했다.[6]

남한 사회는 월남민을 다양한 방식으로 조명해왔다. 주로 남쪽으로 이주하게 된 배경과 그 과정, 그들의 출신과 사회 성분, 정착한 지역과 공동체 형성, 이산가족을 다루는 데 중점을 두었다.[7] 서울에 정착한 사람들은 용산 해방촌에서 마을을 형성했고, 제주처럼 정부의 정착사업으로 해안 지역에 편입된 사람들도 있었다.[8]

뚜렷한 연고가 없는 사람들은 『정감록鄭鑑錄』에 나오는 십승지十勝地 중에서 경북 봉화와 충남 공주의 유구 지역으로 몰려들었다. 그야말

---

6 차철욱, 「부산지역 피란민 유입과 피란민 공간만들기: 우암동 피란 여성을 중심으로」, 『석당논총』, 제63권, 2015.

7 이북에서 월남한 배경과 시기, 그들의 사회경제적 성분에 대한 기존 연구에 대해서는 다음을 참고한다. 한성훈, 「월남민의 서사: 출신지와 이산가족, 신념, 전쟁 체험을 중심으로」, 『사림』, 제60권, 2017, 339~340쪽.

8 이신철, 「월남인 마을 '해방촌'(용산2가동) 연구: 공동체의 성격을 중심으로」, 『서울학연구』, 제14호, 2000, 83~116쪽; 김귀옥, 「해방직후 월남민의 서울 정착: 월남인의 사회·정치적 활동에 대한 접근」, 『典農史論』, 제9권, 2003; 김아람, 「38선 넘고 바다 건너 한라산까지, 월남민의 제주도 정착 과정과 삶」, 『역사문제연구』, 통권35호, 2016, 207~251쪽.

로 전란을 피해서 들어간 것이다. 정치사회의 혼란 속에서 생겨난 십승지는 외부의 침입이 어려운 자연경관이 있는 곳이었다. 『정감록』에서는 남한의 여남은 장소를 십승지지十勝之地라고 했는데, 난리를 피해 목숨을 보전하고 자급자족할 수 있는 지역이었다. 황해도 옹진이 고향이었던 피란민들 중 일부가 공주시 유구로 찾아들었다. 1937년 옹진에서 출생한 조현동은 1951년 1월 연평도를 거쳐 인천으로 왔고, 1952년에 유구로 이주해 직조공장에 취직했다. 그는 "공주 유구가 어디에 붙었는지도 모르고" 평택을 출발해 물어 물어서 천안을 거쳐 온양, 예산, 대전을 지나 목적지에 도착했다. 황해도민이 유구에 제법 많이 이주했는데 같이 피란을 떠난 친척들이 연이어서 그곳에 정착했다.

조현동의 큰아버지는 『정감록』을 읽은 후 사돈에게 권하여 함께 유구로 와서 직조공장을 하고 있었다.[9] 일가와 친척들이 모여 마을을 만들었다. 아버지가 『정감록』을 잘 보았던 방모월의 경우도 유구로 이주한 피란민들과 비슷한 방식으로 자리를 잡았다. 김세림이 밝혀놓았듯이 유구는 한때 직조업이 유명한 곳이었는데, "전쟁이 만든 십승지의 일시적 호황"을 누렸다.[10]

그 외에 정착한 지역을 살펴보면 연고가 있는 사람들의 경우 친척이나 가까운 동료가 있으면 그들의 도움으로 그 주변에 주거지를 잡았다. 별다른 연고 없이 고향에 금방 돌아갈 마음을 가진 사람들은 이북과 비교

---

9 김세림, 「1950년대 공주 유구지역의 피란민 정착촌 형성과 직조업」, 김성보 편, 『분단시대 월남민의 사회사: 정착, 자원, 사회의식』, 서울: 혜안, 2019, 76쪽, 85쪽.

10 김세림, 2019, 88~89쪽. 구술자 조현동과 방모월은 가명이다.

적 가까운 인천과 강화도에 공동체를 이루어 집단으로 생활했다. 그들은 지금처럼 분단이 고착되거나 70여 년 가까이 고향으로 돌아가지 못할 것이라고 상상할 수 없었다. 되돌아보면 많은 월남민이 언젠가는 다시 고향 땅을 밟을 수 있을 것이라는 희망을 놓지 않고 이생을 마감했다.

1950년대 인천 지역에 정착한 월남민 중에서 시에 유입된 인구의 절반 이상을 황해도 출신이 차지했다. 인천시의 인구 변화에 큰 영향을 끼친 피란민들은 사회구조와 경제활동, 생활면에서 매우 체계적으로 재생산되었다. 처음부터 계획한 것은 아니었지만 정착 과정과 생업, 동별 거주, 동향인 조직으로 형성되는 사회관계망은 피란민의 정체성을 구성하는 요인이었다.[11] 그들은 자유공원의 맥아더 동상 철거를 반대하는 궐기대회와 같은 '반공'투쟁에 앞장섰고 은율탈춤과 서해안 풍어제, 황해도 굿과 같은 민속문화를 계승하며 정체성을 다졌다.

개인의 운신은 저마다 다르지만 월남민은 어떤 방식으로든 남한 체제에 적응하고 사회 형성에 동참한다. 제도적 상황이 바뀌는 가운데 있었던 월남민을 이주의 일반적인 개념으로 설명하는 것은 적절하지 않다. 이보다는 분단의 특수한 상황이 훨씬 강하게 작용하고 있다. 이와 비교해 남한에서 북미 지역이나 다른 곳으로 이주한 경우는 부분적으로 이주의 일반론을 적용할 수 있을 것이다. 오늘날 국제이주의 일반 형태는 경제적 관점의 이해관계가 주된 동기를 이룬다.[12]

월남민의 생애에는 역사와 정치의 결합 그리고 사건과 개인의 일상

---

11 김정숙, 『인천시 황해도민의 정착과 정체성 형성』, 한국교원대학교 교육대학원 석사학위
     논문, 2007.

이 얽혀 있다. 생애사에서 그들의 삶에 대한 자기증언은 객관적인 상황이라는 시각을 반영한 것이어야 한다. 자기증언의 대표적인 형식이 구술인데 이것은 '에고 도큐먼트ego-documents'의 일종이다. 에고 도큐먼트는 사적인 영역과 공적인 영역이 중첩되는 부분에서 만들어지는 텍스트라고 할 수 있다.[13] 구술에서 '사회적인 것the social'의 해석은 그 시대를 배경으로 하는 개인의 행위와 구조를 적절한 인과성과 상관관계로 밝히는 데 그 중요성이 있다.

구술을 가지고 이야기를 풀어나갈 경우, 여기에는 관련 사건 또는 경험에 대한 자기 자신의 의견이나 사실을 모두 드러내지 않을 때가 있다. 이것은 밝히는 부분과 밝히지 않는 부분 사이에서 적절히 드러내거나 숨기는 전략이다. 이 경우 구술하는 내용과 구술하지 않는 내용 모두 자신의 정체성과 관련되어 있음을 간파할 수 있다. 완전한 진실은 숨긴 채 그 진실의 일부만 털어놓는 경우를 "정신적 은폐mental reservation"라고 부를 수 있다.[14] 이것은 말하는 사람이 자신의 진의와

---

12 Stephen Castles·Mark J. Miller, *The Age of Migration: International Population Movements in the Modern World*, Basingstoke: Palgrave Macmillan, 2009(4th rev. ed.), p. 22.

13 에고 도큐먼트에 대한 자세한 내용은 다음 글을 참고한다. 한성훈, 「역사적 사건과 생애 연구: 민간인 학살의 증언자」, 이현서·박선웅 엮음, 『질적 연구자 좌충우돌기: 실패담으로 파고드는 질적 연구 이모저모』, 파주: 한울아카데미, 2018, 248~273쪽.

14 이 용어는 다음에서 차용했다. 존 포트만 지음, 서순승 옮김, 『죄의 역사: 숨기고 싶지만, 숨길 수 없었던 치명적인 이야기』, 서울: 리더스북, 2008, 50쪽. 법률 용어로는 심리유보心裡留保라고도 한다. 이는 당사자가 진의와 표시가 다름을 알고 있다는 점에서 착오와는 구별된다. 기독교에서는 심중유보心中留保라고도 한다.

그 표현이 일치하지 않음을 자각하고 있는 상태에서 행하는 의사표시를 말한다.

모든 사실을 다 말하지 않고 부분만 말하거나 또는 솔직하지 않은 진술이라고 해서 무조건 비난할 수는 없다. 진실을 모두 밝히지 않은 상태가 반드시 상대방에게 어떤 거짓을 전달한다는 뜻은 아니기 때문이다. 부분과 전체 사이에서 완전한 진실의 영역과 경계는 모호하다. 모든 것을 증언하지 않았다고 해서 부도덕한 것으로 볼 수도 없다. 그들이 말할 수 있는 환경 속에, 그리고 이미 진술한 텍스트 내에 진실은 존재한다. 월남민의 경우에도 이런 부분들이 존재하는데, 공식 기록으로 넘어온 이상 중요한 것은 텍스트가 갖고 있는 의미의 자율성에 있다.

월남민에게 38선이나 전선을 지나 남쪽으로 향하는 것은 '**상대세계**'로 들어가는 것을 의미한다. 다르게 표현하면 세계를 인식하는 '**기준선의 변동**'이라고 할 수 있다. 이것은 환경의 변화에 따라 관점과 사고의 체계를 이루는 기준이 달라짐을 의미한다. 행위와 인식의 기준은 고정되어 있지 않으며 언제나 변화 가능성을 가지고 있다. 기준선의 변동은 자기 자신과 세계를 이해하고 사고의 체계를 이루는 관점이나 가치관이 변하는 것을 표현하는 서술적 개념이다.

월남민들에게는 과거 이북에서 체험한 것이 기억으로 남아 있지만, 이것은 더는 자신의 행위와 실체를 가늠하는 절대적 기준이 될 수 없다. 남한이나 해외로 이주하면 어느 정도 종속될 수밖에 없는 새로운 사회적 가치와 기준에 맞닥뜨리게 된다. 새롭다는 것은 이런 환경과 인식의 판단 기준에 필연적인 변화가 있음을 의미한다.

교차하는 이방인

이산가족 입장에서 보면 월남민을 반드시 해방 이후에 남쪽으로 이주한 사람들이라고 할 수 없다. 리영희 선생은 임헌영과 가진 대담에서 월남인이나 실향민의 뜻을 엄격히 가려야 할 것이라고 주장했다. 1929년 12월 2일, 평안북도 운산군 북진면에서 태어난 리영희는 "해방 이전에 경성에 유학 와서 살았고 그 이후에도 줄곧 서울에 살고 있었으니까, 해방 후나 6·25전쟁 발발 이후에 이북에서 내려온 '피란민', '월남인'은 아니"었다.[15]

리영희는 다섯 살이 되는 해에 삭주군으로 이사한 후 외남면 대관동에서 성장했다. 아버지는 일제강점기의 공무원이었음에도 불구하고 쫓겨나지 않았는데, 새로 생긴 인민위원회는 행정원과 기술자 양성을 위해 관료들을 일부 다시 채용하도록 조치했다. 리영희의 아버지는 평소 주민들로부터 좋은 평판을 얻었던 까닭에 계속 현직에 머무를 수 있었다.[16] 이북 사회에서 월남은 자신의 선택과 주변의 강압이 동시에 작용하는 결과였다.

각양각색 이산의 사연은 역사라는 큰 물결 속에서 쉽게 사라지지 않는다. 전충림이 함흥에서 만난 김현무의 복잡하게 얽힌 앞뒤 사정은 소설처럼 보이기까지 한다.[17] 김현무는 함경북도 마전에서 농사를 짓고 있었다. 전쟁이 발발한 초기 미군 폭격으로 어머니가 세상을 떠나자 아내

---

15 리영희·임헌영, 『대화: 한 지식인의 삶과 사상』, 파주: 한길사, 2005, 34쪽.
16 김삼웅, 『리영희 평전: 시대를 밝힌 사상의 은사』, 서울: 책보세, 2010, 78쪽.

와 세 아이를 두고 인민군대에 자진 입대한다. 몇 주간의 훈련을 받은 후 남한으로 파송된 그는 낙동강 전선까지 진출해 전투에 참가했다. 전세가 바뀌어 후퇴길에 올랐지만 불행히도 그가 소속된 부대는 본대와 헤어져 춘천 부근에서 미군과 전투를 벌이게 되었고, 허벅다리에 관통상을 입은 채 붙잡힌 그는 거제도 포로수용소로 이송되었다.

1950년 11월 초순이었다. 이 무렵 김현무의 가족은 남편과 아버지가 돌아오기를 기다리고 있었다. 중국군의 참전으로 유엔군이 이북에서 후퇴하면서 마전 부근의 주민들이 미군의 명령에 따라 흥남으로 강제 철수를 당했다. 흥남 부둣가에 다다른 부인은 열한 살, 일곱 살, 네 살 아들을 데리고 LST(대형 상륙함)에 몸을 실었다. 배는 거제도에 도착했고 그들은 피란민 수용소에 버려졌다. 같은 섬에 남편이 있었지만 서로 소식을 알 길이 없었다. 아내는 섬의 포로수용소에 대한 이야기는 들었지만 그것이 자기와 무슨 상관이 있는지 모른 채 관심조차 두지 않았다.

1953년 여름 정전협정이 체결되면서 김현무는 남북 포로교환에 따라 가족이 기다리는 북으로 가고, 그사이 부인과 아이들은 부산으로 옮겨왔다. 마전에 다다랐지만 옛집도 가족도 없었다. 남쪽의 가족은 국제시장을 거쳐 남대문시장에서 장사를 하며 서울살이를 한 후 미국으로 이민을 떠나 생활의 안정을 찾았다. 부인은 동포들로부터 이산가족찾기 소식을 들었고, 아들과 함께 토론토 해외동포 이산가족찾기회의

---

17 이하 내용은 다음 글에서 정리한 것이다. 전충림, "혈육이 묻혀 있는 땅", 양은식 외, 『분단을 뛰어넘어: 북한방문기』, 서울: 중원문화, 1988, 65~68쪽.

도움을 받아 마침내 이북에 있는 남편을 찾았다.[18] 김현무는 고향의 협동농장에서 작업반장을 맡고 있었다. 아내의 편지를 받은 김현무는 일생 처음으로 아들 앞으로 편지를 보냈다. 편지를 받은 이는 미국 서해안에서 식당을 운영하던 장남 김동철이었다.

생활의 터전을 떠나 새로운 곳에서 나머지 인생을 사는 것은 주어진 상황에 따른 결과였다. 불가피하고 어쩔 수 없는 선택은 정치사회의 변동이 규정한 것이다. 남쪽에 왔던 월남민이 다른 나라로 이주하는 현상은 또 다른 설명을 요구한다. 전 세계가 지구화되기 이전에 국경을 넘나드는 이동은 쉽지 않았다. 남한 사회가 이들을 배척한 것도 한몫했다.

1930년 1월 함경남도 흥남시 동도리에서 태어난 주○○은 1950년에 가족과 헤어져 남쪽으로 향한다. 1981년 처제의 초청을 받은 그는 미국으로 건너가 시카고에서 금, 은, 시계, 가방, 여성용 장신구를 취급하는 잡화점을 운영한다. 해외동포들의 평양 방문은 소문을 타고 그에게까지 전해졌고, 1991년 해외동포 이산가족찾기회의 도움으로 이북에 생존해 있는 어머니와 남동생을 찾았다. 그가 전충림에게 보낸 편지가 '가족찾기 신청서'와 함께 편철되어 있는데, 그 내용을 보면 미국으로 이민을 떠난 이유가 고스란히 적혀 있다.[19]

특히 남쪽에서의 북쪽이 고향인 까닭의 미움으로 미국 이민 보따리를 쌌든 저는 12년 동안 한 번도 남쪽으로 간 일도 없으며 오직 북쪽에 계

---

18 해외동포 이산가족찾기회 조직과 활동, 그 의의에 대해서는 책 3장에서 자세하게 다룬다.

신 연로하시고 그리움에 젖은 어머님과 동생들과의 40여 년 만의 상봉마저도 중단된 현재의 저의 입장을 생각해주십사 하고 이렇게 답답한 저의 심정을 몇 자 적어드리오니……

북한의 가족을 찾고 편지를 주고받는 사이 한 해가 흘렀다. 인용한 편지는 주○○이 어머니의 80회 생일에 참석하기 위해 방북을 신청한 뒤에 1992년 8월 경유지인 중국 베이징에 머물며 쓴 글이다. 부인은 황해도 신천 출신의 월남민이었다. 언제나 북쪽을 마음 한쪽에 품고 있었기에 이북 출신이라는 낙인은 남한에서 알게 모르게 자기 존재의 상실감으로 이어졌을 것이다.

월남민은 이방인이었다. 불과 얼마 전까지만 하더라도 남한에서 다른 민족이나 다른 나라 사람을 얕잡아 보는 현상은 흔했다. 북한에서 온 사람들은 남한 사회에서 이방인 취급을 당하기 쉬웠다. 게오르크 짐멜Georg Simmel이 「이방인Der Fremde」에서 언급하는 이주사회학 관점으로 보자면, 사회적 행위자 사이의 가까움과 거리두기의 공간은 그들에게 불가피한 과정이었는지 모른다.[20] 이와 같은 과정에서 타자와 연결되는 자아상으로부터 새로운 정체성이 형성되었다.

한편 북한으로 영구 이주한 이방인도 존재한다. 2019년 7월 6일 최덕신의 둘째 아들 최인국이 이북에 영구 거주하기 위해 평양에 도착한다. 북한의 선전매체 〈우리민족끼리〉는 "류미영 전 천도교 청우당 중앙위

---

19 주○○, '가족찾기 신청서', 1991. 10. 2.

20 게오르그 짐멜 지음, 김덕영·윤미애 옮김, 『짐멜의 모더니티 읽기』, 서울: 새물결, 2005.

원회 위원장의 아들 최인국 선생이 공화국에 영주하기 위하여 7월 6일 평양에 도착하였다"고 보도했다. 서울의 언론은 이 사건을 크게 다루지 않았지만 소식을 접한 시민들에게 놀라움을 준 것은 분명했다.

평안북도 의주에서 태어난 최덕신은 독립운동을 한 아버지 최동오를 따라 아홉 살 때 중국으로 건너가 항일운동을 지켜보며 자랐다. 3·1운동에 참여한 최동오는 김일성이 다니던 만주의 화성의숙 교장이었다. 최덕신은 육사 특3기 출신으로 한국전쟁 때 11사단장으로서 거창사건의 책임을 지고 물러난 후, 1953년 유엔군 총사령관의 임명을 받아 휴전회담에 참가했다.[21] 박정희 정권 시절에 외무장관과 천도교 교령을 지내고 1976년 8월 미국으로 망명을 떠난 뒤 여러 차례 평양을 방문해 김일성을 만났으며, 1986년 9월 부인 류미영과 함께 북한으로 영구 귀국했다.

1989년 11월 최덕신이 사망했고, 1991년 8월 1일 김일성은 "조국평화통일위원회 책임일군들, 조국통일범민족련합 북측 본부 성원들과 한 담화"에서 그의 활동을 이렇게 요약했다.[22]

지난날 민족 앞에 떳떳치 못하게 살아온 사람들 가운데서 과거와 결별하고 민족의 단합과 조국통일을 위한 애국의 길에 나선 사람들이 적지

---

21 거창사건과 최덕신의 책임, 관련자들의 재판에 대해서는 다음을 참고한다. 한성훈, 『가면권력: 한국전쟁과 학살』, 서울: 후마니타스, 2014, 143~172쪽.

22 김일성, 「우리 민족의 대단결을 이룩하자」, 1991. 8. 1, 『김일성저작집 43』, 평양: 조선로동당출판사, 1996.

않습니다. 동무들이 다 알고 있는 바와 같이 최덕신 선생은 지난날 남조선에서 '국군' 군단장도 하고 '외무부장관'도 하던 사람입니다. 그는 남조선의 군부와 정계의 요직에 있으면서 친미반공의 길을 걸어왔지만 점차 집권자들의 매국적이며 반통일적인 처사에 환멸을 느끼게 되었으며 민족을 위한 참된 길을 걷기 위하여 해외에 망명하였습니다. 최덕신 선생은 해외에서 망명생활을 하면서 남조선 사회의 자주화, 민주화를 실현하고 조국을 통일하기 위한 애국 활동을 벌렸습니다.

김일성은 최덕신이 지난날 평양의 노선과 상반되는 길을 걸어왔으나, "과거와 결별하고 조국과 민족을 위한 길에서 새 출발을 하"였으며 "우리는 그의 희망을 적극 지지하여주고 민족의 대단결과 조국통일을 위하여 그와 손잡고 함께 일하"였다고 밝혔다. 김일성의 평가에 따르면, 최덕신은 이북에 망명한 이후 천도교 청우당 중앙위원회 위원장과 조국평화통일위원회 부위원장으로서 "조국의 륭성발전과 민족의 대단결을 위하여, 조국통일을 위하여 생의 마지막 순간까지 헌신"한 인물이다.

최인국의 경우처럼 여러 가지 이유로 남한에서 북한으로 '이주'하기도 한다. 법의 형식으로 보면 이와 같은 사건은 남북관계에서 대부분 불법이기 때문에 '이주'라고 하기에는 곤란한 부분이 있다. 북쪽의 인민이 대한민국을 선택하고 남쪽의 국민이 조선민주주의인민공화국을 선택하는 것은 어느 쪽에서나 현재로서는 불법이다. 정치공동체에 복속되어 있지만 실정법보다 더 넓은 맥락에서 개인의 행위를 바라볼 필요가 있다.

이북으로 건너간 사람들의 가족이 남쪽에서 겪는 아픔도 빼놓을 수 없다. 부에노스아이레스에 거주하는 조○○은 1971년 8월 14일 서울을 떠나 아르헨티나에 정착한다. 그는 1950년 9월 중순에 아버지와 형, 누나가 인민군을 따라 북쪽으로 간 월북자의 가족이다. 아르헨티나에서 대한무역투자진흥공사KOTRA 지사장을 지내기도 했지만 서울의 사회생활은 만만치 않았다. 그는 "북에 가족을 가진 사람을 감시하기 위하여 작성한 연좌제에 들어 있어 이를 피하기 위하여" 처가가 있는 아르헨티나로 떠났다.[23]

혼란 속에서 이주를 선택해야 했던 이야기를 들어보자. 충청북도 옥천군 안내면 현리에 살았던 김○○은 한국전쟁 이전인지 확실하지는 않지만, 외삼촌이 월북해 전쟁 당시 인민군 장교로 고향에 온 사실을 알았다. 그 이후 외삼촌과 소식이 끊긴 그는 대구시 대성동에서 상업에 종사하다 1987년 8월 영주권을 얻어 캐나다 온타리오로 이주했다. 1991년 3월 그는 외삼촌의 행방을 알기 위해 해외동포 이산가족찾기회에 '가족찾기 신청서'를 작성해 보냈다.[24]

송관호는 거제도 포로수용소에 붙잡혀 있던 중 반공포로로 석방되었다. 그는 1929년 지금은 이북 지역으로 편입된 강원도 이천군 판교면 명덕리에서 태어났다. 전쟁이 발발한 후 인민군대에 입대하는지도 모르고 무작정 철원의 군사동원부까지 미군의 공습을 피해가며 걸었다. 철원 로동당사에서 평강을 거쳐 덕원에 도착한 뒤 인민군 제45사단에 배속되었고, 그곳에서 군사훈련과 정치사상 교육을 받았다. 공습으로

---

23 조○○, '조국방문 신청서', 1992. 6. 30.
24 김○○, '가족찾기 신청서', 1991. 3. 12.

낮에는 솔밭에서 숨어 지내고 밤에는 교육을 받는 식이었는데, 1950년 10월에 접어들자 공습은 더욱 심해졌고 후퇴를 거듭해 영원군을 거쳐 강계 인근에까지 이르렀다. 강계로 후퇴하는 길에 그는 인민군대를 탈영해 무작정 남쪽의 집으로 향했다.

고향으로 향하던 송관호는 유엔군에 붙잡혀 포로로 전락한다. 아버지는 기독교인 출신으로, 로동당에 가입한 후 탈당한 적이 있었고 형은 이천군 서면 민주당에 근무했다. 1950년 9월 18일 몹시 덥고 조금은 흐린 날, 부엌에서 일하고 있는 어머니에게 "잠시 면에 다녀올게요" 하고 집을 떠났다. 그 길로 인민군에 징집된 그가 탈영을 결심한 것은 국군이 고향까지 들어와 "대한민국으로 통일이 되어버렸는데 강계로, 만주로 가본들 무슨 소용이 있을까?" 하는 생각에서였다. 어머니와 생이별한 후 남쪽에서 혈혈단신이 된 그는 북쪽에 있는 가족을 만나는 것이 소원이다.[25]

가장 최근에 논란이 되고 있는 김련희의 경우는 또 다른 관점에서 남북한 사람들의 이주가 국가의 새로운 제도 변경을 요구하고 있음을 보여준다. 2011년 중국에서 중개인에게 속아 남한으로 입국한 그는 어머니와 남편, 딸이 있는 평양으로 보내달라고 남한 정부에 9년째 요구하고 있다. 정부합동조사 과정에서부터 현재까지 '브로커에게 속아서 남한으로 잘못 왔다, 평양으로 보내달라'고 계속 요청한다.[26]

25 김종운, 『전쟁포로: 송관호 6·25전쟁 수기』, 서울: 눈빛출판사, 2015.

26 김련희 지음, 평양주민 김련희 송환준비모임 엮음, 『나는 대구에 사는 평양시민입니다』, 서울: 615, 2017.

김련희의 남편은 김책공과대학병원 내과의사이고 외동딸은 평양 려명거리 온반집의 요리사로 근무하고 있다. 김련희는 남북한 사이에서 국가를 선택하는 것이 어떤 역사적·정치적 맥락에서 새롭게 재구성되는지를 잘 보여준다. 남한 정부는 북송할 근거가 없다는 이유로 그의 요구를 계속 외면하고 있다. 몇 년간의 싸움 끝에 여권은 발급받았지만 정부는 김련희를 출국금지했다. 그는 〈페이스북〉과 각종 SNS를 활용해 자신의 남측 소식을 북측의 가족에게 전하고 〈유튜브〉에서 이 모든 것을 공개하고 있다.

이념의 자기장으로부터 자유롭지 못하던 시절 월님민들이 남한이나 북한과 교류에 뛰어들게 되면서 남북한 당국의 제도적 규범에 틈을 내기 시작했다. 장기적으로 볼 때 해외동포 월남민의 행적은 남북관계에 대한 정부의 정책에 긍정적인 자극이 되었다. 남북한 정부나 언론에서 판에 박힌 대로 떠드는 바와 달리 그들은 정치와 이념에 연루되지 않았다. 현재도 해외동포들 중에는 남북한 사회에 종속되지 않고 그 사이에서 유동하는 존재들이 많다.

남북한 정치권력은 조금씩 차이는 있지만 자신들의 정책과 이데올로기를 구성원들에게 강제하려고 했다. 좀처럼 해소되고 있지 않지만 남과 북의 폭력적인 관계에 신음하는 것은 남쪽과 북쪽을 모두 마음의 고향으로 둔 사람들이다. 남북을 왕래한 이산가족과 월남민들에게서 가장 흥미로운 점은 인간의 정서와 감정을 믿고 있었던 데 있다. 국가의 위계를 벗어나 마음속에서 오랫동안 움켜쥐고 있던 것을 실행에 옮긴 것이다.

탈민족주의 시대이기는 하지만 민족국가의 작동은 여전히 맹위를 떨치고 있다. 해외에 거주하는 한민족의 구성원에게 남과 북은 체제를 선택하는 문제를 넘어선다. 월남민을 포함한 해외 한인은 민족국가에 소속되기 이전에 이주한 경우도 있겠지만 스스로 선택한 결정에 따라 남한 국가의 구성원이었다가 북한과 교류를 하게 된 사람들이다. 이 활동은 남한 국가의 뒷받침을 필요로 하지 않았다. 그들에게 시민권을 부여한 제3국의 정치권력이 있었기 때문에 가능했다.

에드워드 사이드Edward Said가 말했듯이 인류 역사에서 모든 사회는 다른 사회를 포함하고 있다.[27] 오늘날과 같은 세계체제가 공고화된 19세기 이후 각 나라는 다양한 문화와 사회가 섞여 있고 단일한 원주민으로 구성된 경우는 갈수록 줄어들고 있다. 사람들은 '하나의 세계'에서 살고 있지 않다. 탈민족주의 시대의 시민권은 보편적인 이중 권리로 자리잡게 될 것이다. 초국가적 정치체제의 발전과 관련해 제기되는 문제가 바로 이중 시민권dual citizenship이다.[28] 강화되는 국민국가의 경계에 맞서 다른 한편으로 증가하는 국제이주의 보편 현상은 개인을 단일 시민권자로만 남겨두지 않을 가능성이 크다.

국제이주는 전 지구적 차원의 변환 과정에서 발생하는 거대한 변동의 한 유형이다. 데이비드 헬드David Held와 그의 동료들이 제시하듯이

---

27 Edward W. Said, *Reflections on Exile and Other Essays*, Harvard University Press, 2000, pp. 396~397: 한성훈, 「중국 조선족의 독일 이주 연구」, 『동방학지』, 제163집, 2013, 58쪽.

28 이중 시민권에 대해서는 유럽연합이 좋은 본보기다. 다음을 참고한다. T. H. 마셜·T. 보토모어 지음, 조성은 옮김, 『시민권』, 서울: 나눔의집, 2014, 181쪽.

이런 변환은 자연재해와 정치적·종교적 분규가 야기한 이산, 노예무역, 노동력의 수요와 공급, 유학 등의 다양한 원인으로 발생하는 인간의 초대륙적이고 초대양적인 이주를 포함한다.[29] 그들은 인간의 이동과 한시적이고 영구적인 지리적 재배치를 뜻하는 이주를 세계화의 뚜렷한 형태로 보고 있다.

앞서 살펴본 것처럼 월남민은 오늘날의 일반 이주와는 다르게 구별되는 부분이 있다. 그들 중에는 스스로 남행南行을 선택한 경우도 있고 전쟁 중에 불가피하게 피란의 형태로 이주한 경우도 있다. 어찌되었건 다른 정부를 선택한 것이다. 북한 사회의 정치공동체 구성원 범주로 볼 때 지주와 기독교인, 자본가, 친일분자, 비판적 지식인은 체제에 동화되기 어려웠다. 개인의 정치적 자유와 사적 이익에 반하는 체제를 마음에서부터 받아들이기란 쉬운 일이 아니었다.

이념과 사상이 인간의 정체성을 형성하는 중요한 토대이고 정치공동체의 가치를 상징하는 것이라면, 그들은 결코 북녘 땅에 남아 있을 수 없었다. 문화적이고 지역적인 공동체라면 계급·계층이 중요하게 고려되지 않았을 것이다. 그러나 많은 월남민이 사회주의와 자본주의 그리고 상반된 두 체제 사이에서 발생한 전쟁으로 어느 한쪽을 선택해야만 했다. 선택하지 않으면 적으로 간주되었고 이는 곧 죽음을 의미하는 것이었다.

---

29 데이비드 헬드 외 지음, 조효제 옮김, 『전지구적 변환』, 서울: 창작과비평사, 2002, 445쪽.

2장

/

이주와 정착

새로운 신분을 얻다

남북한의 분단 과정에서 발생한 월남민은 원초적인 비극을 간직한 사람들이다. 한반도의 정치사회변동을 이해한다면 어떤 경우라도 남쪽으로 오려는 시도는 앞날을 예측할 수 없는 선택임을 알 수 있다. 목숨을 건 선택이었다. 월남에는 정치사회의 구조적 조건과 개인의 행위, 다시 말해 여럿 가운데 고를 수 있는 범위 내에서 저마다의 의지가 작용했다.

월남의 구조적 조건을 보면 첫째, 이북에서 진행된 사회주의 이행이다. 해방 이후 진행된 북쪽의 정치체제 수립은 근대국가의 구성원을 결정하는 과정이었는데 사회주의 정권에 반대하는 사람들, 이념이나 정치적 견해가 전혀 다른 반공주의자들이 출현했다. 정치공동체 구성원의 자격이랄까, 지위나 계층을 일컫는 범주는 개인이 선택할 수 있는 문제가 아니었다. 여기에는 종교 문제가 함께 포함되었다.

이북의 정치사회가 사회주의 체제로 이행하고 있었지만, 1947년 북한을 탈출한 채명신에게 직접적인 동기는 정치적인 것이 아니라 신앙이었다. 그는 해방 직후 신앙의 자유를 인정할 것이라는 북조선임시인민위원회의 정강을 믿었다. 외조부는 구한말 서북지방에 기독교가 처음 들어왔을 때 땅을 팔아 평안남도 중화군에서 최초로 큰 교회를 세운 박진준이었다. 외조부는 장로로 재직하면서 교인들과 함께 3·1운동에 참가했다.

평양에서 신학을 공부한 채명신의 어머니는 중화군 신흥면 대기암교회에서 전도사로 헌신하고 있었다. 독실한 기독교 가정에서 태어난 그에게 "모태신앙은 물론 신앙이" 생활의 "전부였다." 신앙의 자유를 인정하지 않는 북한 당국에 맞서 '반동분자'로 몰린 그는 이남으로 떠날 수밖에 없었다.[1] 채명신의 경우에서 보듯이 남쪽으로 이주한 사람들 중에서 종교와 반공이념이 만났을 때 가장 강력한 우익 세력으로 성장했다.

두 번째 구조적 조건으로는 한국전쟁을 들 수 있다. 개인의 의지를 벗어난 전쟁은 대규모 피란민을 양산했다. 1950년 가을 국군과 유엔군이 38선을 넘어 이북 지역을 점령하자 사회의 근간이 뒤바뀌었다. 남북한 체제에 적극적이든 그렇지 않든 전선이 흐트러지는 혼란스러운 정세는 그곳에 사는 사람들에게 또 다른 선택의 여지를 남겨주었다. 로동당에 포섭되지 않은 사람들이 남한의 정책에 호응해 이북에서 활동했다. 그들은 중국인민지원군이 압록강을 넘어 조선인민군을 지원하고 그해

---

1 채명신, "공산당 가입하지 말라", 「蘇軍 장교 충고로 월남」, 『한국논단』, 제117권, 1999, 132~133쪽.

겨울 또다시 뒤바뀐 전세에서 국군이 후퇴하자 이북 땅을 떠났다. 하지만 이때에도 피란은 일시적이라고 여긴 사람들이 많았다.

행위자 측면에서 월남한 이들의 동기를 살펴보면 지배계급의 64.7퍼센트, 중간계급의 55.6퍼센트, 피지배계급의 35.3퍼센트가 정치사상을 이유로 남쪽으로 내려왔다. 강정구 교수는 1991년 3월에 20세 이상 65세 이하의 경제활동인구를 대상으로 전국에서 실시한 '경제활동 및 생활실태조사' 자료를 바탕으로 면접 대상자를 방문해서 회수한 설문지 1,987부를 분석했다. 이 조사에서 전쟁 때문에 남쪽으로 온 비율은 위 순서대로 23.5퍼센트, 22.2퍼센트, 50퍼센트였다.[2]

월남민이 얼마나 되는지 정확하게 추산할 수는 없지만, 전쟁이 발발하기 이전까지 북쪽에서 남쪽으로 이주한 사람은 북한 전체 인구의 약 10퍼센트에 해당하는 100만 명 정도였다.[3] 전쟁 이전에 남쪽으로 이주해 서울 지역에 사는 사람들에 대한 조사를 보면, 계급별로 지주층 72퍼센트가 재산 몰수와 정치적·사상적 이유로, 도시와 농촌의 중간층은 60퍼센트 이상이 같은 이유 때문에 월남했다. 조형과 박명선은 서울에 거주하는 월남인 315명을 대상으로 설문조사를 했는데 해방 후 월남한 261명 중 전쟁 이전 월남자는 93명(35.6퍼센트)이고, 개전

2   강정구, 「해방후 월남인의 월남동기와 계급성에 관한 연구」, 한국사회학회 편, 『한국전쟁과 한국사회변동』, 서울: 풀빛, 1992, 112~113쪽. 쟁점으로 삼은 분석 단위는 월남 시기와 동기, 거주 지역, 연소득, 계급 관계, 단체 가입과 활동, 통일 소망, 통일 이후 사회·경제체제, 통일에 걸림돌이 되는 나라, 통일 정책, 쟁점(대통령 선거)이었다.

3   월남인 인구 통계에 대한 명확하고 자세한 내용은 다음에 나타나 있다. 박명림, 『한국전쟁의 발발과 기원 2』, 서울: 나남출판, 1996, 356~359쪽.

이후는 168명(64.4퍼센트)이었다. 이들은 정치사상, 토지개혁, 재산 몰수, 종교 탄압, 학업, 취업을 이유로 고향을 떠났다.[4]

이산의 시기별·유형별 규모와 의미를 밝히는 작업은 월남민뿐만 아니라 납북자를 포함한 월북자들에게도 해당하는 것이다.[5] 분단의 구조에 포획된 개인의 관점에서, 김귀옥이 주장하듯이 월남민을 '분단의 희생자'라고 할 수 있다.[6] 적극적인 행위자의 입장에서 보면 그들에게는 정치사회변동 과정에서 적은 기회나마 선택의 여지가 있었다. 사회주의 사회로 이행할 때 정치공동체 성원에 포함되지 못한 지주층과 도시·농촌의 중간층, 지식인, 종교인들이 사회변화에 갈등을 겪고 있었다.

지주 가문 출신으로 부산에 온 김경운은 이북에서 민주개혁 조치의 하나로 토지개혁이 실시되자 집안의 토지를 몰수당한 채 가난한 생활을 했다. 함경북도 단천군 동향 출신의 가족들이 전하는 바에 따르면, 김경운의 집은 단천군 이중면에서 "지주도 보통 지주가 아니고 어마무시한" 부자였는데 "양짝 집"으로 통했다. 해방 이후 부르주아 소리를 들으며 살아야 했고 "세상이 개벽되니까" "프롤레타리아 독재"를 "내세운" "공산당"에게 재산을 모두 빼앗겼다. 토지를 빼앗긴 이후의 생활은 과장되어 있지만 비참하기 이를 데 없었다.[7]

4 조형·박명선, 「북한출신 월남인의 정착과정을 통해서 본 남북한 사회구조의 비교」, 변형윤 외, 『분단시대와 한국사회』, 서울: 까치, 1985, 150쪽.

5 김보영, 「분단과 전쟁의 유산, 남북 이산(분단 디아스포라)의 역사」, 『역사학보』, 제212권, 2011, 93~115쪽.

6 김귀옥, 『이산가족, 반공전사도 빨갱이도 아닌: 이산가족 문제를 보는 새로운 시각』, 서울: 역사비평사, 2004.

독재지. 자기는 공산당 독재지 뭐. 이짝 우리 여기 뭐 민주주의나 자본주의하고는 그건 정반댑니다. 안 됩니다, 그건 안 돼요. 사람이 그렇지 않음 무상 몰수라면 먹을 거 주고 무상 몰수. 이거는 무상 몰수라고서예. 그냥 굶을. 이북에서 뭐 그냥 속껍데기 있잖아, 송이껍데기. 그걸 양잿물에 삶아서 먹었어요. 그거 먹고도 살았어요.

김경운 가족에게 선택의 여지는 없었을지도 모른다. 구조에서 벗어난 개인의 행위에는 극단적인 것이 포함되어 있을 가능성이 있다. 국군과 유엔군이 단천 지역을 점령하자 그는 치안대원으로 활동했다. 전세가 뒤바뀌자 이것은 그가 고향에 머물 수 없는 이유가 되었다. 치안대 활동은 자신의 신념에 따른 것이었고, 이 신념의 문제는 개인의 삶에 기준선의 변동이 어떻게 작용하는지 보여주는 좋은 사례에 해당한다. 자기 자신의 신념이야말로 남쪽으로 이주하게 되는 강한 동기와 삶에 대한 인식의 변화에 지속적으로 영향을 끼친 것이었다.

월남민들이 의지하는 곳이 있다. 1949년 5월 23일 내무부 지방국의 '이북5도 임시행정조처요강'에 따라 개청한 이북5도청이다. 분단사회가 낳은 비극의 제도라고 할 수 있다. 법적인 근거나 예산이 없는 상태에서 개청한 이 조직은 이북 지역을 대한민국 영토에 포함하는 형식을 가진 상징적인 기관이다. 이북5도청은 이북 지역의 행정 단위별로 지사에서부터 읍·면장에 이르기까지 명예직을 위촉하고 월남민들과 그들의

---

7 김경운 구술, 한성훈 채록, 부산시 수영구 광안로 258길 23, 3층, 2015. 10. 28.

지역조직인 도·시·군민회를 지원하고 있다.

이북5도청은 월남민의 신원을 확인해주는 '심사증' 발급과 가호적假
戶籍 사무를 처리했다. 1962년 '이북5도에 관한 특별조치법'이 공포됨
으로써 법률에 근거한 행정조직으로 변모했다.[8] 이 법은 "수복되지 아
니한 이북5도의 행정에 관한 특별조치를 규정함을 목적으로" 하고, 이
북5도청은 관할지구가 수복될 때까지 조사연구와 계몽선전, 난민구호,
원적지 확인 사무를 취급하도록 했다. 피란민에 대한 사상 선도와 구호
사업, 실태조사, 직업보도, 정착사업 조성, 단체 지도가 주된 업무였고
이북에 대한 선무공작 계획이 포함되었다.

2015년 개정한 '이북5도 등에 관한 특별조치법'에서 사용하는 용어
의 뜻은 다음과 같다.[9] 이북5도란 "1945년 8월 15일 현재 행정구역상
의 도道로서 아직 수복되지 아니한 황해도, 평안남도, 평안북도, 함경
남도, 함경북도를 말한다." 미수복 시·군은 "1945년 8월 15일 현재 행
정구역상 경기도와 강원도의 시市와 군郡으로서 아직 수복되지 아니한
시와 군을 말한다." 대한민국의 영토와 행정구역을 정의하는 이 법률은
남북관계의 지속적인 변화와 흐름에 역행한다. 1962년에 제정된 이후
근본적으로 바뀌지 않은 분단사회의 관점을 보여주는 사례다.

지역마다 차이는 있지만 정부의 지원 아래 전국의 시군구에 이북5도
민회가 결성되어 활동하고 있다. 월남민 1세대의 퇴장에 따라 2세들이
합류해 조직을 이어가고 있는데, 이전보다 결속력이 점차 떨어지고 있

---

8 법률 제987호 1962. 1. 20 제정.

9 '이북5도 등에 관한 특별조치법'(법률 제13291호 법제명 변경 및 일부개정) 2015. 05. 18.

는 상태다. 월남민이나 이산가족이라는 정체성이 옅어진다고 볼 수 있다. 2세들은 1세들에 비해 이북의 고향이나 친인척에 대한 관계성이 없고, 남한 사회의 시민으로 자랐기 때문에 월남민이나 이산가족이라는 범주로 자신들을 설명하기에는 한계가 있을 수밖에 없다.

근대국가에 편입된 구성원들에게 권리와 의무 관계에서 가장 중요한 것이 신원을 증명하는 제도다. 월남민의 존재가 남한 정치공동체에서 법률적으로 제도화되는 것이 필요해졌다. 이북 땅의 본적을 남한 정부가 받아들이지 않기 때문에 새로운 신분을 만들어야 했다. 평양 만수리에서 태어난 이춘수는 나이를 두 개 가지고 있다. 1937년에 태어났지만 남한에 내려와서 가호적을 만들 때 1941년생으로 등록했다. 그가 덧붙이듯이 많은 월남민이 여러 가지 이유로 자신의 나이를 정확하게 기록하지 않았다.[10]

월남민들은 가호적을 등록할 때 성명과 출생지, 사주(연월일시)를 필요한 대로 바꾸면서 새로운 존재로 태어났다. 남한에서 신분을 새로 만드는 것은 다양한 이해관계를 반영했다. 로동당에 쫓겨 탈출한 사람은 이름을 바꾸고, 나이 때문에 일을 못하게 된 사람들은 성년으로 높이거나 의무를 회피하기 위해 나이를 내리는 것이 다반사였다. 이렇게 바꾼 가호적은 월남민들에게 여러 가지 방법으로 유용하게 쓰였다. 대부분의 국가에서 구성원의 권리와 의무 관계는 나이와 연관되어 있다.

권리와 의무 관계에서 대표적인 것이 군복무였다. 1935년 평양에서

10 이춘수 구술, 한성훈 채록, 캐나다 토론토 노스요크, 황석근 자택, 2017. 1. 20.

태어난 김순균이 이런 경우에 해당한다. 그의 할아버지는 남쪽으로 이주한 후 군대에 갈 일이 걱정이었던 손자의 나이를 줄여서 가호적을 만들어놨다. 일정한 기간이 지나면 다시 신고해서 나이를 정정하려고 했지만 1961년 5·16쿠데타가 일어나면서 호적이 정비되었다. 가호적이 모두 원적이 되어버린 셈이다.[11]

김순균처럼 군 입대를 피하기 위해 나이를 속여서 호적을 만드는 월남민은 흔했다. 이수일 역시 병역을 기피할 목적으로 나이를 높여서 신체검사를 모면했다. 1933년 11월 함경북도 길주군 덕삼면 금천리에서 3남 2녀의 셋째로 태어난 그는 일제강점기 시절 부유한 집안에서 자랐다. 할아버지는 지주였고 아버지는 면사무소에 근무했다. 토지개혁 때 농지를 몰수당하고 다시 분배받은 토지를 경작했고, 자신은 민주청년동맹에 가입해 활동하면서 덕산중학교를 졸업한 후 성진공업기술전문학교에 진학했다. 아버지는 민주당원으로, 삼촌은 북조선로동당 열성분자로 활동했다.

전쟁 때 부산으로 내려온 이수일은 범일동 끝자락에 위치한 미군 55보급창에 취직한 후 1996년까지 근무했다. 이 보급부대는 남한 전역의 미군부대에 물자를 보급하는 기지였다. 1959년에 결혼해서 딸과 아들이 연년생으로 태어났는데, 그에게는 말 못 할 병역 문제가 걸려 있었다. 제대로 신체검사를 받았다가는 군대에 끌려갈 형편이었다. 군에 입대하면 식구들이 먹고살기 곤란한 지경이었다. "대한민국에서 그래

---

11 경기도 사이버도서관, 『전쟁으로 고향을 떠나온 경기도민 이야기』, 수원: 경기도 사이버도서관, 2015, 47쪽.

선 안 되겠지마는" "군대 가면 참 곤란"한 것이 그가 맞닥뜨린 현실이었다. 결국 나이를 높여서 신체검사를 한 후 "나라를 속이고 살았"다.[12]

이춘수 얘기로 돌아가자. 광성중학교 2학년에 재학 중일 때 그는 학년의 당세포위원장을 맡고 있었다. '우스갯소리'라고 했지만 그에게 이북의 신분질서는 직접적인 것이었다. 아버지는 평양 도립병원 총무부에서 일한 간부였는데, 퇴직 이후 여관을 운영해 재산을 모았고 상가건물을 지어서 운영했다. 상업 부르주아지였다. 이춘수는 이것이 북한 사회에서 무엇을 의미하는지 정확히 알았다. 반어적이지만 그의 말을 들어보자.[13]

그, 내가 지난 얘기지만 사변 안 났으면 아, 난 거기서 한자리하는데, 진짜 높이 갈라면 내가 부모 다 팔아먹었어야 한다. 왜냐면 우리는 아버님이 상업을 하셨기 때문에 이건 부르주아라 계급이 더 이상 못 올라가거든요.

이북 사회에서 이춘수의 가족이 발붙일 곳은 없었다. 그를 비롯한 다수의 사람이 새로운 질서에 적응하거나 아니면 그곳을 떠나 남한에서 또 다른 질서에 적응해야만 했다. 교육을 제대로 받지 못하고 남한에 연고가 없이 피란으로 떠나온 월남민들은 모든 것을 새로 시작했다.

12 이수일 구술, 한성훈 채록, 부산시 서구 부민동 1가, 재부이북5도연합회 사무실, 2016. 1. 22; 3. 11.
13 이춘수 구술, 한성훈 채록, 캐나다 토론토 노스요크, 황석근 자택, 2017. 1. 20.

김득렬도 그중 한 사람이다. 몇 해 전 많은 관람객이 찾았던 영화 〈국제시장〉으로 알려진 피란민들의 악착같은 생활은 그가 살아온 모습에 다름 아니다.[14] 1932년 평안남도 중화군 당종리에서 출생한 김득렬은 중학교에 다니다가 1950년 12월 평양에서 미군이 퇴각할 무렵 단신으로 피란, 월남했다. 남쪽에 도착한 직후 서울에서 군에 입대했으나 발에 동상이 걸려 후방으로 후송된 후 제대했다.

김득렬은 시장에서 건어물 장사를 비롯해 무허가 약국을 전전하다 국제시장에서 장사를 하고 있던 이북 출신 친구의 소개로 시장을 관리하는 사무실에 취직한다. 시장에서는 상인들이 자신을 '상무'라고 불렀다. 그의 일은 국제시장에 있는 건물 여러 동 가운데 하나를 맡아 관리하고 상인들의 세금을 대신 납부해주거나 땅을 불하받게끔 해주는 것이었다. 일종의 심부름이었지만 상인들에게는 꼭 필요한 일을 '상무'가 처리했다.

국가의 신원제도 못지않게 개인들 사이의 신용 역시 자신의 존재를 증명하는 데 중요했다. 서로를 믿는 신용은 월남민들 사이에서 아주 중요하다. 부산 국제시장에서 30년 넘게 우의 도매사업을 한 이병욱은 월남 후 서울에서 자리를 못 잡고 부산으로 이주했다. 1929년 3월 1일 평안북도 용천군 내중면 항봉동에서 태어난 그는 7남 2녀 중 다섯째로 부모와 함께 농사를 지으며 살았는데, 1949년 열아홉 살 때 신앙에 대한 박해로 평양-원산-철원을 거쳐 의정부 수용소에 도착했다. 그는 이

---

14 김득렬 구술, 한성훈 채록, 부산시 서구 부민동 1가, 재부이북5도연합회 사무실, 2016. 1. 11.

듬해 전쟁이 발발하기 직전까지 어머니와 편지를 주고받았다.

국제시장에는 이북 출신이 많았기 때문에 이병욱이 행상을 다닐 때 물건 값을 좋게 쳐주어서 혜택을 제법 받았다. 점포 장사를 할 때는 신용으로 많은 물건을 먼저 받고 나중에 대금을 지불했다. 신창동 길에서 '화평모사'라는 실 가게를 한 후에 여름철에 비옷을 팔기 시작했고, 이것이 계기가 되어 점포를 얻고 겨울에도 장사를 해서 우의 도매사업을 확장했다. '외상'의 규모가 신용의 지표였다.[15]

서울서 자리 못 잡은 거는 어느 돈이 없어서 자릴 못 잡았거든요. 그러고 여기 나와서 자리잡게 된 것도 서울서 요전에도 얘기했지만 제품 하는 사람들이 부산에 거래하게 되면 아무래도 그전에도 그랬지만, 지금도 그렇지만 외상을 안 줄 수가 없거든요. 외상을 주게 되면 사람을 골라서, 저 사람이 팔아서 진짜 날, 내 돈을 다 주겠나, 이것을 생각해서 물건을 준단 말이야. 이러니까 서울에서도 신용이 있구 또 아는 사람들도 있어서 '아, 이병욱이는 괜찮다' 이렇게 내가 자찬하는 거 같지만 그 사람들이 괜찮으니까 여기 와서 자리를 잡으니까 물건을 대주더라고요. 그러니까 물건을 대줘도 물건이 뭐, 뭐, 작은 돈이 아니거든. 그, 우리 물건 처음 막 내놓을 적에 트럭으로 뭐 한 트럭씩 내놨어요. 그 돈이 뭐뭐 지금은 모르겠지만 그때만 해도 수백만 원어치거든요.

---

15 이병욱 구술, 한성훈 채록, 부산시 서구 부민동 1가, 재부이북5도연합회 사무실, 2016. 1. 11; 1. 22.

사랑하는 면영이에게

흘러가는 歲月은 빗잡지 못하여 今番도 편지 半해가 지 못네
게게서온 片紙는 約그 且 晴에 딸갑게 받아 보았다
其向도 너을 健康하의 信仰生活이나 社會生活이다
一唱調에라 너의 母親이 마음것믐이른믈울마

그동안 도집안은다 無故하고 移植도 게는 다곳
나는밤 쑴心 하여라 고래고온 一家親族들도
다 榮中들하여오니 너깨하하여라 그리고 네게
~~소미소 하나어머니~~ 유심 믈들을 다 비짓짜
同生인줄로는 覺하고 客地에반몸의 하나에신
세를 百分之一이라 하浮沾하도록 네가 向는
마음을써라 사音新代에서 네모사에身세
를싱이 視代을바버 네알으로더욱
일가가 분하되는거이에 甚봄 操心하여
신음의引導하는신에서 社會가흐르는데 네

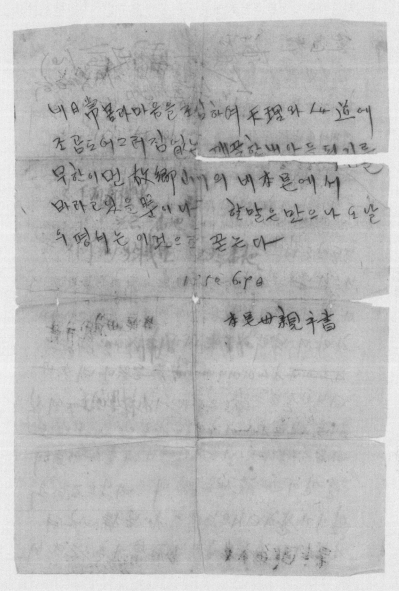

네日常 몸과 마음을 操心하여 不理와 人道에
조금도 어그러짐 없는 째끗한 내 아들 되기를
무한이먼 故鄕에서 네 平롬 에서
바라고 있을 뿐이다   할말은 많으나 오늘
이 명녀는 이것으로 끝은 다——

1950. 6. 9ㅂ

孝思母親手書

1950년 6월 9일, 이북의 고향에서 어머니가 남한에 있는 이병욱에게 보낸 편지

국제시장에서 형성된 네트워크는 매우 강한 유대의식과 신용을 바탕으로 한다. 사회에 적응하고 정착에 필요한 것을 이북 출신들이 제공했다. 그들 사이의 공감과 동질성은 남한에서 쉽게 볼 수 있는 지역공동체의 그것과는 다르다. 여러 가지 요인이 있겠지만 그들만의 결속은 첫째, 남한 사람들에게서 느끼는 배타적인 감정이 작용한 결과였다. 부산지역에 형성된 월남민 마을, 당감동이나 우암동, 청학동에서 볼 때 지역민들에게 북한 사람들은 공동체의 일원이 아니었다. 이질적인 문화는 말할 것도 없고 피란민을 이념의 외투로 씌워서 보는 눈빛은 뿌리 없는 삶에 대한 배척이었다.

둘째, 남한에서 정착하는 데 필요한 교육과 재화의 부족은 많은 월남민이 높은 동질성을 갖고 살 수밖에 없는 요인이었다. 그들 중에는 남한에서 매우 뛰어난 성취를 보여주는 사람들도 있다. 서울에서 활동하는 관료나 경제계에 진출한 기업인, 학계에 몸담고 있는 지식인들은 각자 나름대로 이북에서 받은 교육과 사회자본을 활용해 남한에서도 지도층이 될 수 있었다. 이에 비해 미군의 배를 타고 경상도와 전라도 지방으로 들어온 대다수 피란민은 밑바닥부터 시작하지 않을 수 없었다. '삼팔따라지'라는 비하는 그들이 지역공동체에 적응하면서 겪은 어려움의 방증이기도 하다.

월남민들이 남한에서 정착 초기에 겪게 되는 불화 현상은 이주민의 사회문화 적응 과정으로 이해할 수 있다. 존 베리John Berry가 유형화한 것을 참조하면, 다른 공동체에 이주한 사람들의 적응 단계는 통합integration, 동화assimilation, 고립isolation, 주변화marginality로 구분해 볼 수 있다.[16] 전쟁과 (피)난민이라는 매우 특별한 상황을 예외로 둔다면 월남민들이 남한 사회에 적응하는 초기 단계에는 고립이나 주변화를 떨쳐버릴 수 없었을 것이다. 그들은 단순히 북쪽에서 왔다는 사실 때문에 지역에서 쉽게 손가락질당하는 존재였다.

조금 다른 관점에서 보면, 이와 같은 현상은 도리어 그들이 남한 사회에 적응하기 위해 강한 네트워크를 형성하게끔 했다. 그들의 노력은 각종 단체와 조직으로 확대되면서 새로운 집단으로 발전해갔다. 월남민이라는 하나의 정형화된 단체, 인식의 유대를 갖는 조직이 고향을 중심으로 만들어지기 시작했다. 지금은 몇몇 조직밖에 남아 있지 않지만 면민회와 군민회, 시민회는 도민회를 구성하는 강력한 기반이 되었다. 디아스포라 공동체라고는 할 수 없지만 월남민들은 그 나름대로 강한 문화 정체성을 유지하면서 각 지역에서 자리를 잡았으며, 현재도 자신들 스스로 신원을 증명하며 우리 사회의 일부로 존재하고 있다.

선택의 기로에서 신념의 세계로

남쪽행의 강한 동기가 된 종교와 이념은 월남민의 행위를 가장 선명하게 보여주는 사례라고 하겠다. 종교인에게는 해방 초기부터 자신들의

---

16 John Berry, "Finding Identity: Segregation, Integration, Assimilation, or Marginality?", in Leo Driedger(ed.), *Ethnic Canada: Identities and Inequalities*, Toronto: Copp Clark Pitman, 1987, pp. 223~239; 윤인진, 「코리안 디아스포라: 재외 한인의 이주, 적응, 정체성」, 『한국사회학』, 제37권 4호, 2003, 113쪽 재인용.

신념과 이북 사회 사이에서 간극이 발생했다. 이북의 종교 탄압이 월남의 직접적인 이유가 된 경우였다.[17] 신념 이외의 다른 동기 역시 중요하다. 1947년도에 월남한 이들의 직업별 분포와 그 사유를 보면 생활의 어려움과 구직을 이유로 월남한 사람들이 많음을 알 수 있다. 이런 상황은 해방 직후의 사회경제적 혼란을 보여준다.[18]

함석헌 선생은 소련과 이북 당국의 회유와 협박 속에서 반공주의자가 된 경우다.[19] 1901년 3월 13일 평안북도 용천군 부라면 원성동에서 태어난 그는 해방 직후 평안북도 임시인민위원회에서 수차례 제안한 문교부장직을 어쩔 수 없이 맡게 된다. 정치에 참여하는 것을 적절하게 여기지 않았지만, '정치적으로 혼란한 시기에 사회질서를 유지하는 것이 필요하지 않을까' 하는 생각에서 그 직을 받아들였다.

1945년 11월 23일 신의주에서 학생들의 반공의거가 일어났다. 학생들의 시위와는 아무 상관이 없었지만 문교부장을 맡고 있던 함석헌은 사건의 책임자로 체포되어 감옥에 갇혔다. 두 달이 지나 석방된 그는 소련과 북한 당국으로부터 반대 진영의 정보를 제공해달라는 요구를 지속적으로 받았지만 끝내 거절했다. 신앙과 동료를 저버릴 수 없는 막다른 길에 이르자, 선생은 이북 땅을 떠나기로 결심하고 노모와 가족을 남겨둔 채 1947년 2월 38선을 넘었다.[20]

---

17 윤춘병,『한국감리교 수난 100년사』, 서울: 기독교대한감리회 본부교육국, 1988; 강인철, 「월남 개신교·천주교의 뿌리: 해방후 북한에서의 혁명과 기독교」,『역사비평』, 제19호, 1992.

18 박명림, 1996, 360쪽.

19 함석헌,『함석헌전집 4』, 서울: 한길사, 1988, 275~282쪽.

일제강점기에 감옥생활을 한 적이 있는 강원용 목사 역시 함석헌 선생과 비슷한 일을 겪었다. 그는 상삼봉역에서 두만강 건너편의 조선인 부락인 개산툰 지역 자치위원회 부위원장 겸 선전부장을 맡았다. 용정에 있는 소련군 사령부에 인사차 다녀오기도 한 강원용은 '공산주의에 대해 비교적 호의적인 편이었다.' 회령에서 교육과 계몽 활동으로 일본 제국주의 경찰에 붙잡혀 경찰서 유치장에 갇혔을 때 "공산주의자들을 꽤 많이 만났"다. "이들과의 접촉을 통해서" 그는 자신이 "그동안 받은 박해 때문에 형성되어 있던 공산주의에 대한 거부 태도를 상당히 수정하게 되었"다.[21] 소련군이 거리에 붙인 포고문에 종교의 자유를 인정하는 항목이 있었던 것도 해방 이후 공산주의에 온건한 태도를 가지게 된 계기였다.

이런 마음가짐도 잠시, 강원용 목사의 태도는 얼마 가지 못해 대중선전과 교훈을 목적으로 유행하게 되는 인민재판으로 확 바뀌었다. '군중심판'에 해당하는 인민재판은 죄가 중하지 않은 사람을 재판소에서 형법으로 처리하지 않고 대중 앞에서 자신의 과오를 뉘우치게 교훈하는 방법이다.[22] 펄프공장 노동자들이 해방을 맞아 독립을 축하하는 가두시위를 벌이려고 하는데, 무장을 해제하지 않은 일본군과 충돌할 것을 우려해 반대한 것이 빌미가 되었다. 이 일로 인민재판이 열렸다. 노동자

20 김성수, 『함석헌 평전』, 서울: 삼인, 2006, 86~90쪽.

21 강원용, 『빈들에서: 나의 삶, 한국현대사의 소용돌이 1』, 서울: 열린문화, 1993, 133쪽.

22 "군중심판회에 관한 규정", 리재도, 「공화국 재판 립법의 발전」, 안우형 편집, 『우리나라 법의 발전』, 평양: 국립출판사, 1960, 253~254쪽; 한성훈, 『전쟁과 인민: 북한 사회주의 체제의 성립과 인민의 탄생』, 파주: 돌베개, 2012, 267쪽.

들의 거리 행진을 막은 것이 주된 이유였다. 다행히 해명할 기회를 얻은 그는 자신이 왜 시위를 반대했는지 설명하고 노동자들을 이해시켰지만, 그 후로 계속 위협을 느껴 가족을 데리고 회령으로 이주했다.

강원용 목사는 함경남도 이원군 남송면 출신으로 1932년 기독교에 입문했고 용정에서 공부한 후 일본에서 수학했다. 그는 "인민재판의 경험과 소련군의 횡포 등으로 '공산주의 세계란 것이 정말 이런 것인가' 하는 환멸을 느끼고" 이북을 떠나기로 마음먹었다.[23] 우여곡절 끝에 고향인 이원군을 거쳐 원산에서 기차를 타고 38선 근방에 도달한 후 나룻배를 타고 강을 건넜다. 부모는 고향에 두고 아내와 아이들, 동생은 회령에 남겨둔 채 1945년 9월 20일 단신으로 서울에 도착했다. 오랜 세월이 흐른 1991년, 그는 세계교회협의회WCC, World Council of Churches 에서 결혼으로 출가한 누나가 아들과 함께 이북에 살고 있다는 소식을 들었다.

월남민에게 종교는 믿음과 신앙 그 이상을 의미했다. 종교인으로서 활동은 전혀 달랐지만 1945년 12월 베다니전도교회에서 시작한 영락교회는 월남한 청년들의 집이나 마찬가지였다. 미군정의 지원을 받은 이 교회는 월남민의 연결망이었고 생활공동체였다. 영락교회는 기독교인의 남한 사회 적응에 안전망 구실을 했는데 정치적으로는 신탁통치 반대운동(반탁운동)과 제주4·3, 여순사건에서 선무활동을 한 반공운동의 보루이자 시발점이었다.

---

23 강원용, 1993, 146~147쪽.

북한에서 종교의 자유는 제한되었고 토지개혁으로 지주는 땅을 내놓아야 했으며, 다른 곳으로 이사를 가거나 동네에서 추방당했다. 평안북도 의주의 신군식 집안은 땅이 많은 '유산계급'이라는 이유로 1947년 느닷없이 황해도 해주로 강제 이주당했다.[24] 지주라는 이유로 고향에서 쫓겨난 그는 "감수성이 예민할 때부터" 이북 체제에 반감을 갖게 되었다. 태어나고 성장한 마을을 옮긴 것은 타의였고, 이북에서 벌어진 사태를 바라보는 관점의 변화가 시작되었다. 1950년 원산농업대학 2학년, 신군식은 전시에 인민군으로 징집되어 장교로 임관했지만 결국 그해 10월 화천 전투에서 소대원 열두 명을 이끌고 국군에 귀순했다. 전장의 한복판에서 남쪽을 선택한 것이다.

　삶의 터전을 옮기는 것은 예삿일이 아니다. 정치체제가 다를 경우 자신의 선택이라고 하더라도 상대 세계에 대한 긴장과 두려움을 쉽게 떨쳐버리기는 어렵다. 고향을 떠나는 것이 잠깐일 줄 알았는데, 전선을 넘어 남쪽 끝 부산까지 가는 것을 생각지도 못한 사람들이 꽤 있었다. 1929년 평양시 대동군 대동강면 삼정리에서 태어난 함성국 목사는 인민군에게 징집을 당해 잡혀갔다. 동원된 수백 명의 훈련병들과 함께 북쪽으로 이동할 때 혼란한 틈을 타 집으로 되돌아왔다. 1950년 12월 4일 미군의 원자폭탄 폭격을 피해 평양을 떠난 그는 "사리원까지 갔다가 오는 걸로" 확신하고 가족과 헤어져 남쪽으로 향했다. 평양에서 사리원으로 갔지만 전세가 완화되면 다시 돌아갈 요량이었다. 예상은 빗

---

24 신군식, 「난 인민군 소위였다」, 조선일보 특별취재팀, 『나와 6·25』, 서울: 기파랑, 2010, 74쪽.

나갔고 서울을 거쳐 부산까지 가게 된 그에게 이산은 생각지 못한 아픔이었다.[25]

앞서 보았던 김경운과 마찬가지로 우익 치안대 활동으로 고향을 떠나야만 하는 상황도 벌어진다. 이기활은 1936년 2월생으로 평안북도 태천군에서 소지주의 장남으로 태어났다. 인민군에게 전세가 불리해지고 고향에 국군이 진격해왔다. 아버지는 완장을 차고 인민군이 도망가다 버린 총 100여 정을 모아 치안대를 조직했다. 이기활 또한 대원으로서 치안과 행정을 맡은 것도 잠깐, 전세가 다시 역전되어 국군과 유엔군이 후퇴를 하게 되었다.

치안대 활동을 한 아버지와 아들은 피란을 떠날 수밖에 없었다. 로동당이 '일시적 강점기' 이후에 이들 부자를 '반동분자'로 취급할 것이 뻔했기 때문이었다. 북한 사회에 반대한 활동은 여러 가지로 신상에 해로웠다. 우익 치안대 활동은 이북 체제에 반대하는 매우 적극적인 무장투쟁이었다. 이기활은 결국 어린 나이에 도망치듯 집을 나섰다.[26]

어머니도 벌써 야, 피난 갈 준비한다고. 뭐 돈 있는 거 이런 거는 저 곳간 밑에, 그 밑에 거기다가 집어 던지고 어디 피난 좀 갔다 오자고. 그리고 동에 아버지 계시는 데 어디 한번 가봐라 어디. 진짜 동에 가니까 아무도 없어, 다 싹 도망가고. 그래서 나도 내가 집엘 가야 되는데 집엘 안 가

---

25 함성국 구술, 한성훈 채록, 906 Pondside Drive, White Plains, NY 10607, 미국 구술자 자택, 2016. 2. 19.

26 이기활 구술, 한성훈 채록, 부산시 연제구 연산동 해암뷔페, 2015. 12. 17.

고 신작로 사람이 막 뛰어가는 거야. 신작로에 가서 뭣도 모르고 내가 열 다섯 살 난 놈이 거기 가서 뛰어가는 거예요. 그래가지고 한 고개를 넘 으니까 그다음 어두워가지고 산불이 붙어가지고 탕탕탕탕 하는데 한 50리 밖에 나와 가지고서. 이제 강을 또 요만한 거를 건너는데 빨가벗고 서 이래가지고 건너가서 빈집에 들어가서 잤지. 잤는데 우리 동네에서 부부간에 나온 사람이 그 빈집에서 자면서 "넌 아무개 아들 아니가?" 그러는 거라. "예." "아이들은 안 나와도 되는데 왜 나왔나?" 그러니까 어 른들은 나와서 그런데 관찰하다 됐으니까 잡히면 안 되겠으니까 도망을 치지만은 아이들은, 아 마음에 눈물이 지이익 나오더라고.

1934년 황해도 서흥군 도면 능리에서 태어난 박명근은 신념에 찬 행 동으로 사람을 죽이는 행위까지 이른 경우다. 그의 집은 소지주였고 큰 형은 천도교 청우당원이었다. 1946년 3·1절 행사에서 종교계 지도자 들을 비판하는 북한 당국에 맞서 아버지는 그들을 옹호했고, 이것이 빌미가 되어 형무소에 수감되었다. '반동분자'의 가족이 된 셈이다.

전쟁이 벌어지고 유엔군과 국군이 고향을 점령하자 황주고급중학교 1학년에 재학 중이던 박명근은 치안을 맡은 자위대원, 아버지는 자치 위원회 위원장이 되었다. 자위대는 "인민군 장교들과" "민간인 빨갱이 들을 총살했다." 나이는 어렸지만 그는 개전 직후 정치보위부에 잡혀간 뒤 아무 소식이 없는 큰형의 원수를 갚기 위해 무장대원으로 활동하면 서 사람을 죽였다.[27] 박명근은 1951년 열일곱의 나이로 육군 제6사단 에 자원입대해 '소년병'이 되었다. '소년병'은 국군에 입대할 때 미서약자 未誓約者 신분이어서 군번을 받지 못한 채 군인이 아니면서 그 임무를 수행한 어린 병사를 가리킨다.

전시에 그저 난을 피하려는 사람들만 남쪽으로 온 것은 아니다. 이북 사회에서 '반동분자'로 낙인찍힌 사람들이 한층 더 적극적인 행위를 하게 만든 것은 전쟁이라는 폭력의 장과 이전의 체험 때문이었다. 이기활과 박명근의 진술에서 알 수 있듯이 국군과 유엔군이 이북 지역을 점령한 후 반공청년들을 중심으로 조직된 우익 치안대는 후퇴하지 못한 공산주의자나 로동당원, 인민군을 찾아 살해하는 보복에 나섰다.

기회만 주어졌다면 많은 경우 우익 치안대원은 "피의 보복" 그 순간에 일정하게 가담한 사람들이다. 많은 사례가 밝히고 있듯이 반공청년들이 앞장서서 우익 치안대를 조직하고 그 지역에서 행정과 치안을 담당하자 또 다른 상황이 전개되었다.[28] 지배적인 정치체제가 바뀌자 일선에서 통치하는 담당자도 달라졌고, 상대방을 죽이는 보복 학살이 곳곳에서 벌어졌다. 정도의 차이는 있을지언정 총칼을 들게 되자 그들은 권력을 쥐게 된 것과 같은 모습을 보였다.

월남민들에게는 자신의 의지로 되찾아야 하는 것, 북한 정권에 빼앗긴 것이 있었다. 어떤 이에게는 땅이었고 어떤 이에게는 가족이었으며, 어떤 이에게는 자유였고 또 어떤 이에게는 종교였다. 치안대원과 자위대원으로 활동한 이들에게 이해관계를 관철시킬 수 있는 또 다른 기회

---

27 박명근, 『소년병의 일기』, 파주: 문학동네, 2008.

28 남한의 이북 지역 점령과 통치의 문제에서 치안대 활동에 대한 자세한 내용은 다음을 참조한다. 한성훈, 『전쟁과 인민: 북한 사회주의 체제의 성립과 인민의 탄생』, 파주: 돌베개, 2012, 157~175쪽.

의 시간이 다가왔다. 자신들의 의지대로 사용할 수 있는 힘을 갖게 되었던 것이다. 전시 폭력은 이런 것들을 쉽게 되찾는 데 아주 유용한 수단이었다.

로동당이 공식적으로 명명하는 '일시적 강점기'는 유엔과 국군이 이북 지역을 점령한 시기를 말한다. 이 시기에 벌어진 우익 치안대원의 활동은 적대행위였고, 여기에 가담한 사람들은 1951년 초부터 검거 대상인 '반동분자'였다.[29] 위와 같은 일들은 점령지 통치에 대한 궁극적인 목표와 전쟁의 본질을 다시금 되새기게 한다. 카를 폰 클라우제비츠 Carl von Clausewitz는 전쟁을 "적이 나 자신의 의지를 따르도록 만드는 폭력행위"라고 정의했다.[30]

남쪽으로 건너온 사람들 중 다수가 청년단체나 우익단체에 가입해 활동했다. 그들과 우익단체의 연계는 정치사회에서 중요한 부분을 차지한다. 1947년 8월 이북학생총연맹이 결성되고 서북청년회(평남동지회, 함북청년회, 황해청년회, 대한혁신청년회, 양호단, 북선청년회)가 조직되었다. 서북청년회는 서울 전역에 지부를 갖추고 전성기에는 7만여 명의 회원을 가진 대규모 우익청년조직이었다. 서북청년회는 월남 청년들의 신분을 보장하고 취업과 진학을 알선해주었으며, 미군정과 우익 측 정당사회단체와 결탁해 각종 시위에 참가하는 반공전사로 활약했다.

강한 신념의 세계가 펼쳐진 것은 폭력이 주어졌을 때였다. 이념이 물

---

29 전시 반동분자 처리에 관한 자세한 내용은 다음을 참조한다. 한성훈, 2012, 256~274쪽.
30 박상섭, 『근대국가와 전쟁: 근대국가의 군사적 기초, 1500~1900』, 서울: 나남출판, 1996, 193쪽.

리력을 만났을 때 걷잡을 수 없는 일이 벌어진쪽. 이북 출신들로 구성된 서북청년회에 소속된 수백 명의 병력이 1947년 봄부터 제주에 투입되자 토벌이 잔혹해지고 민간인 살상이 급증했다. 1948년에는 500여 명의 서북청년이 경찰로 임용되어 현지에 출동했다.[31] 반공이념으로 무장한 청년들의 행동은 제주도민에 대한 적개심을 있는 그대로 내비쳤다. 평양에 대한 반감이, 일시적 강점기에 벌였던 일들이 멀리 바다 건너 섬에서 먼저 폭발했다.

이승만의 정치적 목표와 월남 청년들의 이해가 맞아떨어졌다. 월남 청년들은 제주도민을 죽이는 것에 아무런 거리낌이 없었다. 그들은 살인, 방화, 강간을 서슴지 않고 저질렀다. 서북청년회 단장 문봉제의 증언이다.[32]

우리는 어떤 지방에서 좌익이 날뛰니 와달라고 하면 서북청년회를 파견했다. (……) 그 과정에서 지방의 정치적 라이벌끼리 저 사람이 공산당원이다 하면 우리는 전혀 모르니까 그 사람을 처단케 되었는데 그 대표적인 지역이 제주도 (……) 우린들 어떤 객관적인 근거가 있었겠느냐.

제주4·3과 여순사건의 진압에 참여한 서북청년단원들은 민간인 학

---

31 선우기성, 『어느 운동자의 일생』, 서울: 배영사, 1987, 291쪽.

32 북한연구소, 『북한』, 1989년 4월호, 127쪽; 제주4·3사건진상조사보고서작성기획단, 『제주4·3사건 진상조사보고서』, 서울: 제주4·3사건 진상규명 및 희생자명예회복위원회, 2003, 271쪽 재인용.

살로 알려진 잔혹한 행위를 종종 일으켰다. 오갈 데 없는 월남민을 거두고 그들의 취학과 취업을 지원한 곳이 서북청년회였다. 이 단체가 월남민들의 학력을 보증함으로써 중등학교 편입학이 가능했고, 군대에서도 육군사관학교 5기부터 서북청년 출신들이 대거 입교했다. 5기 입학생의 3분의 2가 서북청년회 출신이었다. 서북청년회는 1948년 대한청년단으로 흡수되었는데 이 조직은 1949년 이북5도청 설립의 모태가되었다.

반공이라는 이념을 넘어서서 '자유'와 '민주주의'의 본질에 한 발 더다가선 경우를 보자. 원산 출신의 소설가 이호철은 1950년 12월 하旬 원산에서 미군 LST를 타고 부산에 도착해 수정동 피란민 수용소에서 남쪽 생활을 시작한다. 아버지는 해방 이후 민주당원으로 활동한 적이 있었고, 부농은 아니었지만 1948년 이북 당국에 집안 재산을 몰수당하고 고향인 덕원군 현면 현동리에서 쫓겨났다. 원산중학교 시절 문학에소질이 있었던 그에게 가장 중요한 것은 자유로운 글쓰기였다. 그가 남한에서 독재정권에 맞서 민주화투쟁을 한 것도 동일한 맥락에 있었다.

고향에 대한 그리움이 깊지만 그는 '자유'를 찾아 이북 사회를 벗어난 것에 큰 만족감을 갖고 살았다. 자신의 글쓰기가 방해를 받을 때 체제에 대한 저항은 북쪽이든 남쪽이든 그에게는 자연스러운 행위였다. 1955년에 발표한 작품 「탈향」에 대한 작가의 설명은 "타의에 의해 고향을 벗어져 나온 자의 아픔"이었다. 북조선문학예술총동맹의 지부격인원산문학가동맹에서 발생한 『응향凝香』 필화사건도 그에게 영향을 끼친 것으로 볼 수 있다.

1946년 원산문학가동맹은 광복 1주년을 기념해 강홍운, 구상, 서창훈, 이종민, 노양근의 시를 싣고 이중섭이 표지를 제작한 시집『응향』을 발간한다. 북조선문학예술총동맹은 시집에 실린 시 가운데 일부가 허무한 정서를 담고 있는 것으로 보았다. 1946년 12월 20일 북조선문학예술총동맹 상무위원회는 이 시집을 퇴폐적이고 반인민적이며 반동주의라고 규정한 결정서를 발표했다. 우리나라 최초의 필화사건이었던 이 일을 계기로 구상은 남쪽으로 왔다.

자기세계를 구축할 수 있는 자율성은 결국 정치의 문제였다. 돌이켜 볼 때, 작가 이호철이 마음에 두었던 것은 '완전한 사상의 자유'였다.[33]

나는 민주수호 그런 쪽으로는 나갔지만은 이데아는, 내 이념은 완전히 그 자유, 자유 개념, 대한민국이 좋은 나라고. 이건 참, 그러니까 내가 심지어는 이런 얘기까지 했어요. "이 형무소 안에서도 이 남쪽에 형무소 안이 북쪽에서 일반 사람들 사는 것보다 더 자유롭다." 왜? 생각을 마음대로 하니까.

남한에 자리잡은 여느 월남 작가들이 이북에 대한 감정과 태도를 '실향'이나 '실향민 의식'으로 접근한 데 비해 이호철은 이를 '탈향'이라는 새로운 문제의식으로 전환시킨다. 「탈향」이 북한에서 자신의 의지로 고향을 탈출할 수밖에 없었던 이호철의 존재론에 대한 인식틀이라면, 1989년에 발표한 『문』은 남한에서 '문인간첩단 조작사건'으로 곤욕을

33 이호철 구술, 한성훈 채록, 서울시 은평구 불광동 구술자 자택, 2014. 12. 27; 2015. 1. 5.

치른 그의 자전 경험을 실화로 구성한 소설이다.

소설 『문』에서 이호철은 자신의 처지와 유사한 월남 주인공이 감옥에서 같은 고향 출신의 '간첩' 사형수를 만나는 장면을 설정한다. 비슷한 처지이지만 이념적으로 노선을 달리할 수밖에 없는 '월남자'와 '간첩'의 경계는 남한 사회에서 아슬아슬한 존재자의 모습을 보여준다. 장세진이 비평하듯이 이 텍스트에서 이호철은 "남한에 뿌리내릴 수밖에 없는 월남자로서의 자신의 처지를" 주인공의 의식을 통해 명료하게 드러낸다.[34]

사상은 어떤 사람에게는 목숨보다 귀하다. 종교와 이념을 근거로 하는 인간의 행동은 놀라울 정도로 많은 일을 가능하게 한다. 긍정적이든 부정적이든 신념을 바탕으로 한 월남민들의 행동은 당시의 정치적 상황을 배경으로 다양한 형태로 나타났다. 역사의 기로에서 이들이 선택한 행위는 북한에 대한 저항과 남한에 대한 동경일 수 있다. 함석헌, 강원용, 이호철처럼 서서히 이북 체제의 이념에 거부감을 가지게 된 경우도 있지만 강한 반공이념을 가진 이기활, 박명근, 송관호와 같은 청년들은 로동당의 정책에 복속되지 않고 저항으로 맞섰다. 그들에게 남쪽은 북쪽보다 상대적으로 자유로운 체제였다. 환경의 변화는 월남민들에게 자신들이 믿는 것과 이를 근거로 행동하는 또 다른 세계관을 정립하도록 했다.

---

34 장세진, 「원한, 노스탤지어, 과학: 월남 지식인들과 1960년대 북한학지(學知)의 성립 사정」, 『사이間SAI』, 제17호, 2014, 170~171쪽.

3장

정체성

사회변동과 자기결정성

이북에서 겪은 체험은 월남민의 정체성 형성에 영향을 끼친다. 북한의 정치체제가 수립되는 과정과 그 이후의 사회 현실은 어떤 방식으로든 정체성을 강화한다. 남한의 정치사회변동이 정체성 형성에 끼친 영향도 유사하다. 정체성은 고정되어 있지 않고 생애 시기마다 변하며, 여러 사건들로부터 영향을 받아 형성된다. 인간은 주어진 객관적 조건에서 그것을 받아들이는 주관적 인식과 해석하는 방식에 따라 정체성을 재구성한다.

근대사회에서 사람들은 국민국가의 구성원이라는 보편 지위를 갖는다. 앞서 잠깐 보았듯이 유럽연합의 이중 시민권을 예외로 한다면, 개인은 특정 정치공동체로부터 '국민'이나 '시민'이라는 지위를 보장받을 때 사회적으로 존재할 수 있다. 그러나 개별 국가 차원을 넘어선 수준에서도 개인은 여러 가지 정체성을 가지고 있다. 앞서 언급한 헬드의 주장대로 전 지구적 차원에서 진행되고 있는 거대한 전환은 이전과는 다른 환경에서 이루어지고 있으며, 이는 또 다른 인식을 요구한다. 세계화 시대인 요즘 개인의 정체성을 들여다보면 시민들은 반드시 '하나의 세계'에만 묶여 있지 않는다.

지구적 차원에서 전파되는 정치·경제·문화는 거의 모든 사회가 하나의 문화적 토대만을 배경으로 형성될 수 없음을 보여준다. 사회가 섞여 있듯이 사회를 토대로 하는 인간의 정체성 또한 자신의 내부와 외부의 혼합물이 뒤섞여서 구성된다. 눈여겨볼 점은 "자신의 사유와 존재의 동일성이라고 하는 정체성"에 있다.[1] 정체성에는 변하는 것이 있고 변하지 않는 것이 있다. 시간과 공간의 변화에 따라 가치관이 어느 정도씩 달라지는 것은 피할 수 없다. 정치공동체나 그 구성원들 사이에서 일어나는 다양한 형태의 상호작용은 사람들의 개별행위만큼이나 복잡하다. 이런 복합성은 정체성 면에서 개인이나 집단 모두에게 동일하다.

정체성은 인간이 가진 존재의 본질을 일컫는다. 자신의 주관적 경험을 토대로 일정 기간 동안 고유한 성질을 가진 실체로서 지속하는 성질을 정체성이라고 할 수 있다. 질 키콜트Jill Kiecolt에 따르면 정체성은 "역할에 따른 내면화된 규범"이면서 "행위와 사고, 지각에 관한 규범을 포함하는 사회의 범주들"을 말한다.[2] 이런 것은 내적인 동일성과 더불어 타인의 존재와 관계를 맺는 어떤 본질적인 특성을 유지하는 것이라

---

1   한성훈, 2013, 58쪽. 이 글은 국제이주의 일반적인 이론과 개념을 적용해 중국 조선족이 독일 남부 지역에 이주한 경위와 적응 과정, 특성을 분석한다.

고 볼 수 있다.

사람들은 대개 '과거, 현재, 미래'의 개념으로 시간의 흐름을 인지하며, 개인의 정체성은 그 시간의 연속성에서 변화하는 가치관이다. 개인의 특성을 반영하는 정체성은 궁극적으로 '나'라는 존재의 실존을 의미하고, 이것은 단순히 개인이 타고나는 본능의 체계에만 있지 않다. 개인의 존재 형식이 사회구성체에서 이루어지듯이 사회와 상호작용하는 가운데 형성되는 것이 정체성이다.

정체성의 확립을 돕는 것에는 여러 가지가 있을 수 있다. 에릭 에릭슨Erik Erikson이 제시하듯이 종교는 정체성을 구성하는 과정에서 이념을 제공함으로써 근본적인 가치체계의 확립을 돕는다.[3] 북쪽에 들어서는 사회에 저항하고 종교 탄압을 피해 남쪽으로 떠난 경우에서 보듯이 자신의 내면과 또 자신이 직면한 외부세계를 설명하는 논리와 지향점을 제시하는 것이 바로 이념이 제시하는 정당성이다.

관계의relational 성격을 강조하는 에릭슨의 정체성 개념은 개인과 사회문화가 지속적으로 상호영향을 끼치는 가운데 형성되는 자아를 중시한다.[4] 개인이 가진 젠더·인종·계급·종교에 따라서 어떤 특성에 고

2　Jill Kiecolt, "Self-Change in Social Movements," in Selden Stryker(ed.), *Self, Identity and Social Movements*, Minneapolis/London: University of Minnesota Press, 2000, p. 111.

3　Robert Segal, "Erik Erikson: Psychologist or Historian of Religions?", *Religion and Social Sciences*, Atlanta, GA: Scholars Press, 1989, p. 64; 안신, 「에릭 에릭슨의 종교심리학에 대한 연구: 발달이론과 종교이론을 중심으로」, 『종교와 문화』, 제14권, 2008, 189쪽 재인용.

4　안신, 2008, 194쪽.

정되는 정체성은 본질주의 입장에 해당한다. 개인주의 관점의 정체성은 자기 자신이 창조적으로 만들어낸 자아의 이미지라고 할 수 있다. 에릭슨의 개인 중심적 사고에 기반을 둔 정체성 이론은 공동체를 강조하는 정체성의 개념을 적용할 경우 무리가 따르기도 한다. 개인의 정체성을 사회제도라고 하는 강제의 산물로 볼 경우, 이 정체성은 개인을 사회에 저항할 수 없게 만들고 지배체제의 이익에 봉사하는 존재로만 한정하기 때문이다.

정체성 형성은 객관적인 사실을 어떻게 표상하는지에 따라서 달라진다. 알프레드 그로세르Alfred Grosser의 표현대로라면 "나의 정체성은 내 소속들의 총합이다."[5] 그에게 '나는 누구인가'라는 물음은 곧 '정치적으로 올바른 사고와 행동'의 기초가 되는 질문이다. 정체성 형성에 영향을 주는 것은 '정치적인 것의 정당성'이며 사회적 귀속의식이다. 공동체의 귀속을 지속시키는 교육제도와 미디어는 '집단적인 기억'을 창출하는 사회적 장치들로 반드시 비판적인 분석을 필요로 한다.

정체성 형성 과정에서 기억의 동반은 필수다. 프랑스 철학사전에서 정체성은 "'같은 것'을 의미할 뿐"이지만 "달리 '동일성'이란 단어로 표현할 수도 있"는 것을 말한다. 따라서 "인격의 동일성, 정체성을 확립하는 것은 오로지 기억"이다.[6] 정체성의 동일성과 관련해서 '집단적인 기억의 창출' 과정에는 정체성의 승인을 둘러싸고 갈등이 발생한다. 프레드릭 바스Fredrik Barth는 특정한 시대와 장소에 연관된 집단의식은 강한 배

5　알프레드 그로세르 지음, 심재중 옮김, 『현대인의 정체성』, 서울: 한울, 2002, 21쪽.
6　알프레드 그로세르, 2002, 77쪽.

타성을 가지게 되는 것이라고 했다. 어떤 집단이나 공동체에 대한 집단의식은 다른 집단에 속한 사람과의 '대비' 과정에서 만들어진다.[7]

정치공동체 구성에 있어서 사람들의 공통된 경험과 과거의 기억은 정체성에 중요한 기반이 된다.[8] 특정한 집단은 이러한 과정을 거쳐 자신들을 정의하고 '우리'를 만들어냄으로써 집합행동에 나선다. 개인들이 모인 일군의 집단으로서 갖는 정체성에는 구성원들의 행동에 대한 의미나 수단, 집합행위가 포함된다. 여기에는 행위가 발생하는 데 따른 다양한 의견을 조정하고 타협하며, 행위체계의 조직이나 이에 상반되는 사항들에 대해 통합하려는 인식이 뒤따르기 마련이다.[9] 정체성은 한 집단이 같은 목표와 의식을 가지고 행하는 집단행동보다는 개인이 모여 함께 행동을 취하는 집합행위 속에서 구성된다.

시민권과 정체성을 논한 찰스 틸리Charles Tilly는 정체성을 한 행위자의 분류, 연결, 역할, 네트워크, 단체 또는 조직에 대한 경험과 그 경험에 대한 공공의 표현을 결합한 것이라고 정의한다. 틸리가 말하는 공공의 표현은 공유된 이야기나 서사의 형태를 취한다. 때로 정체성은 모호해 보일 수 있지만 정치와 사회사를 분석할 때 세 가지 이유에서 분명

---

7 Fredrik Barth, *Ethnic Groups and Boundaries*, Bergen: Universitats-fur Paget, 1969; 안쏘니 기든스 지음, 진덕규 옮김, 『민족국가와 폭력』, 서울: 삼지원, 1991, 144쪽 재인용.

8 Anthony D. Smith, "Culture, Community and Territory: the Politics of Ethnicity and Nationalism," *International Affairs*, Vol. 72, No. 3, 1996, pp. 445~458.

9 Alberto Melucci, "The Process of Collective Identity," Hank Johnston and Bert Klandermans(ed.), *Social Movements and Culture*, The University of Minnesota Press, 1995, pp. 42~45.

히 필수적이다. 첫째, 정체성 현상은 사적이거나 개인적인 것으로만 머무르지 않으며 공공과 관계된다. 둘째, 정체성은 개인에서 조직의 범주까지 그 전반에 걸쳐 있다. 셋째, 어떤 행위자는 그 행위자가 포함된 적어도 하나씩의 범주와 연결되고 역할, 네트워크, 조직에 여러 가지 정체성을 배치한다.[10]

앤서니 기든스Anthony Giddens가 중요하게 다루는 후기 근대high or late modern의 자아정체성은 자율성을 근간으로 한다. 개인의 일상생활에서 나타나는 여러 가지 측면의 '자기결정성self-determination'이 정체성의 핵심이라고 할 수 있다.[11] 기든스는 후기 근대성을 성찰하면서 근대사회의 사회적 관계를 새롭게 규정하는 공간과 시간의 확장에 주목한다. 근대성의 조건과 자아정체성 형성의 출발점을 공간과 시간으로 새롭게 구성되는 근대사회에서 찾고 있는 것이다. 무엇보다 그는 스스로 창조하는 자아정체성을 중요하게 여긴다.

근대에 들어서 자아정체성의 형성은 집단과 개인의 관계 변화에서 찾을 수 있다. 개인은 자신이 속한 집단에 의해 규정되는 단일한 정체성에서 벗어나 여러 집단에 소속되면서 다양한 정체성을 갖는다. 특정한 집단으로부터 분리되는 개인의 자아를 발견함으로써 정체성을 새롭게 형성할 수도 있다. 근대인의 정체성에는 주체로서 갖는 자기결정성

---

10 Charles Tilly, "Citizenship, Identity and Social History," *International Review of Social History*, Vol. 40, Issue S3, Dec. 1995, pp. 6~7.

11 Anthony Giddens, *Modernity and Self-Identity: Self and Identity in the late Modern Age*, Cambridge: Polity Press, 1991. 기든스가 후기 근대성의 특징으로서 제기하는 자기결정성은 근대(성)의 핵심 주제라고 할 수 있다.

이 가장 중요한데, 이것은 구조적 환경에 따른 행위의 결과로서 하나의 총체성을 이루는 지금 여기의 것이어야 한다. 자기결정성은 총체적 자아로서 결정의 순간에 드러나는 정체성의 핵심이다.

제도의 성립과 같이 일정한 규범의 관철은 개인의 정체성에 영향을 미치는 객관적 조건으로 볼 수 있다. 이 조건으로 보면 월남민 모두에게 해당하는 공통의 경험이 존재하지만 이것은 저마다 다르게 인식되어 생활을 좌우한다. 그들은 동일한 사건을 겪고 자신의 행위와 기억을 나누며 공유의 세계를 넓혀온 것이 사실이다.

월남의 이유나 동기는 자아정체성을 결정하는 요인이었다. 사회변화는 개인의 정체성에 영향을 주고 이것은 끊임없는 상호작용 속에서 만들어지는 현상이자 사회적 의미가 된다. 정체성은 개인의 것이긴 하지만 그렇다고 해서 사회로부터 독립적이거나 단절된 상태에서 만들어질 수는 없다. 개인적인 영역에서 형성되는 것이 아니라는 의미다. 자아정체성을 찾아 나서는 길은 결국 정치적인 것과 사회적인 것의 결과다.

객관적 조건은 구조와 불가분의 관련을 맺고 있으며, 분단과 그 내부의 사회 형성과 동반해 있다. 주관적 행위는 강제된 객관적 조건, 곧 환경을 개별적으로 받아들이는 인식의 결과다. 월남이라는 이주 상황은 남북한의 대립 과정에서 전체 제도의 변화에 조응해 발생한 것이다. 월남 그 자체는 개인의 특수한 행위지만 이렇게 축적된 행위는 정치적·역사적 의미를 더함으로써 또 다른 제도를 탄생시킨다.

변화하는 정체성

월남민들의 구술에서 흔히 볼 수 있는 것은 그들 사이에서 관계를 형성하고 서로 접점을 찾아가는 응집력에 있다. 이것은 그들이 공통의 경험을 전제로 하고 있는 공동체 세계의 일부임을 의미한다. 이 세계는 38선 이북 지역에서 겪은 일제강점기와 8·15광복, 북한 사회 그리고 전쟁 중의 체험이자 남북한의 역동적인 사회변동에 관한 것이다. '지금'이라는 현재의 시점을 제외하면 그들로서는 매우 특정한 공간에서 공통의 경험을 했다. 이 경험은 월남민 사이에서 일상의 이야기일 수 있는데, 그들에게는 서로를 이해하고 비슷한 가치를 공유하며 동일한 세계로 인도하는 길잡이 역할을 한 셈이다.

정체성은 고정돼 있지 않으며 장소와 네트워크, 주변 환경의 변화에 따라 달라진다. 월남민을 하나의 큰 범주로 본다면, 남한 사회에 정착하는 동안 이전의 정체성이 강화되거나 응집력이 높아진 것만은 아니다. 부산의 당감동 마을은 신발산업의 배후단지였던 곳에 터전을 잡은 피란민들이 모여서 만들었다. 이곳은 산업의 영향으로 장소성이 바뀌었는데 신발공장이 폐쇄되고 인구가 감소하면서 빈민마을로 전락했다.

차철욱과 공윤경의 언급대로 당감마을은 "중심에서 배제된 주변인들과 그들이 만들어낸 삶의 공간"이다. 당감시장을 중심으로 마을 내부의 경제활동으로 이루어진 인적 네트워크는 제한적이었지만, 1970년대 대공장의 등장은 다양한 이주민과 접촉할 수 있는 계기가 되었다. 피란민뿐만 아니라 당감동 마을의 다양한 이주민과 뒤섞이면서 이북 출신이라는 정체성은 약화되었고 당감동 마을사람이라는 공동체의 정

체성을 가지게 되었던 것이다.[12]

속초에는 월남민의 생활과 정체성을 제대로 볼 수 있는 아바이마을이 있다. 강원도 속초시 청호동에 형성된 이 마을은 북쪽과 가까워 배를 타고 남하한 사람들의 정착과 거친 생활을 낱낱이 보여준다. 그들의 생활상과 의식구조를 참여관찰로 풀어놓은 김귀옥은 준거집단으로서 월남민의 규모와 남쪽으로 온 동기, 정착촌 생활을 탐구한다. 고향을 잃은 '실향'과 남한 땅 '정착'이 아바이마을 월남민의 정체성 형성에 큰 영향을 끼쳤다.[13]

개인이나 집단을 설명할 때 정체성을 피할 수 없다. 정체성의 큰 범주로는 민족을 들 수 있다. 민족주의는 개별 구성원의 문화적 동질성과 공동체 의식의 확립을 중요하게 여긴다. 민족은 공통의 언어와 상징체계, 역사를 배경으로 동일한 정신을 함양하고 이를 바탕으로 구성원들은 공동체 의식을 갖는다.[14] 널리 알려져 있듯이 민족정체성을 강화하는 데 서로 적이 되어 싸우는 전쟁은 공동체 구성원들에게 오랫동안 매우 큰 영향을 끼쳤다. 전쟁을 수행하면서 국가가 그 내부의 체제를 구조화하고 구성원의 자격을 결정하는 것은 근대의 보편 현상이다.[15]

정체성은 여러 가지 요소로 형성되는데 그중에서 주의주장은 고정관념에 대한 강화를 쉽게 가져온다. 분단사회로 갈라서 있는 남북한의 현

---

12 차철욱·공윤경, 「한국전쟁 피난민들의 정착과 장소성: 부산 당감동 월남 피난민 마을을 중심으로」, 『석당논총』, 제47호, 2010.

13 김귀옥, 『월남민의 생활 경험과 정체성: 밑으로부터의 월남민 연구』, 서울: 서울대학교출판부, 1999, 324~357쪽, 425~445쪽.

14 안쏘니 기든스 지음, 1991, 258~259쪽.

실은 적대적인 처벌과 위협, 물리적·법적 강제, 그리고 이해관계가 이념의 주장과 항상 맞닿아 있다. 남한 사회에서는 반공주의가 이런 명제에 가장 적합한 이념이라고 할 수 있다. 국가와 시민의 관계를 규정하는 권리의 측면에서 보면, 반공정권 아래서 월남민은 쉽게 조작 간첩의 대상이 되어 인권을 유린당하기도 했다.[16]

북미주 지역으로 이주한 월남민 중에서 반공주의를 맹신하는 경우를 쉽게 찾아볼 수 있다. 북한을 공산주의 사회라고 비판하며 철저한 반공주의자로 사는 것이다. 1927년 평안북도 초산군에서 태어난 김봉건은 '공산당이 싫어서' 1946년 단신으로 월남해 서북청년회 호림부대원으로 활동한 후 군에 입대한다. 육군사관학교 제7기생으로 졸업한 그는 육군 소위로 임관한 뒤 개성 송악산 전투에 참가했고, 전쟁 발발 후에는 10월에 이북으로 진격해 평양비행장을 점령하는 전과를 세웠다. 1966년 육군 대령으로 예편한 후 1984년 미국으로 이민을 떠났다. 김봉건은 애국단체라고 하지만 대부분 반공운동에 앞장서는 각종 조직의 장을 맡아 활동해왔다.[17]

1939년 황해도 풍천면 출신으로 전쟁 때 월남한 임요한은 뉴욕에 거

---

15 Charles Tilly, *Coercion, capital, and European states, AD 990~1992*, Oxford: Basil Blackwell, pp. 16~28; Otto Hintze, 1975, "Military Organization and the Organization of the State," in Felix Gilbert(ed.), *The Historical Essay of Otto Hintze*, New York: Oxford Univ. Press, 1992, pp. 181~183.

16 간첩조작 사건에 대한 사례는 다음을 참고한다. 진실·화해를위한과거사정리위원회, 「월남난민 양준호 간첩조작 의혹 사건」, 『2007년 하반기 조사보고서』, 서울: 진실·화해를위한과거사정리위원회, 2008, 1351~1368쪽.

주하는 목사인데 평양에 대해 매우 부정적이다. 그는 "군화"와 "예비군복을 싸들고" 이민 왔다. 왜냐하면 "만약에 대한민국에 인민군이 또 쳐들어온다면" 참전할 것이기 때문이다. 이북에도 가고 싶고 '조국방문'을 할 수도 있었지만 스스로 반공주의자를 자처하며 끝내 고향 땅을 밟지 않았다.[18]

근데 가고 싶기야 하죠. 그렇지만 예전에 그 올림픽하기 전후해서 이 미국에 있는 목회자들이 많이들 갈 수 있고. 거기서도 오픈을 많이 했었어요. 그런데 저는 개인적으로 말하자면 반공주의자니까. 저 같은 사람은 안 가는 게 좋겠더라고 누가 그러더라구요. 그래서 저는 (……) 반공주의자는 거기에 가서 역이용이나 당하고 그러지 갈 필요 없다고 봐요. 완전히 정부 쪽에서, 이북 정부에서 남한 측에 서로 자유왕래가 이루어질 때, 서독하고 동독 모양. 그때가 오기를 바래요. 제가 군화하고서는 예비군복을 싸들고 왔어요. 그 이민 올 때, 만약에 대한민국에 인민군이 또 쳐들어온다면 나는. 대한민국을 지키기 위해서 나 군복입고, 예비군복하고 군화 입고 가면 군복 줄 거 아니에요. 내 대한민국을 지키기 위해

---

17 그가 맡은 직함은 다음과 같다. 재미가주육군동지회 회장, 재미이북5도민회연합회 회장, 재미한국6·25참전동지회 회장, 자유민주민족회의 미서부지회 대표의장, 민주평화통일정책자문회의(LA) 자문위원, 대한민국 재향군인회 미서부지회 회장, 재미동포 애국단체연합회 공동대표 회장, 자유대한지키기 국민운동본부 미서부지부 대표회장 직책을 역임하며 재미한인사회에서 반공운동에 앞장서고 있다. 이 내용은 김봉건이 비매품으로 만든 「6·25 한국전쟁에 관한 교육 자료집」을 근거로 한다.

18 임요한 구술, 한성훈 채록, 미국 뉴욕 주 플러싱 금강산 식당, 38-28 Northern Blvd., Flushing, NY 11354, 2016. 2. 18.

서 나는 가야 된다.

어떤 사람에게는 반공이념이 필수였다. 자신의 존재를 거부당하고 남쪽으로 오게 된 강한 동기에는 이데올로기가 자리잡고 있었다. 임요한이나 김봉건에게는 '공산주의'와 싸운 경험이 평생 동안 평양을 적으로 남겨놓았다. 이데올로기의 포로라고 하면 지나친 표현일까, 그들의 활동은 모든 것이 북한을 비난하는 데 초점이 맞추어져 있다. 이런 경우는 반북주의 정체성이라고 하는 게 가장 적절할 것이다.

임요한이나 김봉건과는 다르게 월남 지식인들이 스스로 정체성을 드러내는 것은 쉽지 않다. 월남 작가들은 자신이 형상화한 주인공을 내세워 북쪽에서 겪은 생활과 가치관의 형성이 남한에서 어떻게 자아정체성을 비틀고 있는지 보여주었다. 류동규는 선우휘의 「불꽃」과 「깃발 없는 기수」에서 자아정체성의 형성 과정을 가족 로맨스와 나르시시즘으로 분석하면서, '관조적 외톨이의 모험 이야기'라는 형식에 비추어 작가의 내면을 탐구한다.[19]

박순녀의 경우 그의 작가정신은 반공이념과 밀접한 연관이 있다. 태생적인 조건인 '실향'은 그의 작품 전체를 관통하는 핵심어인데, 이 상태는 또 다른 의미에서 남한 사회에 전적으로 동화할 수 없는 객관적 거리를 유지시켜주었다. 이명희의 분석대로 뿌리가 뽑힌 실향민이라는 생존의식에서 반공주의로 강화되는 박순녀의 이데올로기 경로는 국가

---

19 류동규, 「전후 월남 작가의 자아정체성 기원: 선우휘의 「불꽃」과 「깃발 없는 기수」를 중심으로」, 『비평문학』, 제24호, 2006, 221~241쪽.

권력의 억압을 역으로 드러내 비판적 작가정신의 토대를 이루었다.[20]

월남민들은 남한 사회에서 부유浮遊하거나 혼란을 겪으면서 또 다른 자아를 찾아갔다. 1946년 북조선임시인민위원회가 시행하는 토지개혁 조치에 반대한 황순원의 집안은 지주계급이었고, 그는 가족과 함께 38선을 넘었다. 1915년 평안남도 대동군에서 태어난 그는 오산학교와 숭실학교를 졸업하고 일본으로 유학을 떠나 와세다대학에서 수학했다. 해방기와 전시기에 해당하는 그의 소설은 월남민이 타자로서 배척당하고 통제되는 상황을 그리고 있다. 소설은 국민국가의 법 적용과 죄 없는 죄인의 형상이라는 실향민의 고단한 삶 그리고 그들에게 가해진 폭력의 무대를 밝힌다.[21]

월남민을 정치적 난민으로 볼 경우, 주목할 점은 그들이 정착했던 남한 사회의 공간적 특수성이 자신들의 존재방식과 창작 행위에 큰 영향을 끼치는 데 있다.[22] 1949년 11월 황순원은 안수길, 구상 등과 함께 '월남작가회'에 이름을 올렸다. 그들은 남한과 북한 사회를 모두 경험한 "'월남 작가'의 정체성을 부각시키고" 문학의 사회참여를 자신들의 소임이자 책임으로 여겼다.[23]

---

20 이명희, 「반공주의와 작가정신: 월남 작가 박순녀의 경우」, 『아시아여성연구』, 제47권 1호, 2008, 7~38쪽.

21 전소영, 「월남 작가의 정체성, 그 존재태로서의 전유: 황순원의 해방기 및 전시기 소설 일고찰」, 『한국근대문학연구』, 제32호, 2015, 81~103쪽.

22 정주아, 「'정치적 난민'의 공간 감각, 월남 작가와 월경의 체험」, 『한국근대문학연구』, 제31호, 2015, 39~63쪽.

23 전소영, 2015, 81~82쪽.

황순원은 남한 사회에서 어떻게 하든지 작가의 정체성을 유지하고 새롭게 구성해야 했다. 월남 직후 가입한 조선문학가동맹의 전력은 이북 사회의 탄압을 피해 남하한 그이지만 남한 사회에 쉽게 정착하지 못하는 모습을 보여준다.[24] 1949년 4월 국민보도연맹이 결성되자 그는 전향 대상자로 가입하게 되었다.[25] 사상 전향은 그에게 일제강점기에 가담한 좌파활동과 이북에서 탄압을 받은 이중 현실을 떠올리게 했을 것이다. 경제적 지위와 신념을 다르게 가진 사람에게 북한이나 남한이나 비인간적인 것은 마찬가지였다.

가족이 정체성에 미치는 영향 또한 빼놓을 수 없다. 앞서 서술했지만, 1955년 「탈향」을 발표하며 등단한 이호철의 정체성에는 어머니의 존재가 깊이 각인되어 있다.[26] 그에게 고향은 어쩔 수 없이 벗어난 곳이기는 했지만 언제나 돌아가야 할 어머니가 있는 성소였다. 구술에서 밝힌 대로, 그가 어머니를 그리워하는 감정은 꿈과 현실을 구분할 수 없을 정도였다. 나이가 들수록 생명의 근원으로서 어머니에 대한 사모는 더욱 깊어져갔다. 이호철이 결혼을 늦게 한 이유는 어머니가 있는 곳으로 돌아갈 것이라고 믿고 있었기 때문이다.

북한 연구와 월남민들의 관계는 흥미롭다. 월남 지식인들은 떠나온 고향과 북쪽의 상像을 자신들 나름대로 재현해왔다. 지식인들이 생산

---

24 전소영, 2015, 86쪽.

25 국민보도연맹과 사상 전향에 대해서는 다음을 참고한다. 진실·화해를위한과거사정리위원회, 『국민보도연맹 사건 진실규명결정서』, 서울: 진실·화해를위한과거사정리위원회, 2009.

26 이호철, 『탈향: 이호철 소설집』, 서울: 국학자료원, 2014.

한 북한에 관한 담론은 시기마다 차이가 있는데, 1960년대 들어서 대중적인 '노스탤지어'의 정서가 '지식'과 '과학'으로 대체되었다. 남한과 이질적인 체제를 가진 사회로 인식하게 되면서 북한은 향수를 자아내는 노스텔지어의 대상에서 연구와 지식이 필요한 상대로 바뀌었다. 장세진은 김준엽을 비롯한 월남 지식인과 '간첩' 임무를 띠고 파견된 '귀순자'들의 글에서 초기 북한 연구의 협업관계를 밝힌다. 북한 연구의 제도화 과정에 나타난 문학적 재현과 남북한 사회로 환원되지 않는 이북 출신 문인들의 상상력은 예외 담론으로 조명받고 있다.[27]

어떤 체험이든 그것은 개인에게 다양한 심리적 영향을 끼친다. 작가들에게는 창작의 소재가 되기도 하지만 그 안에는 역사적 현실에 대한 자신만의 체험이 투영되어 있다. 때로는 굴절되거나 반사되기도 한다. 강렬하고 파괴적인 경험일수록 자기정체성 형성 과정에 절대적이며, 이는 문학적 형상화나 심미성에 영향을 미친다. 사회 분위기를 반영하고 이에 조응함으로써 작가의 지위가 암암리에 결정되는 사회에서, 작가는 자신의 체험에 대해 끊임없이 질문하고 답하는 내면의 탐색을 해야만 했다.

기든스는 개인의 결정이나 자아정체성에 영향을 주는 삶의 정치에 대해 말한다. 삶의 정치는 상호의존적 맥락에서 자아실현을 촉진하는 도덕적으로 정당한 삶의 양식을 창조하는 데 관심을 가진다. 자아정체성을 구성하는 내적인 진정성을 갖는 것이 자기 일생의 일관된 틀로

---

27 장세진, 2014, 142~177쪽.

서 중요하고, 사회적 연대로 이루어지는 정치적 결정은 선택의 자유와 발생적 권력에서 이루어진다.[28] 삶의 정치란 결국 개인의 내적인 존재 양식을 말하는 자아정체성과 외적인 정치질서의 관련 속에서 이루어진다.

이남으로 온 많은 사람이 정체성의 혼란을 겪으며 정착에 들어갔다. 정체성의 혼란이라고 할 수도 있지만, 다르게 보면 다중의 정체성을 요구받았던 시대였는지도 모른다. 새롭게 만들어지는 국가와 상이한 사회제도 속에서 가치관을 정립하고 살아가는 것은 자아를 실현하는 모습과 같았다. 자신에 대한 증명 가운데 분단사회의 왜곡된 가치관이나 이념은 내면의 상처로 남았다. 그것이 살인이나 죽음과 관련된 것이라면 공포스러운 기억 속에 편재해 있는 역사의 일부로서 더욱 뚜렷하게 남아 있을 것이다.

---

28 Anthony Giddens, *Modernity and Self-Identity: self and society in the late modern age*, Stanford, California: Stanford University Press, c1991, p. 215.

MAR 2 5 1991

2부

조국방문의 자화상

자장가

―김순남 시/곡, 1948

잘 자거라 우리 아기 귀여운 아기
엄마 품은 꿈나라의 꽃밭이란다
바람아 불지 마라 물결도 잠자거라, 아기 잠든다.
우리 아기 꿈나라 고개 넘으면
엄마 가슴 위에 눈이 내린다
잘 자거라 우리 아기 착한 아기야
뒷동산에 별 하나 반짝여 준다

잘 자거라 우리 아기 귀여운 아기
엄마 품에 고이 안겨 어서 잠자라
사나운 까마귀떼 모진 바람 몰아다 너를 울린다
너 자라서 이 겨레의 햇빛이 되어
엄마의 이 눈물을 씻어 주려무나
잘 자거라 우리 아기 착한 아기야
뒷동산에 별 하나 반짝여 준다

4장

이산가족과 평양의
해외동포 정책

남북대화와 이산가족

2007년 10월 3일 평양의 백화원 영빈관에서 제2차 남북정상회담이 열렸다. 이 자리에서 노무현 대통령은 이산가족 의제를 꺼냈다.[1]

이산가족 문제는 지금 해결하지 못하면 해결 자체가 영원히 불가능해질 수 있습니다. 최소한 생사 확인과 서신 교환만큼은 전면적으로 이루어질 수 있기를 바랍니다. (……) 화상 상봉은 병행하고 면회소 상봉은 상시적으로 해주십시오. 욕심을 좀 더 부리면 생사 확인이 중요합니다.

---

1   제2차 남북정상회담 전문은 2013년 6월 24일 국가정보원이 일반문서로 공개한 '2007 남북정상회담 회의록'에 있는 내용이다.

노무현 대통령의 제안을 받은 김정일 국방위원장은 "실무적으로 생사 확인"이 필요하다고 언급했다. 북측에서 배석한 통일전선부장 김양건은 "명단을 보내오면 전국을 다 조사해서 확인합니다. 쉽지는 않습니다"라고 추가로 답변했다. 전산으로 관리하고 있는 남한에 비해 북한은 어떤 형태로 명단을 관리하는지 알려져 있지 않다. 이 의제를 남북관계 개선의 계기로 삼고자 한 남측은 인도주의 관점을 강조하며 북측이 가시적인 조치를 취해주길 원했다. 곧이어 이 자리에 배석한 이재정 통일부장관이 김정일 위원장을 설득하고 나섰다. 그는 좀 더 진전된 내용을 언급한다.

원장님, 제가 통일부장관이라 관심 가지고 있는 부분이 여러 가지가 있습니다만, 그 가운데 위원장님께서 늘 생각하시는 이산가족 문제입니다. 금강산 면회소가 거의 완공 (……) 금년 12월에 사무국에 지원을 받고 내년부터 상시 면회가 될 수 있도록 위원장님께서 해주시고.

정상회담에 배석한 백종천 비서관은 "이산가족들 간단한 편지 왕래는 할 수 있도록 요청드립니다"라고 다시 한 번 합의를 하려고 시도했다. 남한의 구체적이고 적극적인 제안에도 불구하고 김정일 국방위원장은 그 자리에서 더는 이산가족에 대해 언급하지 않았다. 이산가족 의제에 대한 김정일 위원장과 로동당의 간부들이 갖고 있는 인식을 엿볼 수 있다. 서울에서 생각하는 인도주의 관점이 평양에서는 절박하지 않았다. 이재정 통일부장관이 만남을 기다리고 있는 이산가족이 9만 3,000여 명에 이른다고 말했지만, 북한은 전국적인 생사 확인에 많은 노력이 필요함을 언급했을 뿐이다. 정상회담에서 합의한 '남북관계 발전과 평화번영을 위한 선언(10·4선언)'에 나타나 있듯이 북측에서는 이산가족보다 다른 의제를 훨씬 더 중요하게 생각했다.

평양에서 노무현 대통령과 김정일 국방위원장이 발표한 남북정상회담 선언에는 해외동포와 관련한 합의사항이 들어 있다. '10·4선언' 제8항에서 "남과 북은 국제무대에서 민족의 이익과 해외동포들의 권리와 이익을 위한 협력을 강화해 나가기로 하였다." '10·4선언' 발표 이후 남북정상회담 준비기획단이 밝힌 정상회담 합의 해설 자료에는 '해외동포들의 권리와 이익을 위한 협력' 방안이나 구체적인 내용에 대한 설명은 없다. 포괄적이고 상징적인 의미에서 해외동포들을 위한 권리와 이익을 명시한 '10·4 선언'은 별다른 후속조치 없이 선언에만 머물러 있다.

이산가족은 인도적 차원에서 주로 대한적십자사에서 관련 업무를 담당하고 있다. 대한적십자사는 이산가족을 "1945년 9월 이후 동기 여하를 불문하고 가족과 헤어져서 남북한 지역에 분리된 상태로 거주하고 있는 자와 그들의 자녀"라고 말한다. 이 정의에 따르면 이산가족은 북쪽에서 남쪽으로 온 월남민뿐만 아니라 다양한 형태의 이산까지 포함한다. 전쟁으로 발생한 피란민 외에도 전쟁포로와 납북자, 월북자 모두 이산가족에 해당한다. 오늘날까지 포함할 경우 1990년대 초부터 통계를 내기 시작한 북한 이주민도 폭넓게는 이산가족이라고 할 수 있다.

통일부는 이산가족의 유형과 규모에 탈북자를 포함해서 셈하고 있다.[2] 법률로는 조선민주주의인민공화국에서 국경을 넘어 남한으로 입국한 사람들을 '북한이탈주민'이라고 한다. 이 용어는 북한 출신의 이주민을 정치적으로 과잉 해석하고 이념적으로 대하는 부정적인 영향의 결과다. 다른 나라에서 여러 가지 이유로 대한민국에 입국하는 소수자와 마찬가지로, 북한 사회를 떠난 인민들을 이주민이라는 보편 용어로 부르는 것이 현실을 정확하게 반영하는 것이라고 하겠다.[3]

중국에서 있었던 이산가족찾기를 먼저 살펴보자. 한국이 중국과 수교한 1990년대 초부터 이산가족찾기 사업을 하는 조직이 연변에서 생겨났다. 중국 교포사회의 언론기관인 연변라지오TV방송국 산하의 대외연락부와 연길에 소재를 둔 이산가족연락소가 중개를 맡았다. 1993년 신년부터 연변라지오TV방송국 해외연락부는 이산가족찾기 방송을 시작해 '상봉의 그날을 그리며'라는 프로그램으로 일요일을 제외하고 매일 세 차례(아침 5시 40~50분, 점심 12시 45~55분, 저녁 7시 50분~8시) 관련 소식을 방송했다.

이 방송은 한국방송(KBS) 사회교육방송(현재의 한민족방송)과 『한국일보』와 연계되어 있었다. 주요 내용은 이산가족들의 생사를 확인하고 서신을 왕래하며 물품을 송달해주고 만남을 주선하는 일이었다. 약 1년 6개월간 남한의 이산가족으로부터 300여 통의 편지가 답지했고, 그중에서 33명이 중국에 있는 이산가족을 찾았다. 이 가운데 북한에 있는 가족과 연락이 된 경우는 10여 건이었다.[4]

2   통일부, 『통일백서』, 서울: 통일부, 2005.

3   이와 같은 문제 제기와 자세한 내용에 대한 글은 다음을 참조한다. 한성훈, 『인민의 얼굴: 북한 사람들의 마음과 삶』, 파주: 돌베개, 2019, 304~309쪽.

4   서일범, 「중립적 입장이어야 더 큰 역할 가능해―남북한 이산가족 교류에 있어 해외동포의 역할―」, 『통일한국』, 제126권, 1994, 79쪽.

1993년 2월 자치주 정부의 하가를 받아 업무를 시작한 연길 이산가족소개소는 남한의 종교단체들이 재정을 지원해서 운영했다. 1994년 6월까지 70~80명의 이산가족을 찾아주었는데 이 중에는 북한의 가족 5~6명이 포함되어 있었다. 이북의 가족을 찾을 때는 평양을 방문하는 중국 동포들에게 부탁해 그들의 신원을 알아봐주는 식이었다. 이 외에도 북한과 국경을 사이에 둔 두만강 일대에서 이산가족찾기 활동에 개별적으로 종사하는 사람들이 늘어났다.[5]

중국 동포들이 비교적 이북을 편리하게 드나들 수 있기 때문에 가족을 찾는 데 큰 역할을 했다. 이런 이유로 연변에서 이산가족찾기를 '돈벌이 수단'으로 여기는 사람들이 생겨나기도 했다. 하지만 중국에서 이산가족찾기는 제한적이었다. 남한에 있는 월남민들이 조금 손쉽게 연변 측에 의뢰하는 반면, 평양의 인민들이 나서는 것은 불가능했다. 북한 정부는 이 문제에 대해 강경한 태도를 보이고 있었기 때문이다. 정부 차원의 주선이 아니라면 그들이 개별적이고 비공식적으로 호응하기는 쉽지 않았다.

남한의 전 국민을 텔레비전 앞으로 빨아들인 대규모 이산가족 만남은 1983년 한국방송이 주관한 생방송 "이산가족을 찾습니다"였다. 남쪽이나 해외에 살면서 서로 생사를 모른 채 헤어져 있던 사람들이 어릴 적 기억과 생김새, 사진으로 가족을 만났다. 평안남도 성천군 사가면 은수리가 고향인 김○○은 여동생을 이 방송에서 찾아 서울에서 만

---

5   서일범, 1994, 79쪽.

났다. 1947년 5월 이남으로 먼저 온 그는 간간히 가족의 소식을 편지로 전해 들었다. 전쟁으로 왕래가 끊겼고 30여 년이 지나 이산가족찾기 생방송 프로그램에서 여동생을 볼 수 있었다. 그 이후 캐나다 토론토로 이주한 그는 전충림이 운영하는 해외동포 이산가족찾기회의 중개로 이북의 다른 가족들을 찾아 나섰다.

부모가 자식을 찾고 자식이 부모의 안위를 수소문한다. 평안남도 강서군 강서면 출신의 김○○은 북녘 땅에 남겨놓고 온 어린 자녀들을 찾기 위해 헤어진 지 40년이 되어가는 1987년에 해외동포 이산가족찾기회에 편지를 보낸다. 1950년 4월까지 서로 편지 연락을 했지만 전쟁으로 둘째 딸과 둘째, 셋째 아들의 생사를 알 수 없게 되었다. 미국에서 이민 생활을 하던 중 전충림에게 연락해서 자녀들을 찾기에 이르렀다.[6]

일본으로 흩어진 남북한 사람들도 이산가족에 포함해야 할 것이다. 조선적을 가진 사람이나 남한교포 중에는 재일본조선인총연합회(재일총련, 총련) 사람을 거쳐 이북의 가족에 대한 소식을 전해 듣는 경우가 제법 있다. 1931년 8월 평안남도 중화군 률리면 류신리에서 태어난 김○○은 소작과 자작을 겸하는 빈농의 집안에서 자랐다. 1948년 평양 제일고급중학교에 입학했는데, 전쟁이 일어난 그해 12월 3일 어머니께 "일주일이면 돌아온다고 인사"를 드린 것이 마지막이 되었다.

김○○은 부모와 누나, 동생과 헤어져 단신으로 전선을 넘어 남한 땅에 도착했다. 자세한 사정은 기록되어 있지 않지만, 1978년 일본 도쿄

---

6 김○○, '이산가족찾기 신청서', 1987. 8. 3.

에서 평양을 다녀온 재일본조선인총연합회 관계자를 만났다. 아버지는 그해 4월 사망하고 식구들은 평양 보통강구역에 살고 있는 것을 전해 들었다. 왕래가 시작되었고 부모와 누나, 동생, 조카들의 사진을 받았다. 미국으로 이민을 떠나 휴스턴에 살게 된 그는 전충림에게 그간의 사정을 자세하게 적어 보냈다.[7]

정확한 인구 통계는 알 수 없지만 많은 이산가족이 전 세계에 흩어져 살고 있다. 그들 중에는 북쪽에서 남쪽으로 온 사람들도 있고 남쪽에서 북쪽으로 간 사람들도 있다. 이북5도위원회는 매년 5월 해외에 거주하는 월남민 1세대와 그 가족들을 대상으로 고국방문 행사를 열고 있다. 2016년 미국, 캐나다, 호주, 독일, 아르헨티나, 뉴질랜드에서 이산 2세를 포함한 192명이 서울을 다녀갔다.

이산가족에 관한 남북한 정부 차원의 교류는 1980년대 중반부터 이루어졌다. 1985년 5월 27일부터 30일까지 이산가족찾기를 위한 남북한 적십자 제8차 본회담에서 8·15광복 40주년을 전후해 이산가족 고향방문단과 예술공연단의 교환 방문을 추진하기로 합의했다. 그해 9월 20일부터 23일까지 남북적십자 총재는 각각 방문단 151명을 이끌고 서울과 평양을 교차 방문했다. 정부를 거치지 않은 해외 월남민의 이북 방문은 1980년대 초반까지 개인적 차원에서 매우 드물게 이루어졌다. 개인이 국가의 장벽을 뛰어넘어 국경선을 넘나드는 것은 '냉전'의 세계에서는 불가능에 가까웠다.

---

7 김○○, '이산가족찾기 신청서', 1988. 12. 3.

로동당의 해외동포 정책

지난 시절 남북한의 해외동포 정책은 국제사회에서 체제 경쟁적인 측면이 있었다. 해외동포들의 지지와 지원을 받는 것은 정부의 대외 이미지에 여러모로 좋은 영향을 주기 때문이다. 초기 북한의 해외동포 정책은 재일동포에 초점이 맞추어져 있었다. 그들은 해방 이전의 국적으로 표시하는 조선적을 유지하고 있기 때문에 평양의 입장에서 보면 해외공민에 해당한다. 조선해외동포원호위원회는 일본에서 재일총련에 관한 문제가 발생할 때마다 대변인 담화외 각종 성명에서 이 소식을 해외공민단체라고 언급했다. 정확하게는 "공화국의 해외공민"이라고 하는 경우가 대부분이다.

로동당의 해외동포 정책을 살펴보자. 로동당 통일전선부 산하의 조선해외동포원호위원회와 내각의 해외동포사업국이 관련 업무를 맡고 있는데, 이산가족이나 월남민의 활동과 관련이 있는 조선해외동포원호위원회의 역할이 중요하다. 로동당의 외곽 조직에서 관리하는 해외사업은 오래전부터 있어왔고, 해외동포에 대한 관심은 최근에 부쩍 증가하고 있다.

로동당이 해외동포에게 관심을 가지기 시작한 것은 재일동포 문제부터였다. 1955년 5월 25일 재일본조선인총연합회가 결성된 후 평양은 재일동포에게 재외공민의 자격을 부여했다. 1960년부터 1970년대에 이르기까지 총련에 대한 지원을 강화했고 이후 북미주와 유럽 지역으로 동포 정책을 확대했다. 로동당이 해외동포 정책을 적극적으로 추진한 것은 자신들의 통일 방안을 지지하고 자주적 발전을 위해 이바지하

는 애국운동 차원이라고 볼 수 있다.[8]

평양이 해외에 거주하는 동포들의 조국방문이나 귀국을 정책으로 추진한 것은 중국 동북 지역에 거주하는 조선족이 처음이었다. 1958년 중국인민지원군이 두 차례에 걸쳐 모두 철수하자 중국 정부는 북한이 경제 건설에 필요한 노동력을 확보하도록 지린성과 헤이룽장성, 랴오닝성에 거주하는 조선족들에게 평양에 입국해 건설에 참여하라고 호소했다.[9] 김일성의 요청에 따라 조선족의 귀국사업을 장려한 것이다. 전후 경제건설과 사회재건에 앞장섰던 중국인민지원군의 철수는 평양에서 노동력 부족 사태를 불러왔다.[10] 중국인민지원군이 8년 동안 이북에 주둔하면서 거둔 가장 큰 성과는 그들의 노동력을 활용한 전후 복구와 경제재건이었다.[11]

재일총련으로 돌아가자. 2016년 11월 5일 조선해외동포원호위원회는 『조선중앙통신』이 전한 대변인 담화에서, 일본 경찰청과 공안조사청이 방북 후 귀국한 총련 일군들을 탄압하고 총련의 여러 조직과 학교를 강제수색하면서 폭행, 체포하는 비인도주의 행위를 멈추라고 요구했다. 담화에서 로동당은 일본 정부의 조치가 "반공화국 소동이 존

---

8 허은경, 「북한의 해외동포 정책 전담기구 분석: 조선해외동포원호위원회와 해외동포사업국을 중심으로」, 『통일연구』, 제19권 2호, 2015, 164~165쪽.

9 이종석, 『북한-중국관계』, 서울: 중심, 2000, 202쪽.

10 중국인민지원군의 철수와 그 과정은 다음 글을 참고한다. 박종철, 「중국인민지원군의 철군과 북중관계」, 『한반도 분쟁과 중국의 개입』, 서울: 선인, 2012.

11 이 부분에 대한 자세한 내용은 다음 글을 참고한다. 박영실, 「정전이후 중국인민지원군의 對북한 지원과 철수」, 『정신문화연구』, 제29권 4호, 2006, 272~276쪽.

엄 높은 우리 공화국의 해외공민단체인 총련 조직을 말살하고 재일동포들의 생존권을 위협하는 극히 엄중한 정치적 도발"이라고 규정했다.[12] 로동당의 이와 같은 입장은 재일총련이 평양에서 매우 특수한 지위를 갖고 있음을 말한다.

로동당은 1972년 12월 27일 최고인민회의 제5기 제1차 회의에서 채택한 사회주의 헌법에서 해외동포에 대한 정책을 처음 명시했다. 제15조에서 조선민주주의인민공화국은 "해외에 있는 조선동포들의 민주주의적 민족 권리와 국제법에서 공인된 합법적 권리를 옹호한다"고 밝혔다. 제65조는 "해외에 있는 모든 조선공민들은 조선민주주의인민공화국의 법적 보호를 받는다"라고 명시했다. 가장 최근인 2019년 4월 11일 최고인민회의 제14기 제1차 회의에서 수정 보충한 헌법은 제15조의 내용을 이전과 동일하게 규정하고, 해외공민에 관한 사항은 삭제한 상태에 있다.

1963년 제정하고 1999년 2월 26일 최고인민회의 상임위원회 정령 제483호에서 수정한 북한의 국적법은 조선민주주의인민공화국의 공민을 규정하고 있다. 제2조에서 공민은 "공화국 창건 이전에 조선의 국적을 소유하였던 조선인과 그의 자녀로서 그 국적을 포기하지 않은 자"를 말한다. 제3조는 공민이 "거주지나 체류지에 관계없이 공화국의 법적 보호를 받는다"라고 규정했다. 국적법의 근거에 따라 로동당은 해외동포 정책을 적극적으로 시행하고 있다.

---

12 『조선중앙통신』, 2016. 11. 5; 통일부, 『주간 북한 동향』, 제1334호, 2016. 11. 5~11.

평양이 최고인민회의에서 해외동포 정책을 입안한 것은 1967년 12월에 열린 최고인민회의 제4기 제1차 회의였다. 이날 김일성은 정부 정강을 발표하면서 "해외에 있는 모든 조선동포들의 리익과 민족적 권리를 옹호하기 위하여 적극 투쟁할 것입니다"라고 선언한다. 해외의 '모든 조선동포'라고 했지만 실제로 이 정책은 재일조선인을 향한 것이었다. 재일조선인의 귀국운동을 언급하면서 김일성은 이것을 조선민주주의인민공화국의 해외공민이 갖는 "민족적 권리"라고 표명했다. 그 이유는 일본 제국주의자들이 조선을 강제로 점령한 후 동포들이 여러 가지 이유로 조국을 떠나 해외에 유랑하게 되었고, 그들이 이국 땅에서 오랫동안 나라 없는 인민으로서 민족적 차별대우를 받았기 때문이었다.[13] 재일동포에 대한 로동당의 입장은 이와 같은 역사적 뿌리를 갖고 있다.

1970년 5월 24일 김일성은 재일본조선인총연합회 결성 15돌에 즈음하여 '총련중앙상임위원회 의장에게 보낸 축하문'에서 총련의 성과와 과업을 나열한다.[14] 그는 총련이 "당의 주체사상을 정확히 구현하여 재일 조선공민들의 공화국 공민권을 영예롭게 수호하였으며", "후대들을 조국과 인민에게 끝없이 충실한 민족간부로 육성하여왔"다고 언급했다. 또한 "당과 공화국 정부의 조국통일방침을 높이 받"드는 "조선민주주의인민공화국의 존엄 있는 해외공민단체로 자라났"다고 치켜세웠다.

---

13 김일성, 「국가활동의 모든 분야에서 자주, 자립, 자위의 혁명정신을 더욱 철저히 구현하자」, 1967. 12. 16, 『김일성저작집 21』, 평양: 조선로동당출판사, 1983, 539쪽.

14 김일성, 「재일본조선인총련결성 15돐에 즈음하여」, 1970. 5. 24, 『김일성저작집 25』, 평양: 조선로동당출판사, 1983, 125쪽.

사실상 총련을 로동당의 외곽 조직으로 간주한 것이다.[15]

로동당의 해외동포 정책은 인적 교류와 재일총련에 관한 내용이 대부분을 차지한다. 진희관에 따르면 재일총련에 대한 정책 기조는 첫째, 이북의 사회주의 체제 건설을 실현하는 단체로 활용하고, 둘째, 일본이라는 공간적 차이와 제약을 극복하고, 셋째, 일본 내에 거주하는 동포들의 권익을 옹호·보장하는 것으로 나누어볼 수 있다.[16] 이와 같은 정책은 해외공민이라는 법적·정치적 규정을 전제로 그들을 북한의 인민으로 간주하고, 재일총련을 당의 정책에 참여하는 공화국의 일부 조직으로, 그 구성원을 '조국과 인민을 위한 사업', 곧 '애국사업'의 대상으로 보는 관점이다.[17]

재일조선인에 대한 평양의 관심은 한국전쟁이 정전된 해부터 두드러졌다. 1953년 11월 9일 김일성은 '조선 정전축하 일본인민평화친선사절단 접견석상에서 한 연설'에서 "일본 반동들의 학대와 탄압에도 불구하고 자기의 진정한 조국 조선민주주의인민공화국을 옹호하며 리승만 괴뢰도당을 반대하여 불굴의 투쟁을 전개하고 있으며 조국해방전쟁 시기에는 미제와 리승만 매국 역도의 강제적인 징병과 추방 책동을 반대하여 견결히 투쟁하였습니다"라고 재일조선인의 활동을 높게 평가했다.[18]

---

15 김일성이 언급한 해외동포운동의 시기별 내용은 다음 책을 참고한다. 김일성, 『조선해외교포운동에 대하여』, 평양: 조선로동당출판사, 1985.

16 진희관, 「북한의 재외동포정책 연구: 재중총련, 재CIS동포, 재일총련 그리고 재미동포정책 비교 연구를 중심으로」, 『통일문제연구』, 제23권 1호, 2011, 70~71쪽.

17 진희관, 2011, 73쪽.

1956년 11월 21일 김일성은 『요미우리신붕読売新聞』과 가진 회견에서 재일조선인을 해외공민이라고 규정하고 "무엇보다도 제일조선인들에게 생활상 권리가 보장되"고, "일본 정부는 재일 조선공민들이 안정된 생활을 할 수 있도록 그들에게 직업과 일자리를 알선해주며 귀국의 권리를 비롯하여 온갖 민주주의적 자유와 권리를 보장해주어야 할 것"이라고 주장했다.[19] 이 같은 주장을 뒷받침하기 위해 로동당은 직접 지원에 나선다. 1957년 4월 로동당은 재일동포들에게 교육비 1억 2,000만 엔을 처음 지원했다. 교육비와 장학금은 조선해외동포원호위원회와 적십자사를 거쳐 재일본조선인중앙교육회로 전달되었다.[20]

1959년 12월 21일 김일성은 '제1차 귀국선으로 귀국한 동포들과 한 담화'에서 재일조선인의 고국 이주를 북한뿐만 아니라 사회주의 진영의 승리라고 자평했다.[21]

재일동포들의 귀국 실현은 우리 당과 인민의 커다란 승리입니다. 그것은 또한 모든 사회주의 나라들의 승리로 됩니다. 세계 력사에서 해외공민

---

18 김일성, 「조선정전축하 일본인민평화친선사절단 접견석상에서 한 연설」, 1953. 11. 9, 『김일성저작집 8』, 평양: 조선로동당출판사, 1980, 168쪽.

19 김일성, 「일본《요미우리신붕》기자가 제기한 질문에 대한 대답」, 1956. 11. 21, 『김일성저작집 10』, 평양: 조선로동당출판사, 1980, 374쪽.

20 사회과학원 력사연구소 편, 『조선전사 32: 현대편(사회주의 건설사 5)』, 평양: 과학, 백과사전출판사, 1982, 555쪽.

21 김일성, 「조선민주주의인민공화국은 재일 조선동포들의 참다운 조국이다」, 1959. 12. 21, 『김일성저작집 13』, 평양: 조선로동당출판사, 1981, 513쪽.

들이 이른바《자유세계》로부터 사회주의 사회에로 집단적으로 이주한 실례는 없습니다. 나라가 남북으로 갈라져 있는 우리나라의 조건에서 재일동포들이 공화국 북반부의 사회주의 조국으로 집단적으로 돌아온다는 것은 우리 당과 인민의 승리일 뿐 아니라 모든 사회주의 나라들의 승리로 되는 것입니다.

로동당은 귀국한 재일동포들의 사상교양에 나섰다. 그들은 북한 정치공동체의 구성원인 인민이 되어야 했다. 자본주의 사회의 가치관이 하루아침에 바뀌지는 않기 때문에 지속적인 교양이 중요했다. 1960년 8월 25일 김일성은 '조선인민군 제109군부대 군인들과 한 담화'에서 로동당원들이 앞장서서 귀국한 동포들의 의식을 개조해야 할 것이라고 언급한다.[22]

사상교양은 또한 평양이 재일총련을 거점으로 해외동포운동을 확대해나가려는 의도와 관련 있다. 1962년 1월 30일 김일성은 '총련 의장에게 보낸 서한'에서 일본에 머물러 있는 연계사업을 미국과 브라질을 비롯한 해외동포들에게까지 강화해 북한을 지지하게끔 유도했다. 이후 김일성은 재일동포 상공인들이 북한과 무역사업을 더욱 강화해나가도록 총련 의장에게 지시했다.[23]

---

22 "지금 일본에서 약 3만 명의 동포들이 귀국하였는데 이들은 순전히 자본주의 사회에서 살던 사람들입니다. 이들을 다 포섭하고 교양하여 북반부 사람들과같이 훌륭한 사회주의 건설자로 만들어야 합니다. 우리 당원들이 이들을 맡아 교양하여야 합니다. 그들을 교양개조하는 문제는 우리의 능력을 검열하는 시험과 같습니다." 김일성, 「인민군대는 공산주의학교이다」, 1960. 8. 25, 『김일성저작집 14』, 평양: 조선로동당출판사, 1981, 281쪽.

1975년 3월 25일 김정일은 '조선로동당 중앙위원회 책임일군들과 한 담화'에서 재일총련사업의 방향을 제시하고 해외교포운동의 목적을 언급한 바 있다. 해외동포운동의 목적은 "해외교포들의 리익을 옹호보장하며 자기 조국, 자기 민족을 위하여 복무하는" 데 있다.[24] 김정일의 언급대로 성취되지는 않았지만, 재일총련의 교포운동은 다른 지역 해외동포들의 활동에 동일하게 적용되었다.

재일총련에 대한 평양의 관심은 지속적이었고, 1세대뿐 아니라 학생과 청년 등 이후 세대에게도 일본 사회의 특성에 맞춰 '애국사업'이라는 이름의 교양으로 발전했다.[25] 재일조선인에 대한 정책에서 비롯되었지만 해외동포운동에 대해 김일성은 "조국과 운명을 같이하는 애국운동"이라고 강조했다. 다시 말해 "조국이 튼튼해지고 부강 번영해야 해외교포들의 민족적 자주성이 담보될 수 있기에 조국의 자주적 발전을 지향하기 위해 이바지해야 한다"는 것이었다.[26]

로동당의 입장에서 해외에 있는 이북 출신들은 중요한 세력이다. 국제사회에서 평양을 지지하는 여론이나 단체를 확보하기 위해서는 외부

---

23 김일성, 「총련사업에서 이룩한 성과를 더욱 공고발전시키자」, 1962. 1. 30, 『김일성저작집 16』, 평양: 조선로동당출판사, 1982, 63쪽.

24 김정일, 「총련사업을 잘 도와줄데 대하여」, 1975. 3. 25, 『김정일선집 5』, 평양: 조선로동당출판사, 1995, 143쪽.

25 이 부분에 대해서는 다음 내용을 참고한다. 진희관, 2011, 80~83쪽. 재일본조선인운동과 총련에 대해서 김정일이 시기별로 언급한 모든 내용은 다음 책에 담겨 있다. 김정일, 『재일본조선인운동과 총련의 임무』, 평양: 조선로동당출판사, 2000.

26 김일성, 『위대한 수령 김일성 동지의 불멸의 혁명 업적 18: 해외 교포 문제의 빛나는 해결』, 평양: 조선로동당출판사, 1999, 39~40쪽.

세계에서 활동하는 동포들에 대한 관리가 필요하다. 조선해외동포원호 위원회의 역할은 1990년대 들어서 더욱 부상했다. 1992년 미국 로스앤 젤레스에서 흑인들이 일으킨 폭동으로 한인들이 공격을 당하고 피해 를 입는 사건이 발생했다. 조선해외동포원호위원회는 "깊은 유감을 표 시하면서 재난과 불행을 당한 재미교포들에게 동포애적인 위문과 동 정을 보내였으며 미국 정부에 피해를 입은 동포들에게 응당한 사죄와 보상을 해야 한다"는 성명을 발표했다.[27]

활발한 대외업무를 펼치고 있는 조선해외동포원호위원회는 출판사 하나편집사가 운영하는 웹사이트 〈류경〉을 개설해 평양의 역사와 문화 전통을 소개한다.[28] 해외동포 정책을 총괄하는 주무 부처가 조선해외 동포원호위원회인 이유는 당-국가체제에서 로동당 통일전선부가 해외 동포와 관련한 업무를 지속적으로 맡아왔기 때문이다. 인적 현황으로 봤을 때 당 소속의 조선해외동포원호위원회 간부들이 내각의 해외동 포사업국 직책을 겸직해왔다.[29]

조선해외동포원호위원회가 언제 만들어졌는지는 명확하지 않다. 유 사한 명칭으로 북조선적십자사의 조선해외동포구호위원회가 있었는데 이 조직이 조선해외동포원호위원회로 분리, 독립한 것인지는 알 수 없 다. 1962년 10월 박정애가 조선해외동포원호위원회 위원장을 맡은 사 실로 볼 때, 내각의 해외동포사업국과 비슷한 시기에 이 조직이 만들어

---

27 김철웅의 동생이 쓴 편지, 1992. 5. 7.
28 류경 사이트는 다음과 같다. http://www.ryugyongclip.com.
29 허은경, 2015, 167쪽.

진 것이라고 봐야겠다.[30]

내각의 해외동포사업국은 1959년에 설치한 교포사업총국의 뒤를 이어 개편한 부서다. 1971년 9월 25일과 10월 8일 김일성은 두 차례 '일본 《아사히신문朝日新聞》 편집국장 및 교도통신사共同通信社 기자와 한담화'에서 재일조선인 첫 귀국사업이 실현된 1959년에 해외동포사업국을 신설했다고 밝혔다.[31] 조선해외동포원호위원회는 해외동포들을 대상으로 외화를 획득하거나 통일에 관련된 사업을 진행한다. 조국방문 역시 중요한 과업이다. 1992년 조선해외동포원호위원회 김영수 참사는 이산가족찾기 위주에서 탈피해 북한을 알기 위한 동포들의 방문을 허용하고, 그 대상자의 범위를 확대할 것이라고 밝혔다.[32] 이때는 북미주의 많은 월남민이 평양을 드나들던 시기였다.

재일동포와 총련에 관한 로동당의 정책을 해외동포 정책으로 일반화하기에는 조금 무리가 있다. 평양의 해외동포 정책은 그 지역과 대상을 세 부분으로 나누어볼 수 있다.

첫째, 1950년대부터 재일동포에 집중된 해외동포 정책 또는 해외교포들의 문제는 곧 식민지를 겪은 민족의 자주성을 회복하는 것과 같다. 다른 지역의 해외동포와 다르게 재일동포는 제국주의 지배에 따른 직접적인 결과로, 존재 그 자체가 역사적·정치적 맥락 속에 있기 때문

---

30 허은경, 2015, 170~171쪽.

31 김일성, 「조선로동당과 공화국정부의 대내외정책의 몇 가지 문제에 대하여」, 1971. 9. 25; 10. 8, 『김일성저작집 26』, 평양: 조선로동당출판사, 1984, 296쪽.

32 『시사저널』, 제122호, 1992. 2. 27.

이다.

둘째, 중국이나 러시아에 흩어져 있는 동포들처럼 사회주의 형제 국가에 거주하고 있는 인민들은 이주하게 된 역사적 경위가 다르다. 이들 국가에 존재하는 해외동포에게 로동당은 해외동포 정책을 적용하지 않는다. 해외동포운동의 본질이라고 할 수 있는 활동, 다시 말해 동포들의 조직을 만들어 민족적 애국운동을 벌이거나 자주성을 회복하려고 하지 않는다.[33]

셋째, 해외동포에 대한 또 다른 접근은 북미주에 거주하는 이산가족이나 월남민, 남한에서 이주한 동포들에 대한 정책이다. 북미주 지역에서 펼친 해외동포 정책의 첫발은 이산가족 만남에서 비롯했다. 이것은 남한으로 이주한 후 다시 해외로 나간 북쪽 출신 사람들의 방문과 교류였다. 체제 선전이나 국제사회의 지지라는 정치적 의도를 가진 이 정책은 앞서 보았던 일본이나 중국, 러시아와 다르게 좀 더 보편적인 접근방식을 채택하고 있다. 김영수 참사가 밝혔듯이 조국방문과 북미주 지역에서 평양과 우호적인 관계를 구축하고 통일 문제에 대한 여론을 중요하게 여기는 것이라고 할 수 있다.

---

33 이북의 해외교포운동에 대해서는 다음 글을 참고한다. 손기만, 「북한의 해외동포 정책에 관한 연구」, 경남대학교 북한대학원 석사학위 논문, 2001, 25쪽; 정영철, 「북한 재외동포 정책의 역사와 변화 가능성」, 『사회과학연구』, 제25권 2호, 2017, 104~105쪽.

5장

조국방문

월북자와 납북자의 유산

평양은 한국전쟁 이전 사회주의 체제 건설에 필요한 지식인을 남한에서 데려오기 위해 부단히 노력했다. 해방 이후 분단으로 치닫기 전부터 김일성은 기술인력 확보에 주의를 기울였다. 1946년 7월 31일 '남조선에 파견되는 일군들과 한 담화'에서 그는 "당면하여 부족한 인테리 문제를 해결하자면 북조선에 있는 인테리들을 다 찾아내는 한편 남조선에 있는 인테리들을 데려와야 합니다"라고 언급한다. '인텔리'들이 필요한 기관을 구체적으로 언급했는데, 평양에 건립될 (김일성)종합대학과 교육문화기관, 과학연구기관에 배치하면 그들이 북조선의 발전에 이바지하리라 예상했다.[1]

북한이 추진한 남한 내 주요 인사들의 납북자 가족 사례를 보자. 그들 역시 평양에 생존해 있을지 모르는 가족을 찾아 나섰다. 일제강점기에 『동아일보』와 『조선일보』에서 근무한 기자이자 시인이었던 김형원은 해방 이후 공보처 차장을 지낸 것이 빌미가 되어 전쟁 때 납북당한다.[2] 생사를 알 길이 없었던 딸은 1990년 10월 해외동포 이산가족찾기 기회에 아버지의 이력을 간단히 기재하고, 그가 일제강점기에 기자로 활동한 자료를 첨부해 신청서를 보낸다.

토론토에서 여행사 직원으로 일한 김형원의 딸은 1900년생인 아버지가 연로해 돌아가셨더라도 "소생이나 가족이 있으면 찾기"를 원했다. 딸은 단서라도 될까 싶어 『조선일보』 재직 시절 아버지의 동지였던 홍기문을 병기한다.[3] 노촌 이구영 선생의 기억에 따르면 이북에서 김형원이 사라진 1950년대 중반, 벽초 홍명희의 아들인 국어학자 홍기문은 김일성종합대학 교수로 있었다.[4] 김형원이 북한에서 거쳐 간 행적은 정확하게 밝혀지지 않았다. 출판사 교정원으로 일하다가 1956년 8월 종파사건의 여파로 함경남도 안주탄광으로 숙청당한 후 소식이 끊겼다고 전해진다.

전쟁 초기 서울에 있었던 이구영은 "국회의원이나 정치인들의 소재와 동향을 파악해서 그들을 데려오도록 조치하는" 정보 수집 임무를

1 김일성, 「남조선에서 인테리들을 데려올데 대하여」, 1946. 7. 31, 『김일성전집 4』, 평양: 조선로동당출판사, 1992, 66~69쪽.
2 석송 김형원이 납북당한 사정에 대해서는 다음에 자세히 소개되어 있다. 유광렬, "재기에 찬 소장 언론인: 김형원 편", 『기자반세기』, 서울: 서문당, 1969, 334~335쪽.
3 김선규, 「가족찾기 신청서」, 1990. 10. 5.
4 심지연, 『역사는 남북을 묻지 않는다: 격랑의 현대사를 온몸으로 살아온 노촌 이구영 선생의 팔십 년 이야기』, 서울: 소나무, 2001, 264쪽.

맡아 동분서주했다.[5] 주요 인사들의 동정을 파악하는 그의 업무는 북한 당국의 납북 정책이었다. 남한의 주요 인사들을 납북하는 과정과 그 인물들의 이후 행적은 비교적 소상히 밝혀져 있다. 신경완의 증언에 따르면 납북 정책은 "모시기 공작"명으로 실행되었다. 여러 개의 가명을 가지고 남한에서 활동한 신경완의 본명은 박병엽이다. 평안남도 안주 출신인 그는 1951년부터 1968년까지 평양에서 조국통일민주주의전선 중앙위원회 간부로 있었는데, 임시정부 요인들의 납북 과정과 고뇌에 찬 그들의 생활을 직접 목격했다.[6]

한편 후퇴하는 도중 남쪽에서 북쪽으로 데려가는 정계인사들의 안전이 문제가 되었다. 1950년 9월 중순 미군 병력이 인천에 상륙하고 서울 일대에 위험한 정세가 조성되자 로동당에서 관리하는 인사들의 신변이 위태로워졌다. 1950년 9월 17일 김일성은 '조선로동당 중앙위원회 비서, 내무상, 조국통일민주주의전선 중앙위원회 서기 국장에게 준 지시'에서 "서울에 있는 안재홍과 오하영 선생을 비롯하여 입북 의사를 표명한 '국회의원'들과 리승만 괴뢰도당에게 체포 투옥되었던" 국회 소장과 의원들을 데려오라고 지시한다.[7] 김일성이 언급한 '입북 의사'는 납북자에게는 의지에 반하는 말이지만, 월북자에게는 마음을 제대로 헤아린 표현인 셈이다.

---

5 심지연, 2001, 186~187쪽.

6 이태호 지음, 신경완 증언, 『압록강변의 겨울: 납북 요인들의 삶과 통일의 한』, 서울: 다섯수레, 1991.

7 김일성, 「남조선 애국적 정계인사들의 입북을 안전하게 보장할데 대하여」, 1950. 9. 17, 『김일성전집 12』, 평양: 조선로동당출판사, 1995, 315쪽.

납북당한 유명인사를 찾는 것은 또 다른 용기를 필요로 한다. 1978년 캐나다로 이민을 떠난 김수영은 충남 서천군 제2대 국회의원 신분으로 한국전쟁 때 서울에서 납북된 남편 구덕환을 찾으려고 '이산가족찾기 신청서'를 작성한다.[8] 들려온 소식은 남편이 "9·28 수복 후 대한적십자사를 통해서 북한에 생존해" 있는 것과 "그 후 신문 발표에 아오지탄광에 계시다는" 언론 보도가 유일했다.

일제강점기 시절, 열혈 청년이었던 구덕환은 경성의학전문학교에 재학 중일 때 3·1운동에 참여했다. 1927년 상해에 망명한 후로는 임시정부에서 김구와 이시형, 이동녕과 함께 독립운동을 했다. 1936년 귀국한 뒤 서천에 신라병원을 개원하고 독립운동에 필요한 자금을 조달하는 비밀결사활동을 벌였다. 구덕환이 납북되고 58년 만인 2008년 5월, 동생 구월환은 이북 지역 녹화사업을 위한 기념행사에 방송 관계자의 일원으로 방북에 나선다. 그는 평양 시내에서 자동차로 30분 거리에 있는 룡성구역 용궁동에 위치한 '재북인사의묘'를 방문한다.[9] 거기에는 1985년 5월 12일에 서거한 형의 비석이 지난 세월 속에 서 있었다.[10]

해방 전 조선식산은행 함흥지점에서 근무한 김경진은 영어에 능통했다. 1947년 2월 미군정청의 과도정부가 출범할 때 초대 재무부 이재국장을 맡은 그는 전쟁 때 납북된다.[11] 1974년 큰딸의 초청으로 미국 이민

---

8 김수영, '이산가족찾기 신청서', 1990. 8. 14; '가족찾기 신청서', 1991. 9. 24.

9 재북인사들의 묘에는 초대 국회의원 16명과 2대 국회의원 18명을 포함해 문학가와 역사학자 등 총 62명이 안치되어 있다. 이 묘지에 안치된 사람들에게 북한 정부는 모두 선생이라는 호칭을 붙여놓았다.

10 구월환, "평양에서 만난 구덕환 의원", 『서천신문』, 2008. 6. 16.

을 떠난 동생 김○○은 1991년 토론토의 전충림에게 '가족찾기 신청서'를 보내고, 이북에 살아 있을지도 모르는 형을 찾는다.[12] 자료가 남아 있지 않아 형제가 만났는지는 알 수 없으나, 해외동포 이산가족찾기회가 진행한 절차를 보면 동생은 납북자 신분의 형이 사망한 것을 확인했을 것이다.

납북자로 알려진 사람들의 친척들이 이북의 가족을 찾는 경우는 여러 갈래로 진행되었다. 강원도 삼척군 북평읍 출신의 김○○은 납북당한 큰아버지 김진팔의 생사라도 알고 싶었다. 해방 직후 김진팔은 포항종합제철(주)의 전신에 해당하는 삼화제철공사의 이사장을 맡았다. 김진팔의 둘째 동생은 삼척 지역에서 오랫동안 공화당 국회의원을 지낸 김진만 전 국회부의장이다.

남한에 터전을 잡은 직계가족은 여러 가지 이유로 침묵했지만, 캘리포니아에 살고 있는 김○○은 북한에서 생존해 있을지도 모르는 큰아버지를 꼭 만나고 싶어 해외동포 이산가족찾기회에 연락한다. 헤어지기 전 김진팔은 조카를 끔찍이 돌봐주었다.[13] 정부가 작성한 『6·25사변 피납치자명부』에 따르면 김진팔은 1950년 8월 21일 서울시 종로구 혜화동 2통 5반 자택에서 납북된 것으로 기록되어 있다.[14]

이북 출신의 월남민이나 납북자들만이 헤어진 가족을 찾는 것은 아

---

11 『중앙선데이』, 제465호, 2016. 2. 6.

12 김○○, '가족찾기 신청서', 1991. 6. 10.

13 김○○, '이산가족찾기 신청서', 1989. 6. 28.

14 大韓民國政府, 『6·25事變 被拉致者名簿 1~5』, 釜山: 大韓民國政府, 단기4285(1952).

니다. 월북자의 가족 역시 『뉴코리아타임스』가 추신하는 이산가족찾기 사업에 주의를 기울였다. 경기도 시흥군 서면 소하리 1084번지에 살던 리병돈은 1950년에 입북했다. 지하운동을 하던 그는 가족들을 전부 다 데려가지 못하고 한국전쟁 중에 월북한 것으로 알려졌다. 캐나다로 이민을 떠난 리병돈(이병돈)의 아들 리○○은 이북으로 간 부모를 찾아 나섰다. 토론토의 전순영이 남긴 메모에 따르면 그의 어머니 최○○(채○○)은 평안북도 피현군 룡흥리에 살아 있었다.

북측의 표기법에 따라 쓰인 리병돈은 경기도 시흥군 서면에 조직된 국민보도연맹원 이병돈과 동일 인물이라고 볼 수 있다. 국민보도연맹의 조직으로 보면 그는 안양구安養區 서면분회西面分會 소하(리)반班 소속이었을 가능성이 높다. 보도연맹 조직은 리 단위에서 말단 하부조직으로 반班이 구성되고 면 단위에서 분회分會, 상위 단위에서 구區 조직이 설치되었다. 시흥군 서면의 소하리와 가학리는 인접한 마을로서, 가학(리)반에 소속된 보도연맹원 이수용李壽容은 이병돈의 권고에 따라 가입한 것으로 '양심서'에 나타나 있다.[15]

시흥군 서면은 현재 광명시 가학동, 소하동을 포함하는 지역이다. '양심서'는 국민보도연맹에 회원으로 가입할 때 작성하는 서류다. 이 문건에는 가입자의 본적과 주소, 가맹 동기, 현재의 심경, 앞으로의 각오, 자기반성, 주위 환경, 가입을 권유한 사람의 이름이 기재되어 있다. 진실·화해를위한과거사정리위원회(진실화해위원회) 조사에 따르면, 서면 지역

---

15 미국 국립문서기록관리청NARA, RG242 Entry299 Box767 SA2009 Item 67, '양심서良心書'.

에는 보도연맹원의 활동이 상당했고 전쟁 때 월북한 사람들도 꽤 많았다. 이병돈의 권고에 따라 보도연맹에 가입한 것으로 기록된 이수영은 마을 노인회장 이종익(1937년생)의 증언에 따르면 9·28수복 전후에 인민군이 후퇴할 때 월북한 인물이다.[16]

남한에 있는 어떤 남편은 캐나다에 이주한 사촌 친척을 거쳐 이북에 있는 부인과 큰아들을 찾으려고 노력했다. 이산가족 모 씨는 사촌 명의로 작성한 여러 종류의 문건에서 전쟁 때 황해도 옹진군 동남면 송현리 턱골마을에서 배를 타고 피란을 가면서 만삭의 부인과 둘째 아들과 헤어졌다. 1988년 10월 사촌지간의 친척이 전충림에게 보낸 편지에는 남한에서 직접 북한으로 이산가족을 찾을 수 없어서 대신 연락하는 사연을 따로 밝혀놓았다. 어느덧 일이 진행되어 1990년 8월 4일에 작성한 '조선민주주의인민공화국 입국사증 신청서'에는 부인이 황해남도 태란군 운산리협동농장 6작업반에 생존해 있는 것으로 기재되었다.

인민의용군으로 초모招募사업에 응한 가족의 사연 역시 남다르지 않다. 이○○은 1950년 가을, 전선이 북상할 때 의용군으로 입대한 아버지와 헤어진다. 1932년 황해남도 강령군 광천리에서 태어나 옹진에서 자란 이○○은 1951년 6월 옹진군 순위도에서 어머니와 헤어져 작은 누나와 함께 월남한 후 전쟁 전 결혼한 큰누나를 찾아 인천으로 왔다. 생활형편이 여의치 않아 고아원에서 자란 그는 홍익미술대학에 진학했으나 중퇴하고 회사원으로 일하다 1976년 3월 처남의 초청을 받아 미

---

16 나는 진실·화해를위한과거사정리위원회에서 이 조사를 수행했다.

국으로 이주했다. 우여곡절 끝에 옹진군읍에 살고 있는 여동생을 찾았고 편지 왕래가 있은 후 평양행을 신청했다.[17]

이○○은 자신의 이름이 바뀐 호적 때문에 "부모님과 동생들을 찾는데 장애가 될"까 봐 노심초사했다. '이산가족찾기 신청서'를 받아놓고서 오랫동안 머뭇거린 이유는 남한에 와서 가호적을 만들 때 부모가 지어준 이름과 생년월일을 "어떤 사정으로 해서" 바꾸었기 때문이다. 토론토의 전충림에게 별도로 보낸 편지에는 부모와 동생들을 찾는 데 바뀐 자신의 신원이 장애가 될지 몰라 전전긍긍하는 모습이 그려져 있다.

전쟁이 나던 해 서울시 용산구 갈원동에 살던 조○○은 그해 9월, 형 조○○이 인민의용군에 입대하고 간호사였던 누나가 아버지와 함께 이북으로 떠나자 혼자 남았다. 아버지 조○○은 서울의과대학 제2의과병원 의사로 근무했다. 1951년 초 인민군이 서울을 다시 점령할 때 형이 숙모 집을 찾기도 했지만 동생은 만나지 못했다. 40여 년 후인 1992년, 조○○은 가족을 찾았다. 해외동포 이산가족찾기회의 전순영이 붙여놓은 메모에는 조○○이 황해남도 해주시 연하동 17반에 생존해 있었다.[18] 1957년 청진의과대학 교수로 근무한 조○○은 1958년경 반혁명 분자로 몰려 평양에서 쫓겨난 것으로 회자되고 있다.

정치사회로부터 공개되기를 원하지 않는 월북자의 가족도 상당하다. 남한 출신의 월북자를 이산가족으로서 만나는 것은 쉽지 않다. 월남과

17 이○○, '조국방문신청서', 1992. 4. 6; '조선민주주의인민공화국 입국사증 신청서', 1992. 4. 6.
18 조○○, '가족찾기 신청서', 1991. 12. 2.

월북으로 북쪽과 남쪽에 남은 사람들은 이산가족이 되었다. 월남자와 월북자라는 표현에는 의지가 개입된 행위자로서, 전쟁 중에 피란민으로 헤어진 사람들보다 좀 더 정치적이고 이념적인 모습으로 비쳤다. 이들은 얼핏 대척점에 있는 것처럼 보이지만 분단과 전쟁이라는 구조적 사건에 대응하는 방식에는 많은 유사성을 보인다.[19] 현재는 인도적 관점의 이산가족이라는 범주가 일반적이다. 이산가족과 월남민은 그 대상이 조금 다른데, 월남민 중에는 가족이 모두 이주해 이산가족이 아닌 경우가 있기 때문이다.

북쪽의 가족과 헤어진 사람이라 하더라도 이산가족으로 등록하지 않는 경우가 있다. 남한 정부나 적십자사를 거쳐서 이북의 가족을 찾게 되면, 혹시라도 그들에게 피해가 가지 않을까 염려해서다. 함성국 목사는 이런 고충을 알고 이북에 남은 부모와 누이동생을 찾는 데 아주 조심스러웠다.[20] 자신이 기독교인이기도 했지만 무엇보다 로동당이 볼 때 월남자의 가족은 좋은 평판을 가질 수 없었기 때문이다. 결국 서울이 아닌 뉴욕에서 그는 남다른 북녘의 가족들을 찾았다.

사랑하는 가족과 헤어졌다고 이산가족찾기에 적극 나설 수 있는 것은 아니다. 정치체제가 그어놓은 금단의 선을 뛰어넘으려면 용기가 필

---

19 월북 가족과 이에 대한 질적 연구는 다음을 참고한다. 조은, 「분단사회의 '국민 되기'와 가족: 월남 가족과 월북 가족의 구술 생애 이야기를 중심으로」, 『경제와 사회』, 제71권, 2006, 72~101쪽. 월북민의 가족이 이산가족 상봉을 신청한 경우는 아직 없는 것으로 안다.

20 함성국 구술, 한성훈 채록, 906 Pondside Drive, White Plains, NY 10607, 미국 구술자 자택, 2016. 2. 19.

요하다. 정부 간의 대화에서 가족찾기를 신청하지 않는 사례는 여러 가지 이유가 있지만, 대부분 정치적인 고려 때문이다. 북쪽의 가족이 월남자의 가족이라는 이유로 불이익을 당하거나 남쪽에서 반공이념의 잣대로 자신들이 평가받을 것이 두렵기 때문이다.

1937년 평양에서 태어난 강현두는 조만식 선생이 한때 교장으로 있었던 평양숭인상업학교 1학년 때 남한으로 온다. 아버지가 일찍 사망한 후 어머니가 남쪽을 오가며 장사를 했는데, 전쟁이 일어나기 전에 서울로 이주해 관훈동에 자리를 잡았다. 서울대학교 문리대에서 공부한 그는 5·16쿠데타 직후 국가재건최고회의가 실시한 방송요원 공채 1기에 선발되어 한국방송공사에 취직한다. 1963년 미국으로 유학을 떠나 보스턴대학교에서 프로듀서 분야를 전공한 후 귀국해 동양방송 TBS으로 이직했고, 이곳에서 성우 1기였던 모 여성을 만나 결혼한다.

강현두의 부인이 되는 이 여성은 월북 작곡가 김순남의 외동딸 김세원이었다. 임화의 시에 곡을 붙인 〈인민항쟁가〉로 유명한 김순남은 1917년 서울에서 태어나 어머니에게서 피아노를 배웠고, 경성사범학교 음악부를 졸업한 뒤 1937년 일본으로 건너가 도쿄고등음악학원 본과 작곡부에서 수학한다. 1942년 귀국 후 몇몇 음악가들과 성악을 연구하는 모임인 성연회를 만들어 지하운동에 참여하고, 해방 뒤 조선음악건설본부를 조직해 해방가요를 주로 작곡했으며 조선음악가동맹 작곡부장으로 활동하면서 남로당 간부를 지냈다.

1947년 중반 미군정이 남조선로동당을 불법화하자 김순남에게도 체포령이 내려지고 도피생활이 시작되었다. 1944년 문세랑과 결혼해 이듬해 해방둥이로 태어난 딸이 있었지만, 몇 해 동안 얼굴을 보지 못한 채 결국 1948년 8월 38선을 넘어 북으로 간다. 도피생활을 하면서 지은 작곡집에 〈자장가〉 세 곡이 있는데, 딸을 그리워하며 그가 유일하게 가사를 직접 쓴 곡이다. 그 딸을 강현두가 만난 것이다.

강현두는 혼인할 무렵 장인 되는 이가 월북한 천재 음악가라는 사실을 어머니에게 말하지 않는다. "굳이 얘기해야 될 이유가 있는 건" 아니라고 생각했기 때문이다. 나중에 알게 되었지만, 이북 출신의 월남자 어머니는 월북한 남로당원의 딸을 며느리로 맞아 같으면서도 다른 분단의 얄궂은 운명을 안고 고부의 인연을 맺었다.

1983년 한국방송이 이산가족찾기 특별생방송을 시작하자 어머니는 여의도에 나가서 가족의 사연을 적은 종이를 게시판에 붙이고 다녔다. 혹시나 친척들을 만날 수 있지 않을까 하는 기대였다. 남쪽에 살아 있으면 어쨌든 만날 기회가 있을 거라고 생각했지만 친척을 찾지 못했고 대한적십자사에 이산가족 등록을 하지도 않았다. 남한에서 이산가족 신청을 하고 이북에서 그 가족을 찾을 경우, 남쪽에 누군가 있는 것을 숨기고 산 것을 북한 당국이 알게 되면 "성분이 나쁜 사람이" 되니까, 어머니는 이런 고민을 끝까지 하고 있었다.[21]

1988년 남한 정부가 납북자와 월북자의 작품을 전면 해금조치하자 딸은 자신의 아버지를 밝힐 수 있었고, 김순남은 새롭게 평가받기 시작했다. 김세원은 세계 각국을 다니며 아버지의 손길이 닿은 흔적을 찾아 지인을 만났고, 자료를 모은 뒤 그의 삶과 음악세계를 복원한다.[22]

---

21 강현두 구술, 이봉규 채록, 서울시 서초구 방배 1동 884-21, 102동 303호, 2015. 4. 15.
22 김세원, 『나의 아버지 김순남』, 서울: 나남출판, 1995.

시어머니와 며느리의 속마음은 다를지 몰랐다. 어쩌면 딸은 월북자의 자식이라는 금기가 남아 있던 시절에도 이북에서 아버지의 행적을 찾고 싶었을 것이다.

이 문제는 '월북'과 '납북'이라는 정치 문제로 불거져왔고 현재도 쟁점으로 남아 있다. 몇몇 사람을 제외하면 '월북'과 '납북'은 정확히 알 수 없는 경우도 흔하다. 속마음을 뒤집어 보지 않는 이상 현재 시점에서, 지난 역사의 끝에서 행위의 결과를 재단하는 것은 한 인간의 선택에 대한 정치적 평가가 포함된 것이다. 이북으로 떠나 만포까지 후퇴해 머물렀던 남측 인사들이 김일성의 의향대로 '입북 의사'가 얼마나 있었는지는 명확하지 않다.

'월북'과 '납북'은 한 글자 차이지만 멍에를 짊어진 후손들에게는 엄청난 무게로 삶을 짓눌렀다. 남북한의 사회변동과 역사의 뒤안길에서 여러 가지 형태로 헤어진 가족들의 후사는 현재진행형이다. 자식이면 누구라도 가슴속에 품은 아버지, 어머니, 형제자매가 그리울 것이다. 부모여서 더했을 것이다. 정치의 희생양이 되어버린 2세들의 삶에 이산가족이라는 명명은 어쩌면 멍에를 의미하는 것인지도 모른다. 가족을 되찾는 방법은 이미 지나온 길은 아니지만, 일이 시작된 그곳으로 다시 거슬러 올라가는 수밖에는 다른 도리가 없다.

주체와 인민의 자화상

평양을 방문하게 되면 통상 공식·비공식 교육을 받는다. 안내원으로부터 받거나 특정한 장소로 이동해 강연을 듣기도 한다. 1980년대는 해외동포들에게 주체사상을 교양하는 것이 필수였던 시절이다. 고 마태오 신부는 김일성종합대학의 철학교수 김 모에게서 주체사상 강의를 세 시간 들었다. 강의가 끝나자 안내원이 주체사상을 어떻게 이해하는지 신부에게 물었다. 신부는 주체사상에 "한 개인의 인간 존엄성이 무시당하기 쉬운 전체주의가 있지만"이라는 비판은 입 밖에 내지 않기로 작정했다.[23]

대신에 주체의식이란 "자기가 주인이 되어 국민된 권리를 정당하게 주장하고 행사하며, 또 국민 모두의 인격 내지 인간의 존엄성이 보장되는 가운데 자유롭고 행복하게 자기 존재를 성숙"해나가도록 "선과 양심과 의지를 개발시켜주는 것이" 아니겠느냐고 에둘러 표현했다. 그는 주체사상에 입각한 인민들의 정신과 태도에서 남한 국민과 다른 차이와 거리감을 느꼈다.[24] 1984년과 달리 오늘날에는 로동당이 조국을 방문하는 해외동포들에게 주체사상을 교양하지 않지만, 근본적인 사상정책은 바뀌었다고 볼 수 없다.

이북을 방문하는 지식인들이 큰 관심을 가지는 것 중의 하나가 주체사상이다. 북한의 독특한 지도체계와 사상원리이기 때문에 그 본질을 궁금해 한다. 홍동근 목사 역시 주체사상에 대한 관심이 매우 높았다. 평양을 방문한 어느 날 사회과학원에서 진철국이라는 강사가 주체

23 고 마태오, 『아, 조국과 민족은 하나인데: 고 마태오 신부 북한 방문기』, Los Angeles: 코리안스트릿저널, 1985, 72쪽.
24 고 마태오, 1985, 73쪽.

사상 강론을 위해서 숙소로 찾아왔다. 강론을 들은 홍동근 목사는 "인간 중심의 새 철학이 '기독교 인간론'과 가깝다고 느꼈다." 주체사상에서 인간을 이해하는 방식이 기독교 인본주의와 공통되는 부분이 적지 않았다. 주체의 철학 원리에 따르면 사람이 세계와 자기 운명의 주인이다. 창조적 인간형이 자주성을 최고의 가치로 보듯이 홍동근은 하나님의 형상대로 만든 인간의 존재가 가지는 존귀함과 주체사상을 비교하면서 두 세계의 유사점을 발견했다.[25]

홍동근 목사가 깊은 감명을 받은 어휘는 '자주성'이었다. 1981년 그가 첫 방북에서 느낀 소감은 "외세의 지배가 없고 우리 민족이 나라의 주인이 되어 그 경제, 정치, 국방을 모두 자주적으로 지키고 있는" 점이었다. 그에게 주체사상은 "일체의 외세를 물리치고 민족이 완전히 자주적으로 자기 나라를 건설"하는 것이었다.[26]

그는 사대주의를 비판하고 민족주의를 주장한다. 남과 북이 만날 수 있는 유일한 길이라고 보기 때문에 평양의 독창적인 사회주의 사상의 기반이 되는 주체사상을 관심 있게 긍정했다.[27] 홍동근은 신의주고보 재학 시절부터 민족의식을 가지게 되었다. 비판의 여지는 있지만 사상과 계급보다 민족을 우선하고 민주주의나 공산주의보다 통일이 민족의 미래라고 여기는 그는 남과 북이 대화의 길로 가야 한다고 주장해왔다.[28]

---

25 홍동근, 하권, 1988, 62~63쪽.

26 홍동근, 하권, 1988, 199쪽.

27 홍동근, 하권, 1988, 64쪽.

28 홍동근, 하권, 1988, 198쪽.

방문자의 눈에 비친 인민과 로동당의 과장된 모습을 보자. 이산가족에게 평양이 겪은 '고난의 행군'은 여느 사람들이 전하는 것과 남달랐다. 1992년 평양에 살고 있는 동생의 소식을 접한 김철웅은 몇 번의 편지를 주고받은 해외동포 이산가족찾기회에 방북 신청을 하고 1995년도에 평양을 다녀온다. 미군 폭격으로 돌아가신 부모와 인민군에 입대해 황해도에서 근무하고 있는 동생이 평양에서 살게 된 경위, 다른 친척들의 소식을 동생에게서 자세히 듣는다. 평양에서 극진한 대접을 받은 때는 '고난의 행군' 시기였다.[29]

　　그때 북한에서 그 재미교포 초청해서 많이 그때 갔댔는데, 재미교포들이 가서 보고, 좋은 데만 보여주고 먹여줬지만 가니까 북한이 형편없이 사는 걸 많이 봤잖아요. 그거를 돌아와서 막 얘기를 하니까 그 북한서 알았다고. 딱 차단시켜버렸어. 못 갔어요. 저도 신청을 했는데 못 갔다고. 그때 그래가지고 1년을 기다렸다가 95년도에 오라 그래갖고 우리 여기서 32명인가 모집해서 들어갔다구. 그게 2년 만에 처음 다시 재개해서 들어간 거예요. 그러니까 북한에서 단속이 심했어요. 딱 끌고 다니면서 사회행동 못 하게 했어요. 일체 개인적으로 고향에 간다거나, 어디 보내질 않고 딱 묶어서 좋은 데만 딱 보여주더라고. 11박 12일 동안에 북한의 제일 좋은 데만 구경 실컷 했어요. 잘 먹여주고. 95년도에 막 굶어 죽을 때에요.

29　김철웅 구술, 한성훈 채록, 미국 뉴욕 주 플러싱 금강산 식당, 38-28 Northern Blvd., Flushing, NY 11354, 2016. 2. 17.

김철웅은 평양 구경을 한 뒤 금강산에서 하룻밤을 묵었다. 구룡폭포를 구경하고 다시 평양으로 돌아와 대동강 하구 남포의 서해갑문을 둘러보고, 대성산의 단군릉과 묘향산을 다니면서 11박을 꼬박 채웠다. 평양 바깥에서는 사람들이 굶어 죽어가고 있는데, 방북한 해외동포들은 제대로 된 대접을 받고 있었다. 먼저 방문했던 사람들이 식량난에 대해 얘기하는 것을 알고 있었던 평양은 다른 방북단에게 더욱 특별한 대우를 해주었다. 이는 인민들의 모습과 동떨어진 정치적 자화상이었다.

이북을 방문한 사람들이 갖는 첫인상은 시기마다 달라졌다. 1980년대 초반 평양을 다녀온 재미한인 일곱 명의 학자가 쓴 글은 북한 정치 사회를 매우 뛰어나게 분석하고 있다. 한반도 긴장이 지속되고 남북관계가 불신으로 치달았던 1981년, 2주 동안 그들의 눈에 비친 평양은 '위대한 수령'에 대한 우상화와 인큐베이터 속에 갇힌 인민들의 불평등한 사회였다.[30] 1980년대 미국 생활에 익숙한 그들의 눈에 비친 평양은 여러모로 모순이 가득 찬 곳이었다.

몇십 년 만에 어렵게 만나는 가족이라고 갈등이 없는 것은 아니다. 고 마태오 신부는 교리나 주의, 사상에 대해 가족들과 토론할 의향이 없었다. 가족들은 신부가 된 자신에게 종교를 문제 삼았다. 그는 신앙을 근본적으로 부정하려는 공산주의 입장과 그리스도인이 가진 유신론의 차이를 설명하고야 말았다.[31] 북한을 방문한 사람들을 어떻게 볼

---

30 양성철·박한식 편저, 『북한기행: 재미 한국인학자 9인이 본 80년대 북한』, 서울: 한울, 1986.

31 고 마태오, 1985, 93~94쪽.

것인지는 계속해서 논란이 되어왔다. 남한과 북한이 공식으로 인적 교류를 하기 전까지 개인 자격으로 평양을 다녀온 사람들이 겪은 고초는 고 마태오 신부의 지적처럼 정치와 이념으로 가득 쌓인 시선을 받는 것이었다.

1985년 9월 20일부터 나흘 동안 남북한 이산가족 고향방문에 참가한 지학순 주교는 다음 날 고려호텔에서 누이동생 용화와 사촌 형을 만난다.[32] 독실한 가톨릭 집안에서 형제자매와 친척 일곱 명이 여러 가지 이유로 세상을 떠났다. 이별의 슬픔만이 아니라 달라진 고향과 어릴 적 손잡고 성당에 같이 다니던 누이동생으로부터 "오라버니, 우리 공화국이 바로 천당인데 또 어디에서 천당을 찾겠다는 거야요?"라는 힐난을 들어야 했을 때, 그의 마음은 찢어졌다.[33] 만나서 더욱 슬픈 일이었다. 이념의 골을 확인하는 상봉은 슬프고 괴로운 일이었다. 남북한이 체제 선전에 열을 올리던 때였고, 남측의 방문단과 처음 만나는 인민들에게 북측은 사상교양을 확실하게 했다.

방북한 사람들이 그리는 이북의 사회상과 인민의 규범세계를 보자. 최익환은 청진에서 중학교를 다니다가 1·4후퇴 때 단신으로 월남했다.

---

32 한성훈, 「월남민의 서사: 출신지와 이산가족, 전쟁 체험을 중심으로」, 2019, 304~305쪽. 김성보 편, 『분단시대 월남민의 사회사: 정착, 자원, 사회의식』, 서울: 혜안, 2019, 304~305쪽.

33 『중앙일보』, 1985. 9. 24. 누이동생이 지학순 주교에게 한 말은 전달자마다 조금씩 차이가 있다. 이 글은 2016년 2월 8일 온라인 『통일뉴스』에 '북한교회를 가다'를 연재한 최재영 목사가 전하는 문구다. http://www.tongilnews.com/news/articleView.html?idxno=115427

1983년 6월 말 일본 도쿄에서 열린 제6차 민족통일 심포지엄에 참석하고 7월 5일 베이징에서 고려항공 비행기를 탔다. 평양으로 향하는 한 시간 40분은 차 한 잔 마시는 시간인데, 그에게는 자신의 삶을 토막 낸 33년의 공백 저편으로 되돌아가는 타임머신과도 같았다. 그리움은 하나의 정이라기보다 몸으로 느끼는 아픔과도 같은 것이었다.

순안공항에서 누나를 잠깐 만난 최익환은 평양으로 이동해 북측의 안내를 받아 만경대를 둘러보았다. 그는 우상화와 숭배를 개인 문제로 보지 않는다. 만경대 봉우리 기슭에 자리잡은 김일성 주석의 생가는 여러모로 보아 전형적인 가난한 시골 농가였다. 만경대를 둘러본 후 그는 "바깥사람들의 눈에는 이것이 개인숭배의 극치로 보일지 모르지만, 북쪽 사람들에게는 이 고장이야말로 한 전설적 생애, 아니 한 규범적 인생의 시발점이요 온 사회의 정신적 고향"이라는 것을 눈치 챘다.[34]

이산가족으로 고향을 방문하는 사람들에게 북한이 실시하는 교양은 월남민의 태도와 인식에 영향을 미친다. 선전과 과시, 자랑을 동포들 앞에서 내세우는 이북의 속내는 김일성과 김정일 우상화, 최고지도자에 대한 믿음을 강조하는 데서도 쉽게 알 수 있다. 김철웅의 동생은 형에게 보낸 편지에 꼭 1992년 봄에 방북하라고 권한다.

우리 인민의 수천 년 력사에서 처음으로 맞이한 위대한 김일성 주석의 탄생 80돐이 되는 민족 최대의 경사스러운 기념일이 있으니 조국방문

---

34 최익환, "귀향", 양은식 외, 1988, 27쪽.

신청을 그때로 하면 합니다. (……) 김일성 주석은 우리 인민들이 수천 년 력사에서 처음으로 맞이한 위인 중의 위인이랍니다. 그러기에 세계의 양심적 인민들은 그이를 끝없이 흠모하며 한번 만나 헤어질 때면 아쉬움을 금치 못한답니다.

김철웅의 동생에게 김일성 주석이 태어난 4월 15일은 '조국 산천이 아름답고 만물이 소생하는 봄날'이어서 더욱 좋은 계절이다. 김일성에 대한 인민들의 지지는 단순히 수령에 대한 우상화로만 설명할 수 없다. 현지지도를 통해 확립한 인민과 김일성 사이의 친밀감은 최고지도자에 대한 신격화가 아니다. 정치체제의 민주성과 선거로 확립되는 최고지도자의 정당성은 외부세계의 기준일 뿐, 북한 사회에서는 다르게 작동한다. 일본 제국주의 식민지에서 해방을 맞이한 한반도에서 근대국가의 틀을 세운 민족 독립운동가이자 미국으로부터 자신들을 보호해준 정치지도자가 바로 김일성이기 때문이다.[35]

미국친우봉사위원회The American Friends Service Committee가 이북을 방문하고 난 뒤 제출한 보고서는 김일성 우상화에 대한 자신들의 시각이 어떻게 교정되고 있는지 서술해놓고 있다. 1980년 9월 2일부터 13일까지 친우봉사회 대표단은 북한의 조선대외문화연락위원회 초청으로 평양을 방문했다. 대표단의 방북 목적은 미국과 북한 사이, 북한과 남한 사이의 긴장을 완화하는 첫 단계로 상호방문을 촉진하는 데 있었다.[36]

---

35 여기에 대한 자세한 내용은 다음 책을 참고한다. 한성훈, 2019, 50~52쪽.

그들 자신은 김일성 주석이 전 사회적으로 받고 있는 존경에 놀라게 될 것으로 예상했다. 김일성이 민주적인 방식의 선거를 통해서 정권을 장악한 것이 아니라는 사실을 잘 알고 있었고, 어디를 가나 그의 초상과 동상이 있었다. 대다수 사람의 가슴에 그의 배지가 달려 있었다. 이러한 숭배의 모습에서 대표단은 그들 "자신이 얘기했던 것보다 덜 불쾌해지는 것을 보고" "오히려 당황하였다." 그 이유는 인민들이 김일성 주석을 "사실대로 대하고 있는 것"이었기 때문이다.

대표단은 인민들이 김일성을 일상 속에서 부르는 "우리의 위대한 수령"이라는 말이 북한 "정부가 실현해온 여러 해택에 대하여 개인화하는 한 방법인 것"을 알았다. 대표단이 김일성의 절대권력을 신비화하는 사회의 분위기를 이해하는 보고만 한 것은 아니다. "한 지도자만을 강조하는 것은 긴 눈으로 보아 사회에 건강한 일이 못 된다는 것을 느끼고" 있었다.[37] 미국인들은 정치지도자 한 사람을 지나치게 부각시키는 평양을 이해하는 동시에 비판했다.

김일성 주석과 김정일 국방위원장을 빼놓고 북쪽의 현실을 말할 수는 없다. 이북 "땅에 발을 디딘 순간부터 어디를 가나 어느 쪽을 향하나 거기에는 김일성 주석이 있다. 혁명박물관 앞뜰의 거대한 동상에서부터 살림집 안방의 초상화에 이르기까지, 김일성 주석의 존재는 북쪽

---

36 대표단은 유엔본부 퀘이커 대표인 스티븐 티어만Stephen Thierman과 친우봉사위원회 도쿄지부 공동대표 모드 이스터Maud Easter, 데이비드 이스터David Easter이다. 이 단체는 미국 퀘이커교의 사회봉사단체다.

37 친우봉사위원회, "북한방문보고서", 양은식 외, 1988, 342쪽.

의 공간을 가득 매우고 있다. 물리적 공간만 그런 것이 아니다. 사회생활의 어느 분야에 가나 주석의 현지교시를 써 붙인 액자를 보게 된다." 그 내용은 다양하고 구체적이다. "사상, 이념은 말할 것도 없고, 산업, 교육, 역사, 문화, 언어 고고학, 의료, ……남녀간의 애정에 이르기까지" 주석의 지도가 스며들어 있다.[38]

김일성의 교시는 구체적이고 실제적이므로 인민대중과 김일성 주석의 관계를 한쪽 측면으로만 분석하기는 어렵다. 최익환은 이 지지의 이유를 이렇게 설명한다.[39] 절대"권력자에 대한 두말없는 복종 이외에 격동의 50 성상星霜을 일관하여 항일투쟁과 전쟁과 건설에서 보여준 비범한 영도력에 대한 진정한 존경과 신뢰가 있었다." 덧붙여 "연만한 가부장이 풍기는 위엄과 자애가 더하여졌다." 1980년대 초반 최익환의 설명방식을 곧이곧대로 받아들일 수는 없지만 인민들이 김일성을 열렬하게 지지하는 배경은 충분히 이해할 수 있다.

정반대의 상황을 고려해보자. 로동당과 인민들에게 미국은 어떻게 비치고 있을까. 인민들이 미국을 보는 관점은 제국주의이면서 동시에 외교관계를 정상화해야 하는 대상이다. 북미주의 월남민이 미국을 보는 입장은 저마다 차이가 있지만, 이와 같은 관점의 밑바탕에 존재하는 것이 한국전쟁 경험이다. 전쟁 시 겪은 비참함은 죽을 때까지 몸과 마음에서 사라지지 않는다. 홍동근 목사는 미국의 함포 사격으로 폐허가 된 원산을 방문해 안내자의 설명을 들으며, "이 나라에서 '미제'는 저주

---

38 최익환, "귀향", 양은식 외, 1988, 35쪽.
39 최익환, "귀향", 양은식 외, 1988, 36쪽.

의 명사이며 전쟁과 통일을 두고서는 민족의 철천지원수이다"라는 것을 뼈저리게 느꼈다.[40]

이북을 떠난 월남민이나 평양을 엿본 사람들 중에는 근본적인 문제에 직면한 경우가 상당하다. 공동체 구성에서 피할 수 없는 사회와 개인의 관계를 설명하는 정치철학이 대표적이다. 평양에 호의적인 외부인이라 하더라도 이 문제는 만족스럽게 해결되지 않을 가능성이 크다. 사회와 개인의 문제는 인류 보편의 차원에서 어느 정치공동체에서나 제기되는 문제이자 그 공동체의 성격을 규정하는 기준이 된다.

최익환이 혈혈단신으로 고향을 떠나기로 결심한 이유는 민족자주의 문제와 사회와 개인의 관계였다. 민족자주의 문제는 남한에 비해 북한에서 가장 중요한 정치 의제이자 주체사상의 근간을 이루어왔다. 사회와 개인의 관계는 '하나는 전체를 위하여 전체는 하나를 위하여'라는 매끈한 구호로 풀어지는 문제가 아니다. 사회통합의 강조와 개인의 창조성이라는 두 명제 사이에 조성되는 긴장을 어떻게 풀 것인지가 중요하다. 최익환은 서울로 망명하기 전 주체사상연구소장으로 있던 황장엽과 나눈 대화에서 그가 이 문제에 대해 최선의 해결을 찾아 노력할 뿐이라는 답변을 들었다.[41]

개인들 사이의 사회적 상호작용이 공공성에 꼭 부합한다고 할 수는 없지만 한편으로 이기심만으로 이루어진다고 할 수도 없다. 최익환은 "인간 중심의 이념을 내세우고" "물질적 기초를 딛고 서서 앞으로 어디

---

40 홍동근, 하권, 1988, 20쪽.

41 최익환, "귀향", 양은식 외 지음, 1988, 53쪽.

까지 각 개인이 주체적으로 자유롭게 발전하는 것을 보장해줄 것"인지 로동당에 물었다.[42] 1983년 최익환이 가졌던 이 질문에 대한 답은 현재 진행 중이다. 주체사상의 창조성을 입증하는 궁극적인 텍스트는 아직 완성되지 않았다.

사회에서 개인을 떼어놓고 보는 것은 사변에 지나지 않는다. 주체사상을 비판하는 시각은 개인 또는 개인성에 대한 모더니티 기획으로서, 자유주의 관점의 주체성 확립과 맞닿아 있다. 김정은 집권 이후에 김일성-김정일주의로 바뀌었지만 급변하는 국제정세 속에서 로동당이 주체사상을 포기할 리 없으며 사회통합을 위해 더욱 노골적으로 자주성을 강조할 것이다. 반면 인간 중심이라고 하는 개인의 다양성과 정신활동을 민주주의 절차 없이 보장할 수 있을지는 불확실하다. 최익환이 사회와 개인의 관계에 던지는 근본 질문은 유효기간이 없는 의제다.

조국방문, 그 이후

고향 땅을 수십 년 만에 찾은 동포들이 맞닥뜨리는 충격은 인민들이 가지고 있는 문화적 특성에 있다. 집단주의를 표방하는 로동당의 정책이 인민들의 집합생활 경험으로 재생산되는 사회구조는 자유주의와 개인주의에 기대어 있는 사람들을 당혹스럽게 한다. 집단적 결속은 최

---

42 최익환, "귀향", 양은식 외 지음, 1988, 54~55쪽.

고지도자에 대한 충성을 의미하며 자신들의 존재 이유 그 자체이기도 하다. 비교하자면 남한이나 북미주 사회와 다른 이질성으로 볼 수 있고, 평양 내부로는 획일화된 문화의 폐쇄성으로 볼 수 있다. 로동당에서 강제하는 인민들의 규범적 가치관이 때로 현실에서 충돌을 일으키기도 하지만, 그들이 정치권력의 강제력을 넘어서는 사회적 존재가 될 수는 없다.

집단주의는 국가의 위계로 볼 때 최고지도자-로동당-인민으로 이어지는 굉장히 수직적인 체계를 가지고 있다. 인민들 사이의 동질성이나 평등의 정도로 볼 때 그들 사이에는 수평적인 관계를 가진 것 또한 사실이다. 집단주의 규범은 인민들의 정신과 삶 속에 내재되어 있는 의식이다. 사회 성분에 따라 지위와 권력의 차이가 있지만, 이것이 인민들이 최고지도자나 로동당과 맺고 있는 정치적 관계의 속성을 나타내지는 않는다. 집단주의의 획일성이 또 다른 형태로 출현하는 것이다. 64가지 부류의 성분에 따른 사회적 지위의 차별은 평등을 강조하는 무계급 사회에서 또 다르게 등장한 불평등한 제도다.[43]

서독과 동독이 통일되고 동유럽 사회의 전환이 일어난 1990년대 초 평양에서 벌어지는 일들은 안개 속에 있는 것처럼 뿌옇게 보였다. 모국을 방문한 월남민이 갑작스럽게 그곳에서 사망하기라도 하면 온갖 억측이 난무했다. 김계용은 1940년 평양사범학교를 졸업하고 1948년부터 신의주 마전교회 전도사로 봉직한다. 전쟁 중에 가족과 떨어져 혼

---

43 북한 인민의 출신과 사회 성분에 대해서는 다음 책을 참고한다. 한성훈, 2019, 79~96쪽.

자 남으로 온 뒤 1953년 장로회 총회신학교에서 수학한 그는 1973년 미국으로 떠나 나성영락교회 초대 목사로 부임했다. 노태우 정부가 재외동포들의 북한 방문을 허용하자 1990년 9월 김계용은 평양길에 오른다.

그런데 김계용 목사가 이북에 체류한 지 며칠 만에 사망하는 일이 벌어졌다. '심장마비설'과 '타살설'이 나돌아 로스앤젤레스 교계와 교포사회가 들끓었다.[44] 독극물에 의한 피살설이 나돈 까닭은 김계영이 월남하기 전 신의주 형무소에 수감됐다가 인민군으로 징집된 후 도망쳐 월남한 전력이 있었기 때문이다. 평소 '공산주의'를 반대하는 설교를 해온 것 역시 갑작스러운 그의 죽음을 더욱 의문스럽게 만들었다.

이태가 지난 1992년 8월경 전종락 목사가 북한을 방문하고 돌아와 김계용 목사의 사망에 대한 "불신과 의혹을 회개하는 글을 썼다." 타살이 아니라는 그의 글로 교계는 다시 한 번 시끌시끌해졌다. 김계용 목사는 1990년 9월 1일 고향 신의주 구성시의 형수 집을 찾아가 45년간 떨어져 지낸 아내를 만났고, 식구들과 함께 점심을 먹은 후 갑작스러운 심장 이상으로 사망했다. 전종락 목사의 전언에 따르면 평양의 법의관이 이 사실을 확인했다.[45] 백승배 목사는 김계용 목사의 사망 원인에 대해 교계가 "과거의 경험과 교육에 기대어 독살설을 믿고 주장"할 뿐만 아니라 "사라져가는 이데올로기에 매달려" 이북을 "성토하고, 증오한" 것이라고 비판했다.[46]

---

44 백승배, 『아! 내 고향 우리 고향』, 서울: 예루살렘, 1993, 26~27쪽.
45 백승배, 1993, 216~221쪽.

김계용 목사의 죽음은 또 다른 흔적을 남겼다. 미국에 있는 그의 유산이 북한에 생존해 있는 가족들에게 전달된 일이다. 유산 처리를 담당해온 미국 법률사무소의 배리 실버 조사국장은 2009년 3월 9일 "북한과 미국이 유산 수수료 문제로 이견을 좁히지 못하다가 최근 우리 측이 제시한 3분의 1 조건을 북한이 전격 수용함으로써 합의를 보게 됐다"고 밝혔다. 유산은 현금 10만 3,000달러였고 법률사무소는 유산의 45퍼센트를 수수료로 책정했는데 북측에서 25퍼센트를 요구해 10년간 합의점을 찾지 못한 상태였다. 2009년 합의에서 북한에 있는 부인 이진숙(당시 90세)과 아들 김광훈(당시 62세)에게 전달되는 돈은 총 6만 9,000달러인데, 변호사 사무실에 보관 중인 유산은 평양 고려법률사무소를 통해 유족에게 전달된다고 알려졌다.[47]

해외에 사는 이산가족들이 평양을 방문하려고 할 때 남한 정부의 규범과 시민들의 피해의식이 큰 걸림돌이 된다. 서울의 가족과 주변 지인들이 걱정하는 문제도 이것이다. 해외 이산가족들이 북쪽을 방문할라치면 남쪽에 있는 가족의 반대가 다반사였다. 남북관계의 비제도적 영역에서 개인과 시민사회단체가 북한과 교류할 때는 현실적인 법과 제도로 막혀 있어서 부정적인 영향을 크게 받는 경우가 대부분이다.

정○○의 아내는 서울 사람이고 형제들이 그곳에 있기 때문에 북한의 고향에 같이 가자는 남편의 제안을 거부했다. 아내는 "서울에 있던 친형제하고는 인연을 끊으란 말인가"라며 동행을 반대한 것이다. "이북

---

46 백승배, 1993, 227쪽.
47 『국민일보』, 2009. 3. 10.

에 다녀오면 '빨갱이'라고" 손가락질당하는 일도 있고 "이남에는 나가지 못한다는 것이 알려져 있기 때문"이었다.[48] 미국 캘리포니아에 거주하는 정○○은 청진의과대학 3학년에 재학 중이던 1950년 12월 2일 함경북도 명천 주을읍(경성읍)에서 혼자 월남했다.

시기마다 차이는 있지만 해외에 살고 있는 월남민들은 평양의 초청을 받거나 여행 형식으로 이북을 방문하기가 수월했다. 하지만 북미주에서 일찍이 평양을 다녀올 수 있었던 재미동포 월남민들은 동포사회로부터 심한 이념의 테러를 당했다. 1981년 가을 평양을 방북하고 돌아온 홍동근 목사의 기행기가 『신한민보新韓民報』에 실렸다. 고향방문소식을 이산가족들에게 빨리 전하고 싶었던 소박한 희망과 정반대로 "북한 사투리"를 쓰는 사람들이 새벽이면 전화를 해서 "'이 빨갱이 목사야, '김일성이한테 2만 불 공작금 받아왔어?'"라고 욕설을 퍼부었다. 그의 표현대로 '반공의 병'은 깊었다. 시무하는 교회에서는 세례를 주고 일군으로 키운 교인들이 한 가정 두 가정 떠나갔다.[49]

3대 기독교 가정에서 자란 홍동근 목사야말로 반공주의자였다. 해방이후 맞닥뜨린 이북 사회에서 그는 "무신론에 심한 불신을 가지고 계급투쟁과 폭력 혁명에 대"해서 강한 반감을 품고 있었다. 인민학교 교사시절, 아침저녁으로 아이들과 교실에서 따로 예배를 드리고 성경을 가르친 것은 당시 체제를 반대하는 하나의 시위였다. 정부의 '인민 교육 이념'에 반대해 기독교 인격 교육을 내세울 만큼 그는 강한 소신을 가

48 정○○, "옥봉누님께", 양은식 외, 1988, 99쪽.
49 홍동근, 상권, 1988, 27쪽.

지고 있었다.

홍동근의 저항은 1년 만에 끝났다. 1946년 성탄절 전야에 교사직에서 쫓겨났다. 인민위원회가 실시한 "'일요일 선거'와 '토지개혁' 조치로 정부가 교회와 충돌했을 때" 그는 이것을 "교회에 대한 박해요, 신자에 대한 숙청으로 보았다." 결국 홍동근 목사는 생애 처음으로 참여하는 선거에서 부표를 던지고 정권의 수립을 공개적으로 반대했다.[50] 이와 같은 그의 가치관과 심성을 동포들은 헤아릴 수 없었다.

고향과 마을에 대한 심상은 여러 가지로 나타난다. 방북한 홍동근은 피현 탄촌의 고향을 방문해 어머니와 가족들을 만난다. 신의주에 있던 둘째 형과 형수, 조카는 전쟁 때 미군의 폭격으로 죽었다. 신의주 20만 명 인구의 3분의 2 정도가 죽고 도시의 80퍼센트가 잿더미로 변했다. 목격자의 전언에 따르면 밤에는 "불기둥으로 신의주의 밤이 붉었고" 낮에는 "타는 연기로 하늘이 먹구름이 되었"다. 소이탄 폭격은 도시의 집과 사람을 불태워버렸다.[51] 오랫동안 헤어진 가족을 다시 만나는 것은 보통 일이 아니다. 인생에서 기쁜 일만 가득한 것이 아니듯, 고향땅의 사연도 행복과 불행이 교차했다. 그곳에 사는 사람들도 현실을 제대로 알 수 없었던 동토의 땅 조선민주주의인민공화국이 아니던가.

1984년 4월 1일 아침 고 마태오 신부는 보통강려관(보통강호텔)에서 아침 식사 도중에 만난 안내원으로부터 형네 가족이 오후에 도착할 것이라는 통고를 갑작스럽게 받는다. 이 소식에 그는 "혈압이 오르는 것

---

50 홍동근, 상권, 1988, 86~88쪽.
51 홍동근, 상권, 1988, 119쪽.

같아 약을 곱빼기로 먹고 오후에 있을" 만남을 기다렸다. 37년 만에 가족을 만난 감격은 달리 표현할 방도가 없었다. 오직 "눈물만이" "서로의 그리움과 말로 다 할 수 없는 그동안의 사연을 고백하는 유일한 표현이었"다. 현실의 행복감이었다. 그는 최 모 안내원에게 "내 가족이 이처럼 무사하고 건강하게 살아오게 해주고 또 우리 서로가 이처럼 만날 수 있도록 모든 편의를 봐준 김일성 수령님과 공화국 당국에 감사"한 마음을 전해달라고 부탁했다.[52]

고 마태오 신부는 평양 방문을 마치고 돌아와 강연하는 자리에서 위와 같은 발언이 청중에게 어떻게 비칠지 예상했다. 자신이 북한 측에 한 감사의 표현을 싫어하거나 또 기분 상해하리라 짐작한 것이다. 신부의 "심정은 단순한 하나의 감상이 아"니었다. 진심이 담긴 그의 주장은 계속된다. "조국이 남과 북으로 갈라져 정치적 이념을 달리해 서로 적대시하고 있는 이 현실에서 북한 당국에 감사하는" 인간적 마음이 "정치적 목적 아래 비판으로 단죄된다 하더라도" 자신의 인격을 형성하는 양심 그 자체를 저버릴 수는 없는 것이었다.[53]

평양의 입장에서 볼 때, 외부인이 자신들을 어떻게 보는지도 중요했다. 북한 당국은 해외동포들이 김일성 주석을 어떻게 평가하는지 궁금해 했다. 고 마태오 신부에게 안내원은 북미주에 살고 있는 동포들이 김일성 수령을 어떻게 인식하고 어느 정도 존경하는지 물었다. 고 마태오 신부는 "'20년간 북미에서 살아온 제가 본 견지로서는 김일성 수령

---

52 고 마태오, 1985, 83쪽.
53 고 마태오, 1985, 85~86쪽.

님에 대한 북미교포들의 인식은 좋은 편은 아니며, 그분에 대한 존경도는 무관심이란 말이 적절한 표현일 것'"이라고 말한다.[54] '무관심'이라는 솔직한 말에 안내원이 깜짝 놀란 것은 당연했다. 교포들의 의견을 종합하면 부정적인 답이 훨씬 더 많았을 것이다. 신부는 난감한 표정의 안내원을 더는 무안하게 만들지 않았다.

평양은 정치권력의 세습에 대한 후계자 문제에 대해서도 외부세계에서 어떻게 평가하는지 궁금해 했다. 1984년 후계자로서 공식 등장한 김정일에 대한 반응을 물은 것이다. 고 마태오 신부는 "후계자로 김정일 동지가 선정"된 것에 대해 30분간 안내원으로부터 당 중앙(김정일)에 대한 찬양을 듣고서 북미동포사회의 반응이 어떤지 질문을 받았다. 신부는 상식대로 답변했다. "북미주에 살고 있는 우리네 사고방식으로는 부자간의 정권계승은 도저히 이해할 수 없습니다.'"

권력세습에 대한 고 마태오 신부의 답변은 진솔했다. 한발 더 나아가 그는 평양에서 볼 때 가장 치명적인 부분을 지적한다.[55]

민주와 자유주의 국가에서는 도저히 있을 수 없는 것으로 우리는 생각하고 있습니다. 김정일 동지가 방금 선생이 말한 그러한 훌륭한 인물이라 해도 부자간의 정권교체는 세상 사람들에게 그렇게 좋은 인상을 주지 못할 것입니다. 물론 정권이 누구와 교대되건 그건 그 나라의 내정 문제이겠지만, 북미에 살고 있는 우리 한인 교포들은 이 문제에 대해 지극

---

54 고 마태오, 1985, 74쪽.
55 고 마태오, 1985, 75~76쪽.

히 냉소적인 태도를 취하고…….

앞서 잠깐 보았듯이 남북관계에서 비교적 이른 시기인 1980년대 평양을 방문한 북미주 지역의 월남민 이산가족들은 북한을 맹목적으로 바라보지 않았다. 옳고 그름을 판단하기 전에 이해와 분석을 먼저 했다. 비판적 지식인의 태도를 견지한 그들의 지성을 엿볼 수 있다. 이산가족이 북한을 방문하면 대부분은 정해진 일정대로 가족을 만나고 계획된 장소를 방문한다. 때로 중요한 행사, 예를 들면 최고지도자가 주관하는 1호 행사에 참석하면서 대규모 정치선전을 보기도 한다.

최익환이 지적하듯이 모든 것을 한낱 선전으로만 꾸며진 행사로 치부한다면 이것 또한 억지다. 자신들이 "본 것이 북쪽 사회 전체의 현실을 그대로 보여주었다고 생각할 만치 단순한 사람도 없을 것이지만, 한편 그것이 그쪽 현실의 일부분임을 부인할 만큼 고집스러운 사람도 없을 것이다. 아마도 그것은 그쪽 현실의 가장 중요한 일부"이기 때문이다. "그것은 북쪽 사회가 떠받치는 가치가 무엇이며 가고 있는 방향이 어딘가를 집중적으로 보여주었다는 점에서 한갓 현상과는 구별되는 현실이었"다.[56]

최익환의 설명은 북한 정치사회에 대한 매우 깊은 이해를 바탕으로 한다. 그의 첫 번째 기행문은 로동당이 대외적으로 선전하는 내용을 바라보는 뛰어난 관점을 제시한 데 그 의미가 있다. 1983년 평양을 방

---

56 최익환, "귀향", 양은식 외, 1988, 28쪽.

문한 후 가졌던 그의 비판적 인식은 35년이 더 지난 지금도 유효하다.[57]

북쪽 사람들은 바깥세계에 보여주기로 한 일정한 이미지가 있고, 이 이미지에 들어맞지 않는 것은 세심하게 참관에서 제외하려 하는 것 같았다. 이 이미지를 거짓이라고 할 까닭도 없지만 그러한 이미지의 한계를 또한 간과할 수 없다. 선술집에서 술 한 잔 든 사람이 하는 푸념도 더러 전해지고 아직 냉장고가 없는 가정주부의 짜증 같은 것도 좀 들려와야 북쪽 사회의 현실상은 비로소 입체적인 설득력을 갖게 될 것이다.

로동당의 선전 정책을 서술하는 최익환의 태도는 탁월하다. "어느 사회나 그 사회의 제일 밝은 면을 남에게 보이고 싶어하는 것은 당연하다. 그러나 한 사회가 밝은 면만으로 이루어질 수 있다고 생각하는 단세포적인 두뇌를 가진 사람"은 없다. "그늘이 없는 물체는 추상이다. 밝은 면만을 골라서 조립한 현실상은 질량감이 부족하다." 비판과 동시에 이북의 현실을 매우 신중하게 받아들이는 그의 관점은 상당히 매력적이다.

평양을 방문한 해외동포들이 이북에 머문 것은 짧게는 며칠에서 길게는 몇 개월 정도다. 1983년 7월 평양에 2주일 동안 머물렀던 송석중이 말하는 대로 잠자는 시간을 제외하고 한시도 곁을 떠나지 않는 수행원의 '따뜻한 보호' 아래 보고 싶은 곳, 가고 싶은 곳을 맘대로 찾아

---

57 최익환, "귀향", 양은식 외, 1988, 29쪽.

다니지 못하니 숨이 막히고 답답할 지경이었다. 보여주는 것을 보고 데리고 가는 데에 끌려 다닌 것은 사실이지만 있는 그대로 북한을 보는 것 또한 필요했다.

송석중의 의도는 분명하다. "보고 느낀 대로 사실을 사실대로 알리는 일은 과장된 자기선전이나 왜곡된 남의 악선전을 쫓아버리는 데 유효"한 셈이다. 그는 "선입견을 버리고, 편견에서 벗어나 그곳이 어떤 곳인가, 사람들이 어떻게 사나, 무엇을 하고 있나를 본 대로 솔직하게 말하는 일은 밖의 세계 사람들은 물론 북한 사람들에게도 도움이 되리라고 믿"었다.[58]

평양과 그곳의 사람들을 바라보는 관점을 어떻게 정립할 것인가. 홍동근 목사의 한마디가 적절해 보인다. 1990년 10월 조국통일북미주협회는 북한과 처음으로 범민족통일음악회를 열었다. 조국통일북미주협회가 파견하는 참관단에 속한 백승배 목사는 평양을 처음 방문하게 되자 선한사마리아인교회에서 열린 오리엔테이션에 참여한다. 그곳에서 홍동근 목사는 인민들의 자존심을 건드리는 일이 없도록 조심하라고 교육했다. "'나의 눈, 나의 자로 재지 말라'"는 그의 일침은 외부인이 무엇보다도 경계해야 할 점이었다. 이북을 방문하는 동포들에게 그는 "'평화의 사절, 통일의 투사'"가 되어줄 것을 당부했다.[59]

월남민이 북한을 방문하며 이산가족을 만나는 것이 해외동포들 사이에서 논란이 되었다. 고향의 북쪽 땅을 밟고 헤어진 가족을 십 수 년

---

58 송석중, "보고 듣고 느낀 대로", 양은식 외, 1988, 188쪽.
59 백승배, 1993, 42~43쪽.

만에 만났지만, 북한 체제의 선전과 다소 친북적인 방북사들의 언행은 교포사회의 반감을 일으켜 갈등의 소지가 되기도 했다. 다른 한편 경직되어 있던 남북관계 속에서 그들의 방북은 장막에 가려진 북한 사회를 이해하고 또한 평양이 미주동포사회를 이해하는 데 도움이 되었다. 결국 서로의 이해를 증진시키며 통일 문제를 새롭게 인식하는 계기로 발전했다.[60]

영토의 분단과 전쟁을 겪은 민족은 많지 않다. 아픈 사연을 간직한 월남민들은 남한에서 해외로 이주해 터전을 잡은 후 가족을 만나기 위해 로동당과 접촉했다. 남북한 정부 사이의 교류가 제한되는 상황에서 조국방문 이후 재미동포 월남민의 활동은 이산가족 문제 해결의 시발점이었다. 그들은 남북한 정부의 신뢰를 구축하기 위해 노력했다. 평양의 내부세계를 들여다볼 수 있었던 그들은 자신들의 방북과 그곳에서 이루어지는 교류가 가족 사이의 만남에만 머물지 않기를 바랐다.

---

60 차종환·이봉수·박상원, 『미주동포들의 민주화 및 통일운동』, 서울: 나산출판사, 2004, 108~109쪽; 김하영, 2008, 190쪽 재인용.

6장

만남과 접촉

'북한주민접촉'

많은 월남민이 이북에 있는 가족의 안부를 궁금해 한다. 혹시라도 생사를 알게 되면 먼저 주고받는 것이 편지다. 수완이 좋은 사람들은 자기만의 방법으로 왕래를 시작한다. 정부와 대한적십자사가 추진하는 이산가족 만남은 일시적이고 대상자로 선정되는 것도 하염없이 기다려야 하는 상황이다. 북쪽의 가족을 만나더라도 한두 번 상봉기간뿐이다. 정부의 교류 바깥에서 좀 더 자유롭게 평양을 드나든 것은 북미주 월남민들이었다. 초기에 북한은 매우 위험한 곳으로 여겨졌고 가족들에게 사실을 밝히지 않고 방북하는 경우도 있었다.

토론토에서 전충림 부부와 함께 『뉴코리아타임스』를 발행하고 이산가족찾기에 앞장선 정학필은 1982년 평양을 방문한다. 그는 샌프란시스코에 출장을 간다며 가족들을 속이고 2주 동안 방북해서 친척들을 만났다. 그가 평양의 일정을 마치고 토론토 국세공항에 도착하자 마중 나온 식구들이 '그곳에 지진이 일어났는데 어떻게 되었냐고' 물었다. 이 물음에 평양을 다녀온 출장은 탄로 났다. 평양에 머문 동안 샌프란시스코에서 지진이 발생한 것이다. 할 말을 잊은 정학필은 결국 사실을 털어놓을 수밖에 없었다.[1]

1987년 남한의 민주주의 이행은 월남민들의 행보를 넓혀주었다. 1988년 7월 7일 노태우 대통령은 '민족자존과 통일 번영을 위한 대통령 특별선언(7·7선언)'을 발표한다. 총 6개항으로 이루어진 선언에서 중요한 내용은 남북 동포의 상호교류 및 해외동포의 남북 자유왕래 개방과 이산가족의 생사 확인이었다. 노태우 정부는 7·7선언으로 이북 출신의 북한 방문을 공식 허용했다. 해외에 있는 월남민들에게는 말 못할 제약을 한 꺼풀 벗긴 발표였다.

1990년대에 접어들면 해외동포들의 평양 방문이 새로운 국면을 맞이한다. 동유럽 사회주의 국가들이 체제 이행을 겪고 남한이 중국과 외교관계를 맺으면서 해외동포들이 중국을 경유해 접촉을 시도했다. 월남민의 평양 방문을 중개하는 대리인들의 활동도 커졌다. 현재는 통신이 발달해 북한의 휴대폰 사용자가 600만여 명을 넘어서 중국과 접경지역에서 전화 통화를 하거나 남한에서 중국의 중개인을 거쳐 북한의 가족과 통화하는 것도 어렵지 않다.

왕래에서 가장 많이 사용하는 방법이 인편으로 편지를 주고받는 것

---

1   정학필 구술, 한성훈 채록, 131 Beecroft Rd. North York, ON, M2N 6G9, 토론토 전순영 자택, 2017. 1. 22.

이다. 1990년 이전에도 이경남처럼 이북에 연고를 두고 온 사람들은 이산가족들을 대신해 편지 교환을 주선해왔다. 2000년경 서울시 광진구 자양동 그의 집에는 이산가족들이 주고받은 편지를 사본해서 모아둔 여러 뭉치의 자료들이 쌓여 있었다.[2] 황해도 안악 출신인 그는 한국전쟁 때 구월산유격대 참모장으로 활동했다.[3]

1950년대부터 '전자산업의 쌀'이라고 하는 콘덴서와 축전기 분야를 개척한 삼화전기 설립자 오동선은 기업활동을 하면서 중국을 드나들었다. 그는 중개인을 거쳐 이북의 아내에게 편지를 보냈고, 한참 뒤 단둥에서 압록강을 건너온 아내를 만났다.[4] 이런 만남은 비용 문제가 있고 이북에서 경계하는 일이기 때문에 지속되기 어려웠다.

앞서 등장한 이수일의 경우를 보자. 전쟁이 발발하고 9월 말경 인민군에 징집된 그는 후퇴하는 도중에 명천에 있는 훈련소에서 일주일 정도 지낸 후 빠져나와 집으로 발길을 돌린다. 국군이 고향에 들어온 후 아버지는 치안대가 조직한 자치 행정의 책임자를 맡았고 아들은 치안대원으로 활동한다. 12월 19일 국군과 미군의 후퇴 길에 아버지와 단둘이 흥남에서 배를 타고 거제도에 도착해, 이틀 전에 먼저 피란 온 큰

---

2 이경남이 한국발전연구원장으로 있을 때 나는 그의 집을 방문해 이 자료를 볼 수 있었다.

3 1929년 1월 황해도 안악에서 태어난 이경남은 평양 사범대학을 중퇴하고 구월산 반공유격대 참모장과 육군정훈학교 강사를 지냈다. 1956년 『현대문학』 시 추천으로 문단에 데뷔한 이후 신태양사 편집장, 예문관 주간으로 일했다. 해방 이후 격동의 시기에 펼쳐진 청년운동을 저술한 대표작이 있다. 이경남, 『분단시대의 청년운동: 자유대한의 원형을 찾아서(상·하)』, 서울: 삼성문화개발, 1989.

4 오동선 구술, 한성훈 채록, 서울 강남구 논현동 삼영빌딩, 삼화지봉장학재단 사무실, 2015. 3. 5.

아버지와 자신과 같은 배를 탄 사촌 형을 만난다. 며칠 뒤 그는 형의 도움으로 구조라에서 배를 타고 부산, 현재의 자갈치시장으로 왔다.

40여 년의 세월이 흘렀고, 이북의 동생과 소식이 닿은 것은 아버지가 만주에 있는 5촌 당숙에게 연락을 하면서부터였다. 당숙의 연락을 받은 동생이 편지를 보내면 중간에서 그 편지를 부산으로 보내주었고, 동생에게 쓴 편지를 다시 교환해주는 방식으로 연락이 이어졌다. 이수일은 2000년 3월 중국 도문시에 근무하는 사람의 도움으로 혜산에서 길을 돌아 남양을 거쳐 국경을 건너온 동생을 만난다. 동생이 당숙에게 전화를 걸어 만날 날짜를 미리 연락해두었기 때문에 형은 이전 해 12월에 여권 수속을 해놓았다. "11살 때 헤어졌다가 나이 60이" 되어 만났다.[5]

북에서 받은 편지는 모두 세 통인데, 구술자의 조카가 보낸 것과 조카의 동생이 형에게 보낸 편지가 섞여 있다. 조카가 쓴 첫 편지는 1983년에 작성한 것으로 되어 있지만 내용에서 여러 차례 언급하고 있는 '분단 40년'이라는 표현을 보면 1993년경에 썼다고 보는 게 타당할 것이다. 북한에서 건설사업소 사무원으로 일하는 구술자의 조카는 친척들의 소식을 아주 자세하게 전한다. 편지에는 가족을 도와준 내용들이 가감 없이 적혀 있다.

이수일의 증언에 따르면, 1999년 중개인을 거쳐 중국의 은행을 통해서 이북의 조카에게 1,000달러를 송금한 적이 있었다. 마지막 편지는

---

5 이수일 구술, 한성훈 채록, 부산시 서구 부민동 1가, 재부이북5도연합회 사무실, 2016. 1. 22; 3. 11.

2000년 6·15남북정상회담 이후까지 이어졌다. 이런 편지들은 이념과 국경을 뛰어넘은 월남민들이 가진 이종異種의 경계면이라고 해야 할 것이다. 이산가족들의 생생한 체험이 담긴 편지들은 구술과 더불어 월남민들의 고향방문과 가족 찾기라는 특정한 사건을 여과 없이 보여준다. 무엇보다 정부 차원에서 이뤄지지 못한 평양과의 교류와 지원이라는 맥락을 재구성하는 데 중요한 구실을 한다.

북한 인민을 만나는 것이 좀 더 자유롭게 이루어져야 할 때가 되지 않았을까. 이산가족을 포함해서 일반 시민들에게도 정부의 허가와 신고에 따라 이북 사람들을 만날 수 있게 통제하는 것은 분단사회의 산물이다. 개인 수준에서 보자면 평양과 교류하는 것이 체제 위협이라는 인식은 허상일 때가 대부분이다. 이념과 대립, 적대의 방식으로 남북한 공동체 구성원의 관계를 결정하는 것이 '북한주민접촉'이라는 법률 용어다.

유럽에서 조선족이 가장 많이 거쳐 가는 독일에 한동안 거주해본 사람들은 알 수 있을 것이다. 의도하든 그렇지 않든, 북한 출신 사람들이 활동하는 지역에서 그들을 만나는 것은 자연스러운 현상이다. 앞으로 북한이 국제사회에 진출하게 되면 이런 일은 훨씬 더 빈번하게 벌어질 것이다. 남한의 제도가 지구화된 세계에서 부딪치는 시민들의 생활을 통제하는 것은 불가능하다. 정책의 근본적인 변화가 필요할 뿐 아니라 시민사회의 남북한 교류에 대한 관점을 새롭게 정립할 때가 되었다.

대한민국 국적을 가진 사람은 통일부에 신고를 한 후 이북 사람들을 만나야 하고, 사전에 신고하지 않았다면 사후에 보고해야 한다. 그렇지 않으면 '국가보안법'이나 '남북교류협력에 관한 법률', '남북 이산가족 생사확인 및 교류 촉진에 관한 법률'을 위반하게 된다. 일반적으로 개인과 개인의 관계는 남북한 정부의 관계를 뛰어넘을 수 없는 것이 현재의 여건이다. '접촉'이라는 용어가 풍기는 불쾌감과 뭔가 뒤꽁무니에서 일을 벌이는 듯한 시선을 갖게 만드는 제도는 현실에 전혀 부합하지 않는다. 북한의 인민과 남한 국민의 개개인 관계는 적대적일 수 없다.

정부 사이의 합의 아래 적십자사를 통해 이루어지는 당국 간의 만남은 매우 제한되어 있다. 이에 비해 1980년대 중반부터 시작한 해외동포들의 평양 방문과 이산가족 만남은 활발하게 이루어져왔다. 남한 정부가 이산가족들의 생사를 확인하고 그들의 만남을 지원하기 위해 법률을 제정한 것은 매우 중요한 의미를 가진다. 늦은 감이 있지만 교류를 더욱 확대하기 위해서는 '북한주민접촉'에 대한 제한을 완화할 필요가 있다. 신고와 승인으로 이루어지는 남북한 정치공동체 구성원들 사이의 만남은 통제와 관리를 근간으로 하는 관료주의에서 벗어나야 한다.

'남북교류협력에 관한 법률' 제9조 제1항 및 동법 시행령 제12조의 규정에 따라 북한 주민과 접촉할 경우 신청서를 작성하게 되어 있다. 위 법률에 따르면 민간인의 '접촉'까지 포함해 남북한 사이의 모든 교류는 정부의 승인 대상이다. 현재는 통일부장관이 국가 안전을 이유로 신고서의 수리를 거부할 수도 있다. 2020년 5월 문재인 정부는 법 제정 30년만에 관련 조항의 개정을 검토하고 있다. 북측과 교류협력이 목적이라면 신고만으로 만날 수 있게 하는 것이다. 정부는 해외에서 우연히 북한 주민을 만났거나 이산가족이 안부를 목적으로 친척과 연락하는 경우, 신고 조항을 삭제하는 방안도 검토 중이다.

만남 그 이상의 편지

1991년 김철웅은 40여 년 동안 생사를 모르고 살았던 이북의 동생에게 소식을 전한다.[6] 1929년 함경남도 홍남시 구룡동에서 5형제의 장남으로 태어난 그는 잡화 소매점을 하는 아버지 밑에서 넉넉하게 자랐다. 홍남공업학교에 진학해 유기화학을 배우고 홍남공장에 취직한 상태에서 전쟁이 일어났다. 인민군 징집을 피해 시골로 도망간 그는 국군이 홍남시를 점령하자 집으로 돌아왔다. 학도병으로 구성된 국군으로부터 기초군사훈련을 받고 함경북도로 진격하다가 더는 전진하지 못하자 배를 타고 거제도로 후퇴했다. 한 달 후 제주도에서 현역으로 다시 입대했는데, 모슬포에서 훈련을 마친 후 양평의 미군 부대로 파견 가서 군 생활을 했다.

이후 김철웅은 대학을 중퇴한 뒤 냉동기술을 배워 베트남에서 돈을 벌었고 버스 운송사업을 시작했으나 적자가 나서 처분하고 괌으로 떠났다. 그림을 그리는 데 소질이 있었던 그는 부대 내 군인들을 상대로 그림 장사를 시작했고, 1982년 뉴욕으로 이주해 미술활동을 하면서 생활했다. 북한에 다녀온 지인에게서 토론토의 해외동포 이산가족찾기 회를 알게 된 그는 전충림에게 편지를 썼다. "미국에서 북한에 본적을 갖고 있는 사람으로서 가족 못 찾은 사람"들의 사연을 전충림이 평양에 전해준다는 사실을 알게 되었기 때문이다.

---

6 김철웅에 관한 내용은 구술 자료에서 인용했다. 김철웅 구술, 한성훈 채록, 미국 뉴욕 주 플러싱 금강산 식당, 38-28 Northern Blvd., Flushing, NY 11354, 2016. 2. 17.

토론토와 연락이 닿은 후 김철웅은 6개월 만에 평양에 살고 있는 동생 직접 쓴 편지를 받았다. 몇 차례 편지가 오가고, 평양의 동생은 새해를 앞둔 1991년 12월 31일 형에게 안부 편지를 쓴다. 이 모든 일을 정확히 기억하고 있는 김철웅의 의지는 남들에 비해 비상하다.

편지가 오면서부터 아주 소설 같은 편지를 나한테 써 보냈더라고. 그래서 그때 모-든 걸 다 알았어요. 친척이 누구 어디 어디 어디 어디에 있고, 폭격당했다는 것도, 그때 어떻게 해서 돌아가시고 이런저런 얘기를 걔 편지루 인해서 다 들었다고. 그래갓고 그게 92년돈가 알았는데.

김철웅이 간직한 편지는 총 11매다. 보낸 편지는 사본을 해두지 않아 보관하지 못했지만 동생한테 받은 편지는 고스란히 남아 있다. 편지의 형식과 내용을 따라가보자. 편지가 작성된 시기는 1991년부터 1992년 연말까지이며, 편지는 각각 네 통의 다른 날짜로 되어 있다. 첫 편지에 보면 1991년 두 사람이 처음으로 소식을 주고받았는데, 그해 연말을 앞두고 북한에 있는 동생이 편지를 보냈다. 1992년 가을에 동생이 보낸 편지는 형이 9월 15일 보낸 것을 10월 28일에 받은 후 답장한 것이다. 그다음 편지는 1993년 새해를 앞두고 쓴 편지다.

편지 내용 중에는 1990년대 초반 한반도 상황에 관한 동생의 시각이 나타나 있다. 간단히 소개하자면 당시 북한의 핵문제가 불거지기 시작하자 국제사회에서 핵사찰을 해야 한다는 목소리가 높아진 것에 대한 정치적 입장이 드러나 있는데, 편지는 미국의 정책을 비난하는 내용을 담고 있다. 동생은 어린 시절 겪었던 전쟁의 참상과 부모 없이 자란 것에 대해 짧게 언급하고, 미국의 한반도 개입을 신랄하게 비판한다. 짐작하듯이 이것은 로동당의 관점 그대로다.

편지는 설 명절과 일가친척들에 대한 자세한 안부를 전한다. 명절을 앞두고 설레는 분위기와 상품 공급에 대한 내용, 설이라 더욱 그리운 가족에 대해 서술되어 있다. 가족들의 동정과 관련해서는 작은어머니의 생일과 조카들의 성장, 다가오는 형의 환갑을 궁금해 하면서 감상적인 소감을 전한다. 1991년 12월에 한 분밖에 남지 않았던 삼촌이 돌아가신 것을 언급하면서, 동생은 한반도가 분단되어 서로 만나지 못하는 안타까움을 표현했다. 이런 내용은 자연스럽게 구술자의 북한 방문 여부로 이어진다. 동생은 '형님이 언제 북한에 올 수 있는지' 또 '만나볼수 있는지', 궁금하다고 편지에 적었다.

살아가는 일상 또한 편지 속에 고스란히 담겨 있다. 동생이 소개하고 있는 늦가을 김장을 담그는 모습은 매우 사실적으로 표현되어 있어, 편지를 읽는 사람에게 현장에서 직접 목격하거나 체험하는 듯한 느낌을 준다. 동생은 북한이 김장철에 공급해주는 재료와 양념에 대해 매우 자세히 적었는데, 식구 수에 따라 각종 김장 재료를 배급받은 것이라고 밝히고 있다.

북한에서 이산가족들이 해외의 친척에게 보낸 편지에는 체제를 선전하는 내용이 포함되어 있다. 자신들이 살고 있는 사회를 지지할 수밖에 없기 때문이다. 긍정적인 내용보다 좀 더 나아간 선전은 인민들의 행복한 생활을 자세히 묘사하는 데 있다. 김철웅의 동생은 1991년 북미관계가 좋지 않은 시절에 로동당의 주장을 선전하는 내용을 써서 형에게 보낸다. 검열을 피할 수 없는 현실을 감안하고 편지를 보자.

오늘 공화국에서는 어려운 시련을 이겨내면서 지상락원을 열어 세웠고 모든 인민들이 고르롭게 행복한 생활을 하고 있습니다. 형님께서도 오시면 알 수 있지만 평범한 로동자인 저도 다른 로동자들처럼 평양시의 중심부에 높이 솟은 21층짜리 온수난방 집에서 추운 겨울이지만 추위도 모르면서 근심걱정 없이 살고 있습니다. 이곳에서는 아이들이 학교에 가도 병원에 치료받으러 가도 돈 한 잎 들지 않습니다.

평양과 월남민 사이의 투쟁 대상은 미국이다. 생사를 알고 서로 만나고 싶은 마음을 확인하는데, 그날을 기약할 수 없는 원인을 미국으로 지목하는 대목이다. 캐나다와 미국에 거주하는 가족들에게 보낸 인민들의 편지에서 가장 많이 언급하는 내용이다. 김철웅의 동생은 1991년 연말에 쓴 편지에서 미국을 직접적으로 비난한다.

미제는 지금도 전쟁의 불구름 몰아오기 위해 매일같이 핵무기를 실은 비행기들과 함선들을 끌어들이고 있으며 있지도 않은 핵사찰 문제를 들고 우리 조국을 걸어들고 있으며 서방의 어용 나팔수들을 동원하여 시비질하고 세상 사람들을 기만하고 있습니다.

김철웅의 동생이 위 편지를 쓸 즈음 북미관계는 어떻게 흘러갈지 알 수 없는 대결 시점이었다. 1991년 유엔총회에서 남북한은 회원국으로 동시에 가입하고, 사실상 핵개발을 포기하는 한반도 비핵화 공동선언을 채택한다. 그해 12월 13일 '남북기본합의서'가 교환되고 1992년 2월 19일 발효되었다. 이때는 평양의 핵무기 개발과 주한미군 철수 조건, 핵

안전협정에 관한 논란이 일고 있었다.

앞서 보았던 에고 도큐먼트에서 프레셔가 정의하듯이 개인의 기록인 편지에는 작성자가 의도한 메시지를 담고 있다. 비록 형에게 보내는 편지이기는 하지만, 당시 평양의 분위기와 정치적 배경을 나 몰라라 할 수 있는 상황이 아니었다. 이 배경은 1990년대에만 해당하지 않는다. 1951년 3월 12일 미군 전폭기의 폭격으로 김철웅의 집은 파괴되고 부모님이 "몰살"당했다. 단지 이 이유 때문은 아니지만 김철웅의 동생은 1990년대 초반 미국에 대한 평양의 분위기를 전하고 있다.

캐나다 토론토에 살고 있는 황석근은 정부의 허가를 받아 편지를 주고받은 경우다.[7] 1937년 함경북도 학성군 학남면 금산리에서 태어난 그는 전쟁이 발발하자 인민군에 징집될까 봐 집 안에 숨어서 생활하거나 산속으로 도망갔다. 형은 인민 군인으로 전선에 나가 있었고 자신은 1·4후퇴 때 아버지를 남겨둔 채 어머니와 누나, 동생과 함께 배를 타고 포항에 도착했다. 어머니의 권유에 따라 공부를 계속하기 위해 부산으로 거주지를 옮기고 사회에 적응해갔다. 학업의 성취와 결혼, 그 이후 아들이 캐나다에서 자리를 잡자 2003년에 토론토로 이주했다.

황석근이 북한에 살아 있는 형 황석진과 서신을 주고받을 수 있었던 것은 해외동포 이산가족찾기회 덕분이었다. 전충림에게 가족의 소식을 알아봐달라고 부탁한 후 생사를 확인했고, 그 이후 지속해서 왕래하고 있다. 2012년 9월 4일 첫 편지에서 동생은 1975년 10월에 사망한 어머

---

7 황석근 구술, 한성훈 채록, 캐나다 토론토 노스요크, 황석근 자택, 2017. 1. 22.

니의 소식을 먼저 알리고 누나와 동생의 근황을 전했다. 형에게 아버지의 사망 경위를 물은 뒤 50달러를 송금했으니 함흥에 있는 합영회사 지점에서 찾으라고 송금처리번호를 적었다. 송금을 대행한 곳은 전충림이 운영하는 『뉴코리아타임스』였다. "60년 만의 문안" 편지에서 동생은 답장을 받기 위해 형에게 함흥우체국에서 국제우표를 붙이면 캐나다로 우편을 보낼 수 있다고 그 방법을 자세히 썼다.

황석근이 편지를 보내고 3개월이 지난 2012년 12월 25일, 황석진은 토론토의 동생에게 편지를 쓴다. 형은 1952년 참전한 전투 중에 머리와 왼팔에 부상을 입어 제대했고 영예군인으로서 보조금 혜택을 받고 있었다. 김책공업종합대학을 졸업한 그는 '노동행정일군'으로 35년간 일한 다음 년로보장(정년보장)을 받았다. 형은 처와 아들, 딸, 손자, 손녀들의 근황까지 자세히 전했다. 동생이 보낸 50달러를 찾았다는 소식과 그의 가족사진을 기쁜 마음으로 보고 싶다고 덧붙였다. 한 번의 편지 왕래는 보통 3개월에서 6개월에 걸쳐 이루어진다. 형의 존재를 수소문하면서 황석근이 캐나다 시민권을 획득하기 전에 북한과 '접촉'할 수 있게 된 경위를 알아보자. 흥미로운 사실은 통일부의 승인이다. 1999년 6월 황석근은 통일부장관으로부터 2년 동안 "북한주민접촉" 승인을 받는다. 그가 신청한 '북한주민접촉'을 통일부장관은 '남북교류협력에 관한 법률'과 동법 시행령에 따라 피접촉인을 형 황석진으로 하고 접촉 목적은 "재북가족과 통신 및 제3국 상봉"으로 해서 승인했다.[8]

---

8 '남북교류협력에 관한 법률(법률 제12396호 일부개정 2014. 03. 11)'. 제9조 제2항(남북한 주민접촉).

통일부에서 승인하는 '북한주민접촉'의 첫 유효기간은 2년이고 '주민'을 접촉할 때마다 의무적으로 10일 이내에 결과를 보고해야 한다. 황석근은 처음으로 승인받은 유효기간이 만료되자 재승인을 신청했고, 2001년 6월 통일부는 유효기간을 5년으로 연장해 '주민접촉'을 재승인한다. 대통령령으로 정하는 가족인 경우 북한주민과 접촉하는 경우에는 5년 이내로 유효기간을 정할 수 있었다. 이명박·박근혜 정부가 들어서고 남북관계가 악화되자 황석근의 '북한주민접촉' 유효기간은 5년에서 1년으로 줄어들었다.

정부는 이산가족 교류를 활성화하기 위해 경비를 지원하고 있다. '남북 이산가족 생사확인 및 교류 촉진에 관한 법률' 제11조에 따라 생사 확인은 200만 원 이내, 상봉은 500만 원 이내, 최초의 서신 교환은 50만 원 이내로 각각 1회씩 민간교류경비를 지원한다.[9] 2013년 2월 황석근이 남북이산가족 교류경비 지원과 관련해 통일부에 문의했을 때, 재외국민으로서는 이 사례가 최초였다. 이산가족 교류경비 지원은 "제3국을 통한 개별적인 교류에만 적용"되며 남북한 당국 간의 교류에는 적용하지 않는다.[10] 남한 사람들이 제3국, 대부분 중국을 통해 접촉한 경우에 정부가 그 경비를 지원한 사례가 있지만, 중국 이외의 지역에서 통일부의 허가를 받은 경우는 황석근이 처음이었다.

---

9 '남북 이산가족 생사확인 및 교류 촉진에 관한 법률(법률 제11775호 일부개정 2013. 05. 22)'. 제11조(민간교류경비 지원).

10 경비를 지원받기 위해 통일부에 제출하는 서류는 '북한 주민접촉 신고서', '북한 주민접촉 사후신고서', '결과보고서', '경비지원금 신청서', '접촉계획서', '증빙서류' 등이다.

가족들에게 국경은 없다. 황석근과 황석진이 편지에서 가장 많이 쓴 어휘는 짐작하듯이 '보고 싶다'는 말이다. 쟁점이 될 만한 내용이 없는 것은 아니다. 형제의 편지에서 이북의 형은 조선인민군에 복무하는 아들의 근황을 설명하면서 미국을 비판하고 핵무력 완성의 정당성을 간간이 내비친다. 이에 비해 캐나다의 동생은 형의 주장에 자신의 의견을 담거나 정치적으로 해석될 만한 사안에 대해 별로 답변하지 않는다. 이념이나 정신, 이런 정치사상의 의미를 중요하게 강조하는 북한 사회의 한 단면이라고 하겠다.

동생은 자신이 할 수 있는 한 형에게 여러 차례 돈을 부쳐서 경제적 도움을 주었다. 가족애를 체제와 이념에 종속시키려는 분단사회의 관점은 이산가족의 마음을 저버리는 태도다. 동생의 마음속에 오롯이 남은 가족애는 캐나다에서 비로소 실현될 수 있었다. 아버지의 죽음과 형네 가족의 동정을 수차례에 걸쳐 알게 되면서 조카와 손자들의 사진을 교환하고, 그들의 이름과 생일을 일일이 기록한 것은 정치에 가려진 한 가족의 서사 이상이다. 한 사람의 본보기가 전형이 될 수 있는 것은 이산가족 문제가 갖고 있는 인본주의의 보편성에 있다.

남쪽과 북쪽으로 이주한 사람들에게서 흥미로운 점을 발견할 수 있다. 민족주의 입장과 동시에 보편적인 인본주의 관점을 가지고 있다는 점이다. 한 국가의 체계가 작동하는 이상 개인의 행위는 억압당하거나 무시되기 쉽다. 당국 간이라는 제도의 형식은 남한에서든 북한에서든 해외에서든 터무니없게도 월남민의 삶을 빼앗고 일생을 뒤흔들었다. 그럼에도 그들의 행적은 한반도의 적대적 관계를 종식시키지는 못했지만 남한과 북한 정부가 주목할 만큼의 성과를 거두었다.

3부

평화와 분단사회

우리의 과업은 저절로 오는 것이 아니라 다가가야 하는 것이며, 달려가면 가깝고, 걸어가면 멀며, 주저앉으면 도달할 수 없으리라 믿습니다.

—전순영, "축사", 재미동포전국연합회 창립 10주년 기념보고대회,
뉴저지 잉글우드 크라운프라자호텔, 2007. 1. 13.

/

7장

『뉴코리아타임스』

전충림과 전순영 그리고 토론토 한인연합교회

북쪽에서 남쪽으로 이주한 이산 1세대 중에는 남한에서 다시 해외로 이주한 경우가 제법 있다. 바깥에서 활동하는 월남민에 대해서는 이산가족을 포함해 조금씩 관심이 늘어나는 추세다. 제3국으로 이민을 떠나 전 세계에 흩어져 있는 월남민들은 남북관계의 영향을 받기는 하지만 좀 더 자유로운 상태에 있다. 외부에서 바라보는 남북한과 북미관계, 평양을 드나드는 교류는 생각보다 알려진 것이 적다.

미국의 경우 이산가족에 대한 법률 조치가 진행 중이다. 2020년 3월 9일 미국 연방의회 하원은 '북미이산가족 상봉법안(HR1771)'과 '북미이산가족 결의안(HR410)'을 통과시켰다. '북미이산가족 상봉법안'은 국무부가 미주 한인의 이산가족 상봉 방안을 조사하고, 대북 인권 특사를 임명하는 것을 목적으로 한다. 2000년 이후 남북한 사이에 스무 차례 넘게 이산가족 만남이 있었지만 미주 한인들은 한국 국적이 없기 때문에 참가 자격에서 제외되어왔다. 이 문제를 해결하기 위해 미국 연방 하원이 이 법안을 제정한 것이다.[1]

남한에서 1962년 해외 이민에 관한 법률이 제정된 후 다른 나라로 이주하는 사람들의 통계가 작성되었다. 외교부 발표에 따르면 2017년 기준으로 743만 688명이 해외에 거주하고 있다.[2] 해외동포가 증가하기 시작한 것은 허가제에서 신고제로 바뀐 1991년 이후 이민이 한결 수월해졌기 때문이다. 미주대륙과 유럽을 포함해 전 세계에 흩어져 있는 그들은 남한에서 생활할 때와 다른 활동을 할 수 있다.

북미주로 이주한 월남민 중에서 전충림과 김순영의 생애를 마음에 담아보자.[3] 부부의 인생 역정은 20세기 한민족의 역사와 궤를 같이한다. 중국 용정의 기독교 가정에서 1923년 태어난 전충림과 1927년에 태어난 김순영은 훗날 통일운동과 민주화운동에 앞장선 선구자들 속에서 자란다. 문익환 목사의 여동생 문선희는 명신여자중학교 시절 김순영과 책상을 같이 쓰던 단짝이었고, 강원용 목사의 부인이 되는 김명주는 그들의 선생이었다. 전충림의 누나 전일림은 용정 시절 김순영의 스승이었다. 김순영의 오빠 김선문은 김재준 목사와 함께 용정에서 교원생활을 했고, 일제강점기에 의병대장으로 활동한 외할아버지는 서

---

1 『재외동포신문』, 2020. 3. 10. (http://www.dongponews.net)

2 외교부, 『2018 외교백서』, 서울: 외교부, 2018, 232쪽 부록 참고.

3 전순영이 결혼하기 전의 성명이 김순영이다. 캐나다에 이주한 이후 남편의 성씨姓氏로 바뀌었다.

대문형무소에서 교수형을 당한 배창근이었다. 만주 용정과 북쪽, 남쪽, 토론토를 거쳐 살아온 전순영은 이렇게 말한다. "우리 같은 사람이 고향이 없다. 용정 같기도 하고 도문 같기도 하고, 북에도 있었고 서울에도 있었다."[4]

1947년 소련이 도문 지역을 점령하자 기독교인을 탄압하기 시작했고 전충림과 김순영은 결혼 3일 만에 두만강을 건너 서호진으로 이주한다. 전충림의 아버지는 이곳에서 교회 목사로 시무했다. 기독교인으로서 북한 사회를 지지하지 않았던 전충림은 그해 7월 경기도 고양에 자리잡고 있던 김순영의 언니를 찾아 남한행을 택한다.[5] 전쟁이 일어나자 1950년 겨울 전충림의 부모가 남한으로 이주했고, 누나 전일림은 출가한 상태에서 이북에 남게 되어 가족과 헤어진다.

남한으로 이주한 전충림 부부는 주한미군 제24군 정보참모부 민간통신검열단CCIG-K, the Civil Communication Intelligence Group Korea에 근무하는 배민수의 도움을 받는다. 주한미군의 민간통신검열단은 조선인 검열요원을 선발했는데 조선어와 일본어, 영어에 대한 이해 능력을 가진 사람을 고용했다.[6] 김순영의 외삼촌 배민수 목사는 해방 직후 미국 망명생활을 끝내고 귀국해 그곳에서 일하고 있었다. 배민수 목사가

---

4   이하 서술은 별도 표시가 없으면 전순영의 구술에서 내용을 인용한 것이다. 전순영 구술, 한성훈 채록, 캐나다 토론토 전순영 자택, 131 Beecroft Rd. North York, ON, M2N 6G9, 2017. 1. 20; 1. 22.

5   전충림 부부의 남한행에 대해서는 다음을 참고한다. 김성보, 「북미주 이민 월남민의 민족통일운동과 이산가족찾기 사업: '분단 디아스포라'의 관점에서」, 김성보 편, 2019, 368쪽, 377~378쪽.

1952년 금융조합연합회장(농협)으로 재직할 때 전충림은 전택보가 운영하는 천우사를 그만두고 잠깐 그의 비서로 있다가 휴전이 될 무렵 조선일보사에서 업무국장으로 일한다. 전충림은 서울시 중구 필동, 현재의 대한극장 뒤편에 거주했고 언론계에서 활발한 활동을 했다.

배민수는 일제강점기 숭실학교 시절에 비밀결사운동에 참여한다. 방기중에 따르면, 배민수는 숭실중학의 지적 환경과 자유로운 사상의 분위기 속에서 기독교 민족주의자로 성장했다. 1912년 예비반 학생 때부터 비밀결사운동을 전개하는데, 이듬해 열일곱 살의 나이로 평양 기자묘箕子墓 숲에서 김형직, 노덕순과 함께 "조국독립을 위해 헌신할 것을 맹서하는 의식"을 거행한다. 이것은 애국청년들의 동지적 교류를 상징하는 단지혈서서약斷指血書誓約이었다. 배민수는 만주의 독립운동과 지하조직운동, 정세를 잘 알고 있던 김형직에 대한 동지애와 존경심을 가지고 있었다.[7]

항일무장투쟁과 독립전쟁에 입각한 조선국민회가 해외에서 결성되고, 1917년 3월 국내에서 비밀결사조직인 조선국민회 조선지회가 만들어졌다. 1915년 4월 귀국한 숭실학교 출신의 장일환이 조직 구성을 주도하고 회원 포섭에 나서 배민수, 김형직 등이 참여해 열여섯 명으로 조선지회를 결성했다.[8] 김일성의 아버지 김형직과 배민수는 이 조직에

---

6 고바야시 소메이小林聰明, 「미군정기 통신검열체제의 성립과 전개」, 『한국문화』, 제39호, 2007, 274쪽. 배민수는 24군단의 한국어 통역을 맡을 후보자 명단에 있었다. 정병준, 『현 앨리스와 그의 시대: 역사에 휩쓸려간 비극의 경계인』, 파주: 돌베개, 2015, 128~129쪽.

7 자세한 내용은 다음 책을 참고한다. 방기중, 『裵敏洙의 農村運動과 基督教思想』, 서울: 연세대학교 출판부, 1999, 46~52쪽.

서 동고동락했는데, 김일성은 자신의 회고록에서 조선국민회 활동을 자세히 밝히고 있다.[9] 이와 같은 배경은 앞으로 벌어지는 해외동포 이산가족찾기회와 조선해외동포원호위원회의 교류에 중요하게 작용한다. 김순영과 전충림이 평양과 이산가족찾기 사업을 진행하고 김일성 주석과 김정일 위원장을 만나는 데 매우 좋은 환경을 제공해주었다.

조선일보사에서 근무한 전충림은 와이즈맨클럽 회장을 맡게 되었는데, 이것이 그들 가족이 캐나다로 이민을 떠나게 되는 계기가 되었다. 전충림은 대만에서 열린 와이즈맨클럽 모임에 참석한 전충림은 그곳에서 만난 캐나다인을 통해 용정에서 자신을 도와준 선교사와 연락이 닿았다. 1962년 그는 국제 와이즈맨클럽으로부터 초청장을 받아 캐나다를 방문하고, 선교사들의 도움으로 이민까지 고려하게 된 것이다. 용인할 수 없었던 박정희의 군사쿠데타가 캐나다 이주를 결정하는 데 중요하게 작용했고, 전택보 덴마크 대리대사의 권유도 한몫했다. 남한에서 캐나다 이민이 없던 시절에 전택보는 전충림에게 적극적으로 이주를 권장했다. 유학생을 제외하면 토론토에 정착한 첫 한인이 전충림과 김순영이었다. 이때부터 김순영은 남편의 성을 따라 전순영이 되었다.

토론토에 이주한 전충림은 초기에 편의점 맥스 밀크Max Milk를 운영하며 생활을 꾸렸다. 곧이어 한인들이 토론토에 이주하기 시작하고 교회를 세우려는 움직임이 일자 부부는 1967년 4월 토론토 한인연합교회의 창립 일원이 되었다. 1968년 8월 부임한 이상철 목사는 담임목사

8 방기중, 1999, 54~55쪽.
9 김일성, 『(김일성 회고록) 세기와 더불어 1』, 평양: 조선로동당출판사, 1992, 24~27쪽.

로 시무하면서 교회 조직과 체계를 잡아나갔다. 토론토로 이주한 동포들 중에서 한인연합교회와 전충림 부부를 거치지 않은 사람이 없을 정도로 그들은 동포사회의 공동체 형성에 크게 기여했다.

캐나다 한인의 이주사에서 토론토 한인연합교회를 빼놓고는 여러 사정을 설명할 수 없다. 한인연합교회는 1970년 4월 19일 동포들의 소식지 『선구자The Pioneer』를 창간한다. 우여곡절 끝에 32호까지 발행한 이 소식지는 이민자의 정착에 필요한 생활 안내서의 역할을 톡톡히 했다. 이 잡지는 동포들에게 크리스천 메시지와 한국 소식, 한인 커뮤니티, 소수민족이 살아가는 경험담을 주로 실었다.[10]

한인연합교회는 출판물뿐만 아니라 라디오 방송을 제작해 송출한다. 1970년 12월 5일 〈희망의 소리Voice of Hope〉 방송을 CHIN-FM 101 채널로 내보냈다. 이 방송은 우리말로 시작해 12년 동안 이민자들의 길잡이 역할을 했는데, 주 1회 30분 동안 고국과 캐나다 생활을 소개했다. 전충림은 방송위원장을 맡았고 전순영과 김소봉을 비롯한 여러 교인이 참여해 취재를 하고 방송 원고를 썼다. 1976년 제21회 올림픽이 몬트리올에서 열렸을 때, 그들은 대회가 열리는 경기장에 나가 북한 대표단 김유순 국제올림픽위원회IOC, International Olympic Committee 위원과 남한의 최재구 단장을 인터뷰한 후 방송했다.

〈희망의 소리〉 방송은 교회에서 구성한 방송위원회가 관장하고, 장철호 장로 부부의 목소리를 통해 전파를 탔다. 1995년 4월 전충림이

---

10 이상철 목사, 『열린 세계를 가진 나그네: 블라디보스토크에서 토론토까지』, 서울: 한국기독교장로회출판사, 2010, 227쪽.

1970년 4월 토론토 한인연합교회가
발행한 소식지 『선구자』 제1호

사망해 토론토 한인연합교회에서 장례 예배가 열렸을 때, 방송위원회
에 참여했던 김소봉은 조의를 표한 뒤 서툴지만 한 자 한 자 손글씨로
눌러쓴 "조사弔辭"를 낭독한다.[11] 김소봉은 "교민 사회에 우리말 방송을
내보낼 수 있었을 때의 그 감격"을 잊을 수 없었다. 이민 초창기에 교회
에서 전충림 장로를 만난 김소봉은 어려운 이민생활을 개척해가는 데
큰 도움을 받았다.

　전충림 부부의 활동에서 남한의 정치사회변동과 남북관계와 관련해
가장 주목해야 할 부분은 『뉴코리아타임스』 창간과 해외동포 이산가족
찾기회 결성이다. 『뉴코리아타임스』의 생애부터 보자. 1973년 1월 1일

11　김소봉 올림, "조사", 전충림 장로 장례 예배, 1995. 4. 18.

1976년 캐나다 몬트리올에서 열린 제24회 올림픽대회에서 경기를 취재하고 있는 전충림과 전순영

주간지로 발행을 시작한 이 신문은 전충림이 주도하고 김재준 목사와 이상철 목사의 도움을 받아 캐나다 동포들에게 조국의 민주화운동과 정세를 전했다. 이상철 목사는 거의 매주 사설을 썼다. 그가 생각하건대 신문의 사명은 인간의 "존엄성과 자유를 옹호하기 위해 결사적이고 전투적인 여론 형성의 길잡이가" 되고, "깊은 인간애"에 관심을 갖고 조국의 자유와 민주화를 위해 의견을 전달하는 데 있었다.[12]

전충림이 발행을 맡았고 전순영과 정학필이 원고를 다듬고 교정을 보며 신문 제작을 도맡았다. 초창기 신문을 제작하는 것은 참으로 어려운 일이었다. 모토롤라사에 다니던 전순영은 남편과 상의해 직장을 그만두고 신문 제작에 전념했으며, 토론토 대학에 근무하던 정학필 역시 큰 역할을 하게 된다.[13]

우리 남편이 목적이 여기 올 적에는 한국이 싫어 왔단 말이에요. 박정희 그런 게 싫어서 왔으니까 그때 시작은 김재준 목사, 이상철 목사, 우리 남편 셋인가 넷인가 시작을 했을 거예요. 그러나 우리 남편이 이제 신문 타이틀도 그렇고 처음에는 타이프라이터로 시작을 했어요. (……) 그 사설은 김재준 목사가 쓰고 이상철 목사도 쓰고 이제 이렇게 하다가 76년에 몬트리올에 올림픽이 있었습니다. 이때부터 변화가 온 거예요. (……) 이제 그렇게 해가지고 했는데 이 양반은 이 양반대로 기사 써야 돼. 아

---

12 이상철 목사, 2010, 232쪽.

13 전순영 구술, 한성훈 채록, 캐나도 토론토 전순영 자택, 131 Beecroft Rd. North York, ON, M2N 6G9, 2017. 1. 20; 1. 22.

우, 정말 우리가 고생 많이 했어요. (……) 그런데 수입이 그렇게 많지 않아요. 이제 그랬는데 나는 나대로 타이프, 타이프라이터로 하다가 식자기로 하다가 그다음에 또 타이프라이터 같은 건데 그런데 빨리 되는 거 (……) 그러니까 신문을 할라면 주말, 주말 신문이었어요, 이게. 그러니까 밤새우는 거 보통이었어요. 그러니까 항상 그렇게 해도 괴롭지 않았어요. 왜냐하면 신문하는 사람들은 그 스릴이 있잖아요.

1934년 3월 정학필은 함경남도 흥남시 함흥본궁 근처, 기독교 집안에서 태어난다.[14] 흥남비료공장에 다니던 아버지는 나중에 정미소를 운영했고 영신소학교를 마친 정학필은 해방 후 캐나다 장로회 소속의 선교사가 설립한 영생중학교에 진학한다. 전쟁이 일어나자 부모를 따라 7남매가 피란을 떠나 거제도에 도착했다. 동아대학교에서 물리학을 전공한 그는 1959년경 서울로 이주해 국방부 과학연구소에서 근무했는데, 1961년 5·16군사쿠데타가 일어나고 연구소가 해체되면서 원자력연구소(한국원자력연구원)로 자리를 옮긴다.

1967년 8월 장모의 권유로 캐나다 이민을 떠난 그는 먼저 유학 온 처남의 도움을 받아 토론토로 이주해 대학에 자리를 잡는다. 정학필이 토론토대학교에 손쉽게 직장을 얻은 것은 그가 방사성동위원소 취급 면허를 가지고 있어서였다. 정학필은 한국에서 방사성동위원소 취급 관리자 면허를 가진 제1호 기사였다. 이민 수속을 진행할 때도 '원자물

---

14 이하 내용은 다음에서 인용한다. 정학필 구술, 한성훈 채록, 131 Beecroft Rd. North York, ON, M2N 6G9, 토론토 전순영 자택, 2017. 1. 22.

리' 분야의 특수 직종에 종사한 그를 알아본 한국 주재 캐나다대사관 측에서 신속하게 처리해주었다.

정학필이 방사성 관련 취급 면허를 가진 것을 눈여겨본 토론토대학교는 그를 학교 내의 방사선 안전관리관RPO, Radiation Protection Officer으로 일하게 한다. 방사능 물질의 사용과 관리를 책임지는 방사선관리위원회의 결정에 따라 그는 각 연구실에 방사능 물질의 사용 권한을 부여하고 감독하는 책임자로 정년까지 일했다.

토론토대학교에 자리를 잡은 정학필은 전충림 부부를 한인연합교회에서 만난 후 신문사 일을 발행일부터 함께 시작한다. 정학필의 회고에 따르면, 조선일보사 출신의 전충림은 박정희 체제에서 남한 언론이 김대중 납치사건과 같은 것을 보도하는 내용을 보고, "신문이라는 게" "바른 소리를 해야 되겠다" 싶어 교회 장로와 집사, 목사들과 모임을 갖고 신문사 창간을 도모했다.

한창 때는 캐나다 한인동포의 90퍼센트 정도가 『뉴코리아타임스』를 구독하고 있었는데, 이를 "좌경신문"이라 비판하고 운영자금이 평양에서 오는 것이 아니냐는 의구심이 동포사회에서 제기되곤 했다. 이런 것은 추측에 불과했고 『뉴코리아타임스』는 어려운 재정 형편에도 희생적인 정신으로 사명을 다해갔다. 이상철 목사의 기록대로 그들은 "문자 그대로 피나는 고생을 하고 있"었다.[15]

『뉴코리아타임스』가 한인들 사이에서 큰 반향을 일으키자 남한의

---

15 이상철 목사, 2010, 232~233쪽.

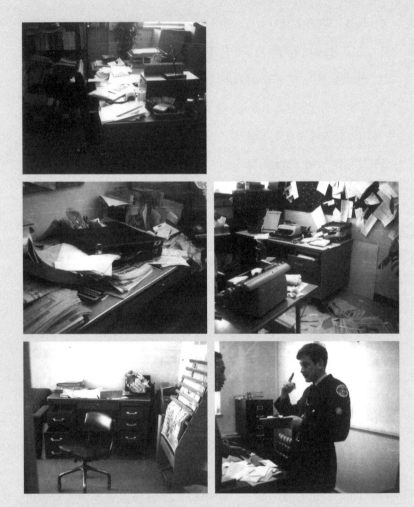

정확한 일자는 기록되어 있지 않지만 괴한의 습격을 받은 『뉴코리아타임스』 사무실과
현장을 조사하고 있는 토론토 현지 경찰

정보 당국에서 '공작'을 하기에 이르렀다. 1972년 박정희 정권이 유신을 선포한 후 1974년 긴급조치가 발동되었다. 이 정국은 해외에도 영향을 끼친다. 캐나다에서 남한의 정치 현실을 비판하는 민주화운동이 점점 열기를 더해가던 1975년경, 신문을 발행하는 사무실에 괴한이 들어와 기기를 부수고 문건을 탈취해간 습격사건이 일어났다.

사무실이 습격을 당했는데도 전충림과 『뉴코리아타임스』의 역할이 확대되고 동포들에게 미치는 영향이 점차 커지자 남한 정부에서 전충림과 『뉴코리아타임스』를 캐나다 동포사회에서 고립시키려고 시도했다. 말할 필요도 없이 전충림과 전순영을 감시하고 미행을 붙이는 것은 정보기관이 가장 흔하게 상대방을 압박하는 방법이다. 전순영의 구술에 따르면, 편집이 끝난 신문을 인쇄하러 갈 때 한국 영사관 측 차량이 뒤따라 붙어 미행하기도 했다.[16]

신문이 열두 시나 한 시에 끝나면 그 신문 편집한 걸 싣고 그 미사사카라는 데를 가야 돼요. 그때는 둘이, 둘이만 갈 수밖에. 갔다 오는데 차가 뒤에서 쫓아오고 있잖아요. 근데 그게 한 시 반 그렇게 되면 얼마나 졸려요. 우리 남편은 운전하지만 나는 뒤에서 이렇게 잤을 거예요. 그랬더니 깨우더라구요. 지금 누가 뒤에서 쫓아오고 있다고. 아우, 별일 다 있었어요. 그랬는데 쫓아오다가 도는 로타리가 있잖아요. 거기서 인제 멈추니까 그것도 멈추는데 빨리 뺑소니를 친 거예요. 그러니까 그때는 나도 깨

---

16 전순영 구술, 한성훈 채록, 캐나도 토론토 전순영 자택, 131 Beecroft Rd. North York, ON, M2N 6G9, 2017. 1. 20; 1. 22.

어나고 우리 남편도 깨어나. 그런데 내리더라구요. 이쪽에서 거기 자동차가 잠깐 멈추니까. 그러니까 그사이에 나도 그 사람 얼굴을 알아요. 그때 너무 혼이 나가지고 그렇게 하고 돌아와가지고 혼 나간 사람 같았어요, 진짜.

이런 일도 있었다. 국내에 있을 때 전충림과 가까이 알고 지내던 김경원이 1975년경 다른 일도 없이 토론토를 방문했다. 박정희의 국제정치 담당 특별보좌관이었던 김경원이 전충림 부부의 집을 찾았다. 이 만남은 전순영이 제공한 사진, 세 사람이 거실 소파에 앉아 힘께 찍은 모습에서 확인할 수 있다. 전순영의 회고에 따르면 김경원은 전충림이 독재정권을 비판하는 언론활동을 그만두도록 설득하기 위해 집까지 찾아왔던 것이다.

전충림 부부의 활동은 남한의 민주화운동에 대한 캐나다 동포사회의 활동과 북한의 해외동포 이산가족찾기 사업에서 매우 중요한 자리를 차지한다. 『뉴코리아타임스』는 단순한 언론이 아니었다. 1973년부터 발행을 시작한 이 신문은 북미주 한인동포사회의 구심점 역할을 했을 뿐만 아니라 민주화운동의 도화선 구실을 맡았다. 전충림이 한국을 떠나게 된 동기에 박정희가 있었고, 그는 고국에서 들려오는 독재정권의 행태를 가만히 두고 볼 수 없었다. 『뉴코리아타임스』에 기고하거나 사설을 썼던 지식인들과 교파를 아우르는 토론토 한인연합교회의 지속적인 관계 역시 큰 힘이 되었다.

해외동포 이산가족찾기회 활동

『뉴코리아타임스』에서 가장 주목할 만한 점은 서울의 민주화운동 보도와 평양의 조선해외동포원호위원회와 교류했던 이산가족찾기 사업이다. 이 신문은 국내에서 크게 논란이 되었던 김대중 전 대통령 납치사건을 비롯한 주요 정치사회 소식을 한인들에게 보도했다. 『뉴코리아타임스』는 남한의 정치 현실을 깨알같이 보도하면서 국외의 민주화운동에 구심점 역할을 하고 있었다. 전충림과 그의 동료들이 신문을 제작하고 발행한 일은 단순히 한 언론매체를 뛰어넘는 의미를 가지고 있다.[17]

월남민을 포함해 해외 한인의 활동을 평가하는 것은 남북한의 역사와 정치를 통합적으로 보려는 관점에 근거한다. 그들의 영향력은 남북한이 국제질서에서 차지하는 비중과 연계되어 있기는 하지만 해당 국가 내에서도 자체적으로 평가할 수 있다. 2012년 미국 백악관은 미국 내에 거주하는 220만여 명에 이르는 한인들의 경제력을 도미니카공화국이나 에콰도르와 비슷한 세계 65위로 평가했다.[18] 경제 부문을 기준으로 한 평가지만 이 경제력은 100여 년이 넘는 재미동포들의 성장을 보여준다.

해외에 거주하는 동포들을 어떻게 볼 것인지는 새로운 전망을 요구한다. 전통적으로 남한과 북한의 지지 세력이나 소속 조직으로 바라보

---

17 김성보, 2019, 378쪽.

18 이진영, 「통일과 글로벌 코리안 네트워크의 구축: 재외동포와 신뢰프로세스」, 『문화와정치』, 제1권 1호, 2014, 69~70쪽.

는 입장은 더는 유효하지 않다. 남한 정부나 북한 정부 어느 쪽을 지지하는지에 따라 편을 가르는 것은 과거의 이념으로 나눈 기준일 뿐이다. 평화와 통일을 지향하는 공공외교에서 해외동포의 중요성과 그 활동은 새롭게 부상하고 있다. 그들에 대한 남북한 정부의 인식은 대립적이었지만 이제 남한은 해외동포들에게 통일공공외교의 전략적 역할을 기대하고 있다.[19]

『뉴코리아타임스』의 이산가족찾기운동은 통일공공외교에서 매우 경이로운 사건이다. 1980년 『뉴코리아타임스』는 남한에서 불가능한 영역이었던 북한 문제를 과감하게 의제로 내세우게 된다. 해외에서 북한을 바라보는 시각은 남한에서 보는 것과 상당히 다를 수 있다. 북미주의 경우 시민에게 보장하는 표현과 사상의 자유는 그 폭이 훨씬 넓기 때문이다. 캐나다에 이주한 한인들, 그중에서도 북한과 숙명적으로 얽혀 있는 월남민들에게는 남한에서보다 훨씬 유리한 정치적 조건을 가지고 있었다. 그들이 북한을 지지하든 반대하든 제각각 정도의 차이는 있지만 인도적인 차원에서 볼 때, 이념을 뛰어넘기 위한 시도가 전충림의 방북과 『뉴코리아타임스』의 해외교민 이산가족찾기 사업으로 이어졌다.

월남민의 발생이 분단과 전쟁의 산물이듯이 그들의 개인적인 삶 또한 한반도 정치사회변동의 영향을 받을 수밖에 없다. 분단사회에서 그들이 가지는 특별한 경험은 이북출신이라는 태생적 조건을 배경으로

---

19 이와 같은 관점에 대해서는 다음 글을 참고한다. 이진영·김판준, 「통일과 동북아 평화를 위한 재외동포의 역할 모색」, 『재외한인연구』, 제37호, 2015, 8~10쪽.

하면서, 남북대화의 고비마다 추진된 정책의 맨 앞줄에 있었다. 인도적 차원의 남북대화 필요성을 월남민이 보여주었고, 그들의 존재는 한반도 긴장 국면에서 교류의 물꼬를 트는 중요한 구실을 했다.

넓은 범주로 봤을 때 해외동포에 해당하는 북미주 월남민에 대한 관심은 새로운 국면을 맞이하고 있다. 김성보는 북미주 월남민의 민족통일운동과 이산가족찾기 사업을 북한과 오랫동안 교류해온 사람들의 수기와 자료를 가지고 분석한다. 그는 미국에서 활동한 해외동포 학자들이 북한 학자들과 교류해온 모임과 토론토의 전충림 부부가 운영한 『뉴코리아타임스』의 이산가족찾기 활동을 매우 의미 있게 다루고 있다.[20] 그들이 바깥에서 바라보는 남북관계와 북미관계, 북한에 대한 인식을 통일운동 관점에서 찾은 것이다.

토론토의 이산가족찾기 사업은 전충림과 전순영에게는 역사적 과제였다. 일이 시작된 과정으로 돌아가보자. 잠깐 언급했듯이 1976년 몬트리올 올림픽에 참가한 북측 대표단장을 만날 수 있었던 전충림에게 이북에서 헤어진 누나의 소식이 전해진다. 북측은 전일림의 편지와 사진을 전해주면서 적당한 때에 스웨덴 스톡홀름에서 만날 것을 제의한다. 평양이 사전에 전충림의 가족을 미리 파악하고 준비한 계획이었다.

남북관계가 심상치 않았던 시절, 박정희 정권이 전충림을 예의 주시하고 있던 무렵에 북한에서 접촉을 시도해온 것이다. 이 사실을 전해들은 전순영은 남편에게 스톡홀름에 "가서 돌아오지 말라"고 강하게

---

20 김성보, 2019, 359~387쪽.

반대한다. 전순영은 스톡홀름에서 남편이 북한 측 인사를 만나거나 누나를 만나는 것을 받아들일 수 없었다. 캐나다에서 『뉴코리아타임스』를 발행하는 것과는 전혀 다른 문제였다.

무산된 북측과의 만남은 몇 해 뒤인 1979년 평양에서 열린 제35회 세계탁구선수권대회에 북미언론대표로 전충림이 초청을 받아 참가하면서 새로운 전기를 마련한다. 한인연합교회 내에서는 전충림의 북한 방문을 두고 의견이 분분했다. 처음 있는 일이었기 때문이다. 전순영이 밝히듯이 토론토에 망명 중인 김재준 목사는 "누군가는 먼저 가야 한다. 그래야 문이 열리지 않겠는가. 공개적으로 정정당당히 가라. 내 나라 내 고향이 아닌가"라고 전충림의 방북에 힘을 실어주었다. 김재준 목사와 교회의 지지에 의지한 전충림은 언론인 자격으로 마침내 북한에 입국한다.

1979년 4월 평양 공항에 도착한 전충림은 대기실에서 32년 만에 누나를 만난다. 시내의 보통강 호텔에서 묵었던 그는 5월 12일 처남 김선문을 만나 동생(아내)의 소식을 전하고 토론토에 있는 전순영과 국제전화를 주선하게 된다. 극적인 순간이었다. 전충림은 북한의 안내로 누나가 살고 있는 곳에서 또 다른 이산가족들을 만나게 되는데, 함경북도 경흥군 백산리 협동농장에서 전일림과 하룻밤을 보내고 처지가 비슷한 월남자의 가족들을 만났다.

토론토에 돌아온 전충림은 이북에서 만난 이산가족을 계기로 해외동포 이산가족찾기회를 조직하기에 이른다. 초기의 단체명은 해외교민가족찾기회였는데, 전순영에 따르면 남편은 "내가 지금 젊은데, 빨갱이 소리를 듣는 한이 있어도 이산가족찾기를 해야겠다"고 결심했다. 전

해외교민가족찾기회 발기인의 이산가족찾기 소개 내용.
『뉴코리아타임스』, 1979. 9. 22.

충림은 선우학원 박사와 김재준 목사, 이승만 목사 그리고 일본에 있는 망명객 정경모와 논의해 이산가족찾기회를 구상했다. 1979년 8월 15일 해외교민가족찾기회 발기인 대회를 열고 본격적으로 조직작업에 나섰다. 이 같은 담대한 추진은 남한의 정치 상황이나 '냉전' 중인 국제질서에서 매우 진취적인 움직임이었다.

첫발을 내디딘 해외동포 이산가족찾기회는 1980년 1월, 처음으로 다섯 명의 이산가족을 찾아달라고 북한 측에 신청했다. 그중 세 명의 가족을 찾아 평양을 방문해 상봉하기에 이른다. 1990년대 중반까지 『뉴코리아타임스』에는 이산가족의 평양방문사업에 대한 광고가 매주 실렸다. 『뉴코리아타임스』의 공식 발표에 따르면 1979년 발족한 해외동포 이산가족찾기회는 1992년까지 12년 동안 미주동포 5,000여 명의 북한 방문을 주선해 가족 상봉을 이루었다. 미국과 캐나다는 물론이고 남미의 아르헨티나와 브라질, 파라과이에 있는 월남민들에게까지 영향을 미쳤다.[21]

해외동포 이산가족찾기회를 만들고 3년이 지난 1982년 10월 14일, 전충림 부부는 베이징에서 조선민항의 특별 화물기를 타고 평양으로 향했다. 3년 6개월 전 전충림의 첫 방문 이후 두 번째 평양행이었다. 이번에는 전순영의 가족들이 만남을 기다리고 있었다. 해외동포의 북한 조국방문을 어떻게 볼 것인지는 새로운 관점을 요구한다. 전충림은 판문각 창문 밖의 회의장 부근을 바라보며 군사분계선 남쪽에서 분주하게 움직이는 미군을 보았다. 그의 머리에는 1959년 남쪽에서 판문점을 방문했을 당시가 뚜렷하게 떠올랐다. 미군에 점령당한 남한을 보는 듯한 느낌은 북쪽에서 점점 더해졌다.[22] 판문점 방문은 북쪽에서 남쪽을 보는 시각을 갖게 해주었다. 해외동포들에게 북한에서 바라보는 남한이라는 관점은 남북관계를 개선하는 또 다른 시선이었다.

이와 반대로 부부의 북한 방문은 거짓 소문에 휩싸이기도 했다. 부모 형제를 찾아 평양에 다녀와서 보니, "스파이의 사명을 띠었다"거나 "북에 이용당했다"고 중상하는 것은 교포 사회의 지도자들이었다.[23] 거짓

---

21 『뉴코리아타임스』, 1992. 5. 23. 1988년 시점에 북한의 가족을 찾은 북미주 한인은 2,000명에 달하는 것으로 알려졌다. 김성보, 2019, 379쪽.

22 전충림, "혈육이 묻혀 있는 땅", 양은식 외, 1988, 91~92쪽.

말과 추리로 얼룩진 무책임한 발언은 반공주의의 지독한 유산이었다. 그뿐만이 아니었다. 1979년 첫 방북 때 전충림은 북한에 있는 어느 이산가족이 남한의 아버지에게 전하는 녹음테이프를 건네받아 여러 사람을 거쳐 당사자에게 전달한 적이 있었다. 그 아버지는 테이프를 가지고 간 교포에게 '집에서 빨리 나가라'고 호통을 쳤다. 아들의 목소리가 녹음된 테이프를 북측에서 건네받았다고 정보기관에 잡혀갈까 봐 무서웠던 것이다.[24] 조작 간첩을 만들던 시대였으니 이해하지 못할 바는 아니지만 국가의 법 앞에서 인륜이 무너지는 것은 예사였다.

전충림의 평양 방북이 잦아지고 논란이 계속되자 한인연합교회 내에서 『뉴코리아타임스』의 보도 방향과 맞물려 '친북 언론'이라는 딱지가 붙었다. 부부가 이북에 다녀온 사실만 문제 삼은 것이 아니었다. 이상철 목사는 이때의 『뉴코리아타임스』가 "북한 정권의 선전지처럼" 되어가는 것은 아닌지 의구심을 가지고 있었다. 그는 남한에서 일어나는 민주화운동의 흐름과 북한의 인권탄압을 다르게 볼 수 없었다. 평양과 지속해서 사업을 하는 것이 논란이 되자 끝내 전충림이 교회 장로직을 사임하는 문제로 비화했다.[25]

인간 중심의 종교가 반공이념으로 훼손당했다. 이상철 목사는 사표를 수리하는 것으로 자신의 의견을 밝히고 전충림이 운영한 신문사가 '친북 언론사'가 되어버렸다고 비판했다. 이 일로 이상철 목사와 전충림

---

23 전충림, "혈육이 묻혀 있는 땅", 양은식 외, 1988, 61쪽.

24 전충림, "혈육이 묻혀 있는 땅", 양은식 외, 1988, 71쪽.

25 이상철 목사, 2010, 256쪽.

부부의 사이는 소격하게 될 수밖에 없었다.[26] 이상철 목사는 교회를 중심으로 한 목회활동을 가장 중요하게 생각했고, 전충림 부부는 점차 교회를 벗어나 이산가족찾기 사업과 북한 교류에 더욱 매진했다. 토론토 한인연합교회 창립 일원이었던 전충림 부부의 마음을 달래준 것은 교인들의 얄팍한 인심이 아니라 이산가족과 북쪽에 대한 깊은 연민에 있었다.

해외동포 이산가족찾기회는 흩어진 가족들을 만나게 해주었을 뿐만 아니라 조국통일사업의 한 부분으로 북측에 지원을 아끼지 않았다. '고난의 행군' 시기였던 1995년 대규모 홍수가 발생하자 『뉴코리아타임스』는 수재지원금으로 3만 달러를 보냈다. 이 지원금은 서울에서 목회를 하고 있는 이북 출신의 신현균 목사가 마련한 돈이었다. 그는 이승만 목사의 학창 시절 친구였다.

북미와 남미에 거주하는 월남민들이 이북에 있는 친척을 찾으려고 할 때 해외동포 이산가족찾기회를 이용했다. 남과 북으로 흩어진 사람들 중에서 월북자의 가족도 『뉴코리아타임스』의 보도를 보거나 지인에게서 소식을 듣고 숨은 가족을 수소문하기 시작한다. 미국 캘리포니아에 거주하는 김○○은 경북 경산군 하양면 서사리가 고향이었는데, 전쟁 때 헤어진 누나의 가족을 찾으려고 토론토에 팩스를 보내 연락을 취한다. 그는 서울 서대문 근처에 살면서 전기기술자로 일했던 매형이 "월북할 것을 결심하고 있"다는 사실을 알았다. 1950년 7월에 누나 부

---

26 이상철 목사, 2010, 257쪽.

부가 어린 딸을 데리고 북으로 간 것으로 알았던 동생은 자신의 가족 상황과 누나 가족의 인적사항을 간단히 적었다.

정치 논리에 휩쓸려 백안시했던 이산가족들의 만남은 분단을 극복하는 밑거름이 되고 있다. 『뉴코리아타임스』는 한편으로 박정희 독재를 비판하고 민주주의 이행을 지지하는 기사와 칼럼을 동포들에게 대대적으로 소개했고, 다른 한편으로는 북한과 적극적으로 이산가족 교류를 해나갔다. 남한은 '반체제 인사' 또는 '친북 인사'라는 이유로 전충림 부부의 고국방문을 가로막았다.

2003년 참여정부가 들어선 이후 '반정부' 인사들의 입국 허용 방침이 전해졌다. '해외 민주인사 명예회복과 귀국보장을 위한 범국민추진위원회'는 미주 지역에서 관련 인사 여덟 명을 선정했다. 전순영은 이 명단에 포함되어 2005년 8·15남북공동 민족대축전을 맞아 해외대표단 일원으로 서울을 방문할 수 있었다. 1995년 전충림이 사망하고 10년이 지난 뒤의 일이었다.

월남민뿐만 아니라 월북민의 가족도 이산가족찾기회에 기대를 걸고 있었다. 남한에서 북한으로 간 사람들의 가족이 겪는 '국가보안법'의 공포를 감안한다면, 그들의 행보는 조심스러울 수밖에 없었을 것이다. 이산가족찾기회는 남한과 북한 정부 사이의 관계와 이데올로기를 넘어선 인도적 관점에서 월북자의 이산가족에게도 교류의 물꼬를 텄다. 그들의 활동은 북미주 한인의 민주화운동과 통일운동, 북한과의 교류협력에 매우 중요한 의의를 가지고 있다. 무엇보다 해외동포들이 추진하는 평화통일운동의 디딤돌이 되었고, 중요한 변화는 평양으로 하여금 이산가족들의 만남을 제도 영역으로 받아들이게 한 데 있었다.

8장

/

금단의 선을 넘다

평양과 토론토의 협력

해외에서 이산가족찾기회 활동이 북한으로 연결되자 평양에서는 이 사업을 담당할 기구와 조직으로 조선해외동포원호위원회 북미 조직이 나섰다. 캐나다 토론토를 중심으로 이북 출신들이 조국에 있는 가족을 찾아 나서기 시작한 것이다. 북한 측과 이루어지는 이산가족찾기 과정을 복기해보자. 토론토의 해외동포 이산가족찾기회가 신청인을 모집하고 그들에게서 받은 서류와 평양의 조선해외동포원호위원회와 주고받은 문건을 바탕으로 기술한다.

해외동포 이산가족찾기회 서류에는 신청인 개인별로 '이산가족찾기 신청서'와 '조국거주가족 확인 요청서', '조국방문신청서', '조선민주주의인민공화국 입국사증신청', '조선민주주의인민공화국 려행신청서', '(가족방문 날짜) 통보의뢰서'가 있다. 자료에는 이북의 가족과 주고받은 편지를 포함해 성명, 거주지 주소, 연락처, 나이, 성별 등 월남민 개인의 인적사항이 상세히 기재되어 있다.

'조국방문신청서'와 '입국사증신청서' 양식에서 특이한 부분은 해외동포의 국적이라고 할 수 있는 출생국At Birth Nationality 항목이다. 이산가족들은 이 항목을 전부 '조선족'이라고 기입했다. 본적지나 출생지가 서울 또는 남한으로 되어 있는 월남민의 가족들도 '조선족'이 되었다. 이와 같은 조치는 북한 정부가 남한 국적자의 입국을 수월하게 하려고 '조선족'이라고 명시하기를 원해서 그렇게 되었을 것이다. '통보의뢰서'는 가족을 찾는 신청인이 해외동포 이산가족찾기회에서 조선해외동포원호위원회에 각종 서류를 통보해줄 것을 요청하는 문건이다. 신청인이 작성하는 문건에서 이북의 초청기관은 모두 조선해외동포원호위원회로 되어 있다.

'이산가족찾기 신청서'는 항목별로 자세하게 작성해야 한다. 신청인의 본적지 주소를 포함한 개인 인적사항은 물론이고 찾고자 하는 가족과 친척란에는 성명(한글, 한자), 성별, 생년월일, 옛 주소, 관계를 기입한다. 뒷면에는 1945년 이전의 집안 사정과 1945년부터 1951년까지의 집안 사정, 가족과 헤어진 때와 장소, "확실치 않으나 풍문으로라도 들은 소식", 가족을 찾는 데 참고가 될 만한 사항(음악, 운동, 취미, 가족관계 등)을 적도록 했다. 구체적인 항목과 자세한 내용들은 조선해외동포원호위원회가 가족을 정확하게 찾는 데 꼭 필요했다.

『뉴코리아타임스』에서 이산가족찾기 광고를 지면에 실으면, 이것을 본 월남민들이 앞서의 일정한 양식에 따라 현재 자신의 개인 정보와 과거 이북에 거주할 때의 가족관계, 고향, 친척 등 신원을 확인할 수 있는 내용을 작성한다. 작성한 서류와 함께 일정한 금액을 지불하면 『뉴코리아타임스』는 이 서류들을 모아서 목록을 정리한 후 평양에 보낸다. 1990년대 초반 전보료는 20달러였다.[1] 이산가족을 찾는 데 필요한 신청서류는 여러 가지 방법을 동원해 평양으로 보낸다. 시기마다 차이가 있는데 초기에는 편지와 텔렉스를 이용했고 점차 팩스와 컴퓨터까지 이용했다.

가족들의 인적사항과 주소, 헤어진 경위 등을 작성한 서류를 평양이 받으면 생사를 확인하는 데 시간이 소요된다. 이 업무를 담당하는 조선해외동포원호위원회는 토론토에서 보낸 서류를 근거로 이북 전역에서 이산가족을 찾는다. 살아 있는 가족이나 친척 또는 서류에 나타난 사람들의 생존 여부를 확인한 뒤 토론토에 통보해준다. 신청인이 찾는 가족이 사망한 경우 그 연월일을 적고, 생존한 친척이 누구와 어디에서 살고 있는지를 자세히 전해준다. 찾고자 하는 가족과 친척에 대한 생사 여부, 소속 직장, 현재 주소를 알려주면 이산가족찾기회에서 신청인에게 전해준다. 수개월이 지나고 평양에서 가족이나 친척을 찾았다는 연락이 오면, 전충림은 신청인에게 관련 사실과 북한으로 편지를 보낼 수 있는 방법을 안내한다. 가족을 찾게 된 사람들은 가장 먼저 편지를 띄워 부모와 형제자매의 근황을 묻고 왕래를 시작한다. 답장이 오고가면 평양을 방문하는 절차가 시작된다.

이산가족찾기를 주선한 토론토에서 예상하지 못한 일이 발생했다.

---

1 전충림의 이산가족찾기회에서 취급한 금액의 단위는 모두 미국 달러다.

가족을 찾으려고 신청한 후 평양에서 이산가족의 생존 여부를 확인해 주었는데 연락이 없거나 방북하지 않는 월남민이 생겨난 것이다. 로동당의 입장에서는 어렵게 찾아준 가족들을 그대로 방치하게 되자 그들에 대한 후속조치가 애매하게 된 점이 있었다. 토론토에 이 문제가 전달되었고 전충림은 방북할 사람만 이산가족찾기를 신청하도록 안내했다. 해외동포 이산가족찾기회는 '이산가족찾기 신청서'를 작성한 월남민들이 가족을 찾게 되면 그 이후에 어떻게 할 것인지 선택할 수 있는 문항을 추가로 만들었다.[2]

이북의 가족을 확인했다 하더라도 방북을 하지 않는 경우가 있다. 여기에는 제각각의 사연이 있다. 그 이유는 이산가족찾기를 신청한 월남민의 가족들이 평양과 교류하는 것을 반대하거나 가족들 몰래 신청했기 때문에 나중에 문제가 불거진 데 있었다. 이북의 가족을 찾게 되면서 부부관계에서 말 못 할 사정에 휩싸인 사람도 있었다. 무엇보다 가장 큰 고민은 미국이나 캐나다로 이주했지만 서울을 염두에 둘 수밖에 없는 처지였다. 남한보다는 자유롭지만 1980년대에 이북을 방문하는 것은 대단한 용기를 필요로 했다. 은둔의 나라, 독재의 나라로 들어가는 것은 곧 월남민들에게도 남한과의 관계 설정을 새롭게 해야 함을 의미했기 때문이다.

조선해외동포원호위원회는 북한으로 편지를 보낼 수 있도록 안내하고, 가족의 안부를 확인한 신청인이 북한 방문을 희망하면 필요한 서

---

2 이 선택지는 다음과 같다. '편지를 보내겠다/편지와 돈, 선물을 보내겠다/기회가 있으면 찾아가보겠다/소식만 알고 싶다.'

류를 작성한다. 방북에 필요한 초청장 신청용으로 '려행신청서' 세 통과 '입국사증 신청서' 두 통을 작성해서 보낸다. 신청인이 이 서류를 작성해 전충림에게 전하면 이를 평양으로 보낸다. 조선해외동포원호위원회는 대략 5개월간의 말미를 더해 한글과 영어로 작성된 초청장을 발급하며 정확한 "조국방문" 날짜를 사전에 알려달라고 요청한다.

조선해외동포원호위원회가 작성해 토론토에 보내는 이산가족들의 정형은 다음과 같다. 문건에 타이핑한 내용을 보면 신청인의 성명과 성별, 생년월일, 국적, 연락처(전화번호)를 명시한 후 찾은 가족이나 친척의 성명, 신청인과의 관계, 성별, 나이, 현주소, 사망 여부를 작성해 보내준다.[3] 전충림과 전순영은 이 자료를 갖고 개별 통보를 한다. 1991년 7월 평양이 통보한 문건에서 가족을 확인한 대상자는 모두 53명이다.

초청장을 받은 사람은 평양의 안내에 따라 주로 중국 주재 북한대사관에서 비자를 받아 이북에 입국한다. 이런 절차가 이산가족들이 신청서를 작성한 시점부터 보통 1~2년 가까이 걸린다. 그사이 기다림에 지친 신청인은 일이 어떻게 되는지 조급증에 시달리다 전충림에게 편지를 보내기도 한다. 가족을 찾을 수 있는지 없는지, 하염없이 기다려야 하는 답답한 사정이 군데군데 나타나 있다.

또 다른 자료는 평양에서 수기로 작성한 것인데 아르헨티나 동포들의 이산가족 내용이 위와 동일한 형식으로 작성되어 있다. 역사적인 첫 남미방문단은 아르헨티나 동포들의 방북이었다. 1991년 5월 20일 해외

---

3 조선해외동포원호위원회, "해외동포리산가족찾기회 앞", 제4호, 1991. 7. 18.

동포 이산가족찾기회 전충림이 조선해외동포원호위원회 리경식 국장에게 팩스로 보낸 자료에는 비행기 표를 구입한 조국방문단의 최종 명단이 있고 인원은 모두 48명이었다.

가족들의 소식을 알려주는 문건 외에도 평양은 이북을 방문할 수 있는 초청장 발급 대상자 명단을 따로 보낸다. 1991년 1월 29일 작성한 한 뭉치의 자료에 보면 조선해외동포원호위원회는 초청장 수령인 119명의 명단을 토론토에 보냈다. 여기에는 초청을 받은 사람의 성명과 성별, 전화번호, 주소가 기재되어 있는데 관련 내용이 없는 경우도 제법 있다.[4]

조선해외동포원호위원회는 이산가족의 고국방문이 이루어질 경우를 대비해 여러 가지 지침이나 안내를 제공하는데, 그중에서 비용 문제를 보자. 조선해외동포원호위원회의 자료에 따르면 평양 체류비는 일주일(7일)을 기준으로 1인당 400달러, 직계가족이 함께 방문했을 경우 1인당 200달러, 2명은 100달러다. 체류 기간이 2주(8~15일까지)일 경우 1인 600달러, 직계가족이 1명인 경우 300달러, 2명인 경우 250달러다. 체류 기간이 3주 이상 되는 경우 1명당 800달러, 직계가족 1명이 동행할 경우 400달러, 2명 이상은 300달러를 부담한다. 입국한 해외동포들이 가족이나 친척을 방문할 때 이용하는 승용차는 예외 없이 그 비용을 자부담으로 했다. 이 방침은 1991년 5월 1일부터 시행되었다. 조선해외동포원호위원회는 1991년 2월에 체류비와 관련해서 토론토 측과 협의한 후 그해 3월 21일에 통보했다.[5]

---

4   조선해외동포원호위원회, "조국방문초청장을 보내는 대상 명단", 카나다해외동포리산가족찾기회 앞, 1991. 1. 29.

조선해외동포원호위원회와 이산가족찾기를 공식으로 중개하는 조직은 토론토의 해외동포 이산가족찾기회가 최초였고, 다음에 로스앤젤레스에 있는 조국통일북미주협회 산하 이산가족위원회가 추가되었다. 월남민들은 가족에게 먼저 편지를 보내 안부와 생사를 직접 확인하고 북한 방문을 준비하거나, 이북에서 가족들이 먼저 캐나다나 미국으로 편지를 보내기도 한다. 이렇게 왕래가 시작되면 대부분 이북을 방문하는 단계로 나아간다. 월남민들이 평양과 교류하는 방식은 가족을 만나러 방북하는 인적 왕래뿐만 아니라 편지를 주고받는 식으로 지속되었다. 북한에서 가족을 만나고 돌아온 월남민 중에 많은 사람이 가족들과 계속 편지를 주고받았다.

편지가 한두 번 오가려면 생각보다 시간도 오래 걸리고 번거롭다. 토론토에서 북한으로 보내는 편지가 남한으로 가서 문제가 되는 일도 있었다. 실제로 토론토에서 평양으로 보낸 편지가 서울로 갔는데, 장○○ 신부의 편지를 받은 한국에서 주 캐나다 한국대사관으로 연락해 파견 나온 국가안전기획부 직원이 조사를 나왔다. 그 직원은 장○○ 신부에게 이북으로 "편지를 왜 보냈냐고?" 물었고, 신부는 "내 가족에게 편지 쓴 게 무슨 잘못이냐?"고 되물었다. 캐나다 국제우편국에서 실수한 것이다. 이 사건 이후 토론토에서는 겉봉투의 표시를 PyoungYang, DPR-Korea(North Korea)라고 쓰도록 안내하거나 중국 베이징 주재 북한대사관으로 편지를 해서 북한에 다시 보내달라고 요청했다.[6]

---

5 조선해외동포원호위원회, "조국통일북미주협회 리산가족위원회 카나다리산가족찾기회", 1991. 3. 21.

조선해외동포원호위원회는 조국을 방문하려고 하는 이산가족들에게 몇 가지 준비사항을 공지했다. 조국방문의 공식 절차라고 하겠다. 1989년 12월에 작성한 서류에 따르면, '조국방문 초청장'을 받은 신청인이 토론토의 해외동포 이산가족찾기회나 로스앤젤레스의 조국통일북미주협회 이산가족위원회의 도움을 받아 자신이 살고 있는 나라의 중국대사관이나 소련대사관(영사관)에서 중국(소련) 체류 또는 통과 사증(2회)을 받도록 했다. 중국 또는 소련 주재 북한대사관을 찾아가면 평양 방문에 필요한 편의를 보장받을 것이라고 하면서, 대사관 영사부에서 출입국사증을 받게끔 안내한 것이다. 북한을 방문하기 위해서 중국(소련)에 도착하는 날짜와 비행기 편명을 20일 전에 조선해외동포원호위원회에 전보로 알려줄 것을 요청했다.[7]

이산가족 만남은 고향방문 초기 북한 사회에 문제를 야기하기도 했다. 월남민들이 이북을 방북하면 평양에만 머무르는 것이 아니라 가족이 거주하는 고향을 방문하게 되는데, 이것이 인민들 사이를 불편하게 만들었다. 한국전쟁 당시 남한으로 이주한 월남 '반동분자'들의 귀환과 함께 달러가 고향에서 환영을 받자 인민들 사이에서 성분을 둘러싸고 혼란스러운 일이 벌어진 것이다. 당국도 곤혹스러웠다. 해외동포의 고향방문으로 좋지 않은 실상이 외부세계에 낱낱이 공개되자 1993년경

---

6 전순영 구술, 한성훈 채록, 131 Beecroft Rd. North York, ON, M2N 6G9, 토론토 전순영 자택, 2017. 1. 22.

7 조선민주주의인민공화국 해외동포원호위원회, "조국방문 준비에서 참고할 몇 가지 문제", 1989. 12. 12.

로동당은 고향방문을 일시 중단한 적이 있었다.

전충림과 전순영, 정학필이 주도한 이산가족찾기회와 북미조국통일협의회가 설립한 이산가족위원회 활동은 해외동포의 북한 교류에 크게 기여했다. 사업이 중단될 때까지 남한에 있는 월남민들도 친척을 거쳐 위의 단체와 연락한 후 북한의 가족과 친척을 찾아달라고 요청했다. 1994년에 알려진 통계에 따르면 두 단체가 주선한 이산가족이 4,000여 명을 넘어섰고, 캐나다에는 매월 200여 통의 문의가 편지로 왔는데 이 중에서 약 10퍼센트 정도는 남한에서 보낸 것이었다.[8]

1990년대 중반이 되면 북미주에서 이산가족 만남을 계속하면서 조국방문사업을 다양하게 전개한다. 이승만 목사와 전순영이 중심이 되어 미주 조국방문·교류위원회를 조직해서 좀 더 명확하게 방북을 추진하려고 했다. 1995년 12월 6일 시카고에서 모임을 가진 북미주 사람들은 미주 조국방문·교류위원회 설립을 추진한다. 이승만 목사의 사회로 진행한 이날 모임에서 참석자들은 이산가족사업의 지속적인 추진과 이에 따른 과제를 논의했다.

이 모임에서는 운동단체들 사이의 관계, 교포 사회의 신임과 장기적인 발전, 이산가족사업 추진의 중요성과 정당성을 위한 노력을 과제로 제시했다. 북미주 지역 전체를 아우르는 민족 화해와 평화통일, 인도주의 원칙, 민족 동질성 회복의 긴박성과 대중의 신뢰를 운동의 원칙으로 논의한 것이다. 이 모임의 회장은 이승만 목사가 맡았고 미국 서부(앤리

---

8 서일범, 「중립적 입장이어야 더 큰 역할 가능해―남북한 이산가족 교류에 있어 해외동포의 역할―」, 『통일한국』, 제126권, 1994, 79쪽.

현), 중부(김정호), 동부(김효신), 캐나다(전순영), 남미(김선철) 지역으로 운영위원회를 조직했다.

1979년부터 시작한 이산가족 만남은 수많은 해외동포에게 남한과 북한 정부를 새롭게 볼 수 있도록 해주었다. '통일'과 '북한'이 금기시되었던 지난날을 돌아볼 때 해외동포의 북한 교류는 '친북'을 무릅쓰고 분단사회를 극복하려 한 노력이었다. 남한과 북한을 잇는 월남민의 이산가족 만남은 분단의 경계를 넘어 평화통일운동의 디딤돌이 되어왔다.

전순영은 1996년 출간을 앞둔 남편의 유고를 정리하며 "세상 사람들의 몰이해와 온갖 음해, 그리고 모략에도 불구하고 이산가족의 아픔을 하나라도 덜겠다고 나선" 그와 함께한 세월을 떠올렸다. 자랑스러웠다. 이제는 캐나다와 미국에서 대규모 이산가족 만남을 더는 추진하지 않는다. 『뉴코리아타임스』와 해외동포 이산가족찾기회는 소임을 다하고 활동을 멈추었다. 현재는 평양 방문을 대리하는 사회단체가 있고, 뉴욕의 유엔 주재 북한대표부에 방북을 신청할 수 있다.

자신을 증명하다

한편 교회에서는 큰일이 불거졌다. 전충림과 전순영, 정학필 등 이북과의 교류에 적극적인 사람들이 수년 동안 평양을 여러 차례 다녀오자 한인연합교회를 떠나는 사람들이 발생하기 시작했다. 전충림을 비난하거나 시기하고 질투하면서 교회에 나오지 말라고 하는 사람들까지 생겨났다. 교회 내부에서는 반공 콤플렉스가 분분했다. 그는 장로 직분을 맡고 있었고 교회를 설립하는 데 큰 기여를 한 초창기 공로자였다. 앞서 잠깐 다루었듯이 한인연합교회를 맡고 있던 이상철 목사는 신도들의 입장을 두둔하면서 전충림 부부와 정학필이 평양을 방북하고 돌아오자 교회에 출석하지 말라고 요구했다.[9]

> 82년이었죠. 그 이제, 시간이 뒤로 가는데. 앞서 가니까. 근데, 그때 이상철 목사가 뭐라고 나보고 이야기했느냔 말요. "한두 사람 때문에 우리 교회가 빨갱이로 몰리는 걸 원치 않는다. 자기가 담임목사로 그렇게 되는 걸로 원치 않는다." 그렇게 얘기했다고요. 그러니까 뭐라고 말해 내가. 담임목사로서 교인들 보호해야 되겠다는데, 나 할 말이 없더라고요.

북한 방문은 남한과 해외동포사회에서 자신의 많은 것을 내려놓아야 하는 일이었다. 평양을 다녀온 것에 대한 억측과 비난은 몇십 년 동안 계속되었다. 김기항이 웅변하듯이 북한과 왕래하는 것이 도발적인 행위나 바람직하지 못한 '공산주의자'의 소행은 아니었다. 남한에서는 해외에 거주하는 동포들의 평양 방문을 비난해왔다. 이산가족은 남한에도 북한에도 그 뿌리를 가지고 있다. 김기항은 평양에 들어가 가족을 만나고 돌아왔다고 해서 그들을 죄인처럼 여기거나 비난해서는 안 될 것이라고 역설한다.[10]

---

9 정학필 구술, 한성훈 채록, 131 Beecroft Rd. North York, ON, M2N 6G9, 토론토 전순영 자택, 2017. 1. 22.
10 김기항, "꿈을 다짐한 방문길", 양은식 외, 1988, 304~305쪽.

주저하지 않고 무엇이라도 해야 했다면 김기항은 진취적이라고 할 만하다. 첫 시도는 1961년이었다. 미국 적십자사를 통해 북한에 생존해 있는 아버지를 만나려고 시도하지만 실패한다. 예상하건대 적십자사라고 해서 제3국을 거치지 않고 미국과 조선민주주의인민공화국 간의 교류 업무를 취급하기란 불가능했을 것이다. 1976년 이전에는 미국 시민권을 가진 사람이라 하더라도 쿠바, 북한, 베트남을 방문할 수는 없었다. 지미 카터James Earl "Jimmy" Carter Jr. 정부가 들어선 이후에 미국 정부는 어느 지역이나 갈 수 있는 여행의 자유를 허용했다.

김기항은 포기할 줄 몰랐다. 1973년 8월 헝가리 부다페스트와 인도 뉴델리의 북한대사관을 찾아 가족의 소재를 물었다. 마침내 인도 주재 북한대사관에서 가족들이 살아 있다는 사실을 알려주었다. 평안남도 문덕군 문덕읍에서 자란 그는 1950년 11월 춥고 어둡던 어느 날 전장을 가로질러 남쪽으로 왔다. 31년 만의 이별 끝에 1981년 4월 평양을 찾은 그는 어머니의 얼굴을 마주한다. 국가 사이의 외교관계, 곧 법 제도와 개인의 행위가 어떻게 불일치하는지 그의 행보는 많은 것을 시사한다.

동포들이 해외에 있는 북한대사관으로 연락해 가족을 찾으려는 시도는 개인과 국가의 관계를 곱씹어보게 한다. 양은식 박사는 1974년 동독 주재 북한대사관으로 15통의 편지를 보낸다. 1950년 12월 5일, 열여섯 살에 혼자 남쪽으로 온 이후 소식을 듣지 못한 어머니와 동생들을 찾기 시작했다. 동유럽 여행을 다녀온 애리조나 대학의 조영환 교수에게서 평양과 연락하는 방법을 듣고 편지를 쓴 것이다. 1년이 지난 1975년 북한대사관에서 어머니를 찾았다는 우편이 왔다. "중립국으로 오면 어머님을 뵙게 됩니다. 오스트리아 비엔나로 오십시요." 어머니와 동생들한테 편지가 오기 시작했고, 1976년 여름방학 때 고령으로 비행기를 탈 수 없어 비엔나로 오지 못한 어머니를 뵈러 서독에서 동베를린, 모스크바를 경유해 고향 땅을 밟았다.[11]

미국에 이산가족찾기를 중개하는 조직이 생기기 전부터 월남민들은 해외의 북한대사관에 직접 문을 두드렸다. 유럽과 중국을 거쳐 방문한 그들은 개별적으로 평양과 접촉했다. 미국 메릴랜드 주에 거주하면서 차량 정비업을 하는 한○○은 1981년 말경 베이징 주재 북한대사관을 거쳐 조선해외동포원호위원회에 '가족을 찾아주십사' 하는 청원서를 보낸다. 이산가족을 확인한 평양은 이듬해 초청장을 보냈고 그는 8월 3일 첫 방북 길에 올라 어머니와 동생, 조카들을 만난다.[12]

첫 만남이 있은 이후 편지 왕래를 계속한 한○○은 1984년, 1987년, 1990년 세 차례 더 방북해 가족을 만났다. 1992년 1월 14일 자신이 이북과 왕래하며 가족을 만난 경위와 평양시 강남군 강남읍, 평안남도 개천시에 있는 동생들에게서 받은 편지의 봉투를 전충림에게 전했다. 1933년 평양에서 태어난 그가 어떻게 미국 시민권을 갖게 되었는지는 알 수 없지만, 포기하지 않는 노력으로 이른 시기부터 평양에 드나들었다. 해외의 북한대사관과 연락해 방북한 사람들은 국가의 법을 넘어선 의지의 소유자들이다.

---

11 선우학원·노길남·윤길상, 『미주동포 민족운동 100년사』, 서울: 일월서각, 2009, 369~370쪽.

12 한○○, '조선민주주의인민공화국 입국사증 신청서', 1992. 1. 14; 3. 17.

일이 성사되기를 기다리는 가족의 마음은 애가 탄다. 미국 워싱턴 주에 사는 홍○○은 1990년 3월 16일 가족을 찾아 나서 이듬해 4월 평양으로부터 조카의 주소를 받는다. 그사이 1년여 가까운 무소식을 견디며 전충림에게 편지를 썼다. 자신이 찾는 이북의 누나는 1917년생인데, "늙은 사람들은 언제 죽을지 모르는 신세"여서 소식만을 손꼽고 있는 자신의 마음을 전했다. 평안북도 선천군 수청면에서 나고 자란 그는 해방 이전 금융조합에서 서기로 근무했는데, 1946년 4월 20일경 처와 세 아이들을 데리고 남으로 왔고 1987년 아들의 초청으로 미국으로 이주했다.[13]

기쁜 소식이 오기를 기다렸지만 끝내 형편을 알지 못하고 사망한 사람도 있다. 1908년 평양시에서 태어난 황시연은 1943년 서울로 이사와 줄곧 거주했고, 그 이후 상공부 수출입과장으로 공직에서 일한다. 1965년 가족들과 함께 미국으로 이주해 델라웨어 주에 거주한 그는 토론토의 이산가족찾기 사업을 알게 되자, 1990년 8월 15일 누나와 여동생을 찾으려고 '가족찾기 신청서'를 작성했다.[14] 두 차례 편지를 별도로 써서 전충림에게 보냈는데, 한 번은 신청서를 작성한 무렵에 썼고 또 한 번은 7개월이 지나서 쓴 것이다. 1991년 3월 16일 두 번째 자필 편지는 단지 몇 개의 단문으로 되어 있다.

전 선생님! 안녕하십니까? 벌써 동생을 찾기 위해 신청서를 낸 지가 어

---

13 홍○○, '가족찾기 신청서', 1990. 3. 26.
14 황시연, '가족찾기 신청서', 1990. 8. 15.

느새 7個月이 가까운데 아직도 아무 소식이 없어 궁금하여 몇 자 적습니다. 정상회담도 깨지고 통일은 아직 먼 것 같고 나이는 많아가서 조급한 마음 무어라 표현할까요? 죽기 전에 소식이라도 알았으면 합니다.

황시연 올림.

1년여가 지난 1991년 9월 2일, 해외동포 이산가족찾기회는 평양으로부터 전해 받은 황시연 누이의 사망 소식과 조카들의 거주지 주소, 그들의 나이를 전해준다. 안타깝게도 황시연은 이 내용을 알지 못한 채 사망했다. 생사만 확인하면 언제든지 방북해 가족을 만나볼 준비가 되어 있었지만, 전순영이 작성한 "세상을 떠났음"이라는 메모만 기록으로 남아 있다.

편지에서 황시연이 언급한 정상회담은 1990년을 전후해 남북한 정부가 협상을 벌인 것을 말한다. 1990년 노태우 대통령은 연두 기자회견에서 남북한 사이의 자유왕래와 전면 개방을 위해 남북정상회담 개최를 촉구했다. 김일성 주석은 "최고위급이 참가하는 당국과 정당수뇌협상회의가 마련되면 그 테두리 안에서 해결"할 것이라고 언급해 정상회담에 부정적인 태도를 보였다.[15]

1990년 10월 18일 제2차 남북고위급회담을 위해 방북한 강영훈 총리를 면담한 김일성은 이전과 다른 태도 변화를 보였다. 그는 "노태우 대통령과의 최고위급회담이 빨리 개최될 수 있도록 노력해주길 바란

---

15 『로동신문』, 1990. 1. 13.

다"고 밝히면서, 최고위급회담이 이루어지기에 앞서 총리회담에서 가시적 결과가 이루어지기를 희망했다.[16] 남북이 유엔에 동시 가입하고 '남북기본합의서'를 채택했지만 이산가족들의 바람을 뒤로하고 정상회담은 끝내 성사되지 않았다.

삶이 햇수를 더하면 사연이 많아진다. 1980년 1월 딸의 초청을 받은 최○○은 캐나다 캘거리로 이주한 후 이북의 부모와 처, 딸을 찾으려고 시도한다. 1919년 10월 평안북도 삭주군 남서면에서 태어난 그는 남한으로 오기 전 결혼한 몸이었다. 헤어지게 된 경위는 자세히 나와 있지 않지만, 평안북도 정주군 중외광업소에서 근무할 때 가족과 떨어진 그는 서울에서 평양시 창전리 출신의 여인을 만나 다시 결혼했다.[17]

조선해외동포원호위원회는 최○○의 처가 평안북도 곽산군읍에 생존해 있는 사실과 주소를 알렸고, 그는 편지를 썼다. 1991년 12월 1일자로 최○○에게 초청장을 보낸 평양의 문건에는 현재의 부인까지 명단에 포함되어 있다.[18] 제도 속의 가족을 어떻게 이해할 수 있을까. 두 번의 결혼과 가족, 그리고 현재의 부인과 같이 방북해 이전의 식구를 만나려는 인간의 정념을 또 어떻게 받아들일 수 있을까. 최○○ 부부의 방북 이후는 알 수 없다. 사랑과 결혼 그리고 감정과 제도로서 한 인간의 행위를 온전히 설명할 수 있을까.

---

16 『한겨레』, 1990. 10. 19.

17 최○○, '가족찾기 신청서', 1990. 5. 8; '조선민주주의인민공화국 려행신청서', 1991. 7. 29; '조선민주주의인민공화국 입국사증 신청서', 1991. 7. 29.

18 이○○, '조선민주주의인민공화국 입국사증 신청서', 1991. 8. 12.

명로 보아라.

오늘 우연히 꿈에도 잊지못하던
네 소식을 인편에 전해들었다.
30여년에 헤어진 네 소식을
꽘감을 맞으며 받고보니 한시도
못잊던 소식이건만 그저 꿈만
같구나.
그간 불효막심한 우리를
남겨두고 부모님들은 다 돌아
가셨다.
지난해까지만 해도 어머님
산소에 갔었는데 지금은
왼쪽팔과 다리에 마비가 와서
광조 네가 안아 가고 있다.
형수는 무고하다.
어머님은 돌아가 실때까지
네 이름을 부르며 눈을 감지
못했다.

나도 너를 보지 못하고
눈을 감는줄 알았는데
이렇게 네 소식을 듣자고
산것만 같구나.
지금 광조와 영조. 그리고
시집간 딸이 넷이 있다.
광조에게는 아들 하나와
딸 둘이 있다.
정조랑 모두 잘 있느냐
40여년 살이고 싶은 사연을
어떻게 편지로 다 쓰겠나?
그저 너를 만나고 싶은
마음 뿐이다.
만나은 무릅쓰고 한번
다녀오너라.

나도 이제 얼마를 맞지
못할것 같다.
오늘 밤부터 잠을 잘것
같지 못하구나.
편지라도 빨리 보고
싶구나.
부디 수고대한다.
(주소)
  조선 민주주의 인민공화국
  함경남도 함흥시
  동흥산구역 여위동 19반
  최 광조 (앞)
    최 명린.
  1991년 3월 28일.

1991년 최명로가
이북의 형에게서 받은 편지

바깥세계에 있는 이산가족만이 애가 닳은 것은 아니다. 이북에서 소식을 접한 가족들 역시 헤어진 형제를 보고 싶어 하는 마음은 매한가지다. 1915년 함경남도 영흥군에서 태어난 최명로는 해방 직전 북청철산회사에 근무했고 1946년 1월 서울로 왔다. 보건사회부에서 오랫동안 공무원으로 근무한 후, 1984년 장남의 초청으로 미국으로 이민을 떠났다. 그가 형의 가족을 찾은 것은 같은 함흥 출신의 지인이 방북해 고향에서 가족을 만나면서부터였다. 그 사람은 최명로의 조카를 자연스럽게 만나게 되었고 캐나다로 돌아와 형의 소식을 전해주었다. 형 최명린이 동생에게 쓴 편지에서 '팔갑'은 '팔순'의 북한어 표기다.

다양하게 존재하는 이산가족들의 만남은 일본에서 북한으로 귀국한 동포와 미국으로 이주한 가족 사이에도 이어진다. 재일조선인 정미순은 1961년 부모, 오빠 셋과 함께 북한으로 영구 귀국한다. 언니 정일순은 1954년경 일본에서 미국으로 건너가 가족과 떨어졌다. 1989년 11월 26일 정일순은 자신의 존재를 증명하는 데 어려움을 당하자 그간의 사정을 동생에게 편지로 전한다. 편지를 받은 정미순은 1990년 7월 24일과 1990년 8월 8일, 1990년 12월 28일 세 차례에 걸쳐 해외동포 이산가족찾기회의 전충림에게 언니의 이산가족방문을 요청하며 자초지종을 설명한다. 일본에서 태어난 조선인이 미국에서 일본식 이름으로 살다 조선 이름을 가지고 이산가족을 찾으려고 백방으로 노력한 것이다.

평안북도 피현군 백마로동자구 111반에 사는 정미순은 세 번의 편지에서 미국 노스캐롤라이나에 있는 언니의 본명과 주소를 강조해서 적었다. 조국방문이 되지 않는 이유가 언니의 이름이 "맞지 않아서 애를 먹고 있"었기 때문에 일본식 이름과 조선식 이름이 왜 다른지 상세히 밝힌다. 동생은 언니의 "공화국 방문"을 성사시키려고 필사적이었다.[19] 일본에서 태어나고 자라 일본식 이름을 가진 언니가 북한 방문에 어려움을 겪자 조선 이름을 가진 '공화국의 공민'이라는 것을 알려주기 위해서였다. 자신의 실체를 밝히고 그 존재를 증명하는 것이 쉽지 않은 때였다. 개인과 정치공동체의 관계를 규정하는 근대국가의 성격은 전쟁과 이산으로 이어지는 한반도의 문제만이 아니었다. 편지는 정미순이 쓴 것이다.

1924년 4월 함경남도 함주군 선덕면에서 태어난 최○○은 1988년 이민여권을 받은 후부터 뉴욕에 살고 있다.[20] 1989년 5월 본적지인 함주군 선덕면 구남리의 사촌언니 앞으로 편지를 띄웠는데, 9개월이 지난 이듬해 2월 6일 함흥시 동흥산구역 서상동에 살고 있는 조카 우○○에게서 회신이 왔다. 사촌언니가 량강도 삼수군 삼수림산 광동작업소에 있음을 알게 된 그는 여러 차례 편지를 주고받으며 가족사진을 받는다. 왕래를 시작한 지 1년 가까이 기다린 끝에 1991년 4월 방북할 요량으로 그동안의 사정을 적어 전충림에게 편지를 쓴다.[21]

함흥의 우○○은 이모에게만 답장을 한 것이 아니었다. 그는 전충림에게 별도의 편지를 보내 이모의 방북을 도와달라고 간곡히 부탁했다. 조국방문이 최○○이나 조카의 마음처럼 진행되지 않았기 때문이다.

---

19 정일순, '조선민주주의인민공화국 려행요청서', 1990. 4. 24.

20 최○○, '조국거주가족 확인 요청서'; '조선민주주의인민공화국 입국사증 신청서', 1991. 11. 18; 1992. 3. 20.

21 1991년 12월 18일 최○○이 『뉴코리아타임스』 앞으로 보낸 편지.

존 경하는 선생님 께

서러를 통하 하며서 문편에서 자존한 국가사업을
하시는 선생님에게 저의 산마 하는 인정을 담으려
는 그은 참히 략하 디려 죄공합니요.
저는 펑 단편의 주편의 렬려 펀지로 써 보난, 더인
입니다.   저의 신용을 년력 44세 별분 에서
낳아 살아께 저러은 공화국 에 15세 때 안기 여음
기가 위여한 주령님의 줄러서 바른적 살으 있는전요
니요.   난편은 문화러서 질기지 않은 시요로
이세 성을 어요. 5남매로 루어 거눅라고 살으길래서
고컨애 저러 었니요 인분에서 산마가 바로우
컨텼다 라네요.   인나는 인분에서 날아 자라 오기 때분에
인분어이트 이후은 Inko Mlinaga.
고닙니요   그러나 서선 택니고 조세리워요.
"ILLSAN CHONG McDOW" 비끼컨나요.
춘경하고 선생님 여러스 저의 이럽고 적컨향 조선동포
인으입니요.   우리 언니는 인분에서 신민이 바로오
기뻐   우러로 지류의 길이 럴려 공화국 의 크메양이
ㅇ는 기미 그메더여   순실단이라고하니요   북모보 동은
모두 공화국의 땅에 불려   여기로 지음 저의
자나 오솨아 해물이 있옵니다. 오매마 무지 못하나
언니고   모오 일러라께   저 멸시 저러 안니요
저러로 보다 더한 성령인 소.있니요.
우님트   제미 고문은이 런국시질이 변복하고
있는터 해서 저니 언나 공화국 쪽이 마음하게
못하나르 모닙니가 ?   죠깨하는 선생님 !
곤 저니 언나니 공화국 통와무의 밝길은 도와
ㅇ하니 오 바순우로 선생님 통야에 복쿠하고 보
닙니요.
                정 미순 올림   1990. 12. 25

거의 멸니의 주소
ILLSAN CHONG McDOW
7024 NEW MARGRET ☆
RAL. N.C. 276034
                        USA

소선 민주주의 인민공화국
평안북도 피현코
백마구 111 반
정미순

The NEW KoReA TiMes
P. O. BOX 130 Station 'P.
TovoNto, ONTAVio.
CANaDA M55 257
                    USA

1990년 12월 평안북도 피현군 백마로동자구
111반에 거주하는 정미순이 토론토
『뉴코리아타임스』에 보낸 편지

입국에 필요한 서류를 작성하고 초청장을 기다리던 중 그가 사촌언니한테 받은 편지 내용과 해외동포 이산가족찾기회에서 받은 방북 승인이 다르게 전해졌다. 1992년 8월 1일 전충림은 조선해외동포원호위원회로부터 최○○을 북한에 "보내지 말라는 통지"를 받고 이 사실을 알려주었다.[22]

최○○은 자신이 왜 방북할 수 없는지, 혈육을 만날 날을 위해 모든 것을 준비해놓고 초청장이 오기만을 기다렸는데, 조국방문이 좌절되자 화가 잔뜩 난 편지를 전충림에게 보냈다. 그전에 1991년 12월 1일 사촌언니한테 받은 편지는 자신의 서류가 평양에 접수되어 입국 승인이 내려왔는데, 그곳의 초급당위원회에서 언니에게 이 사실을 알려주었다는 내용이었다. 또한 량강도 외사처의 교포 업무 담당자가 언니를 직접 찾아와 동생의 입국이 승인된 소식을 전해주었던 것이다.[23]

평양은 이산가족 만남을 신청하는 해외동포들의 개인 사정을 일일이 공개하지 않는다. 남한으로 치면 일종의 '신원조회'를 거쳐서 방북을 승인하고 가족들을 만나게 하는데, 추측해보면 최○○ 가족의 이력에 뭔가 석연찮은 행적이 발견되었을 가능성이 크다. 그가 작성한 '조국거주 가족 확인 요청서'와 '가족찾기 신청서', 다른 문서에서 부모와 가족들의 자세한 인적사항이나 해방 전후의 활동은 찾아볼 수 없다.

방북이 무산되는 경우와는 정반대로 해외에 있는 가족을 평양에서 데려오려고 할 때도 있다. 미국에 거주하는 민영기의 경우를 보자. 그

---

22 『뉴코리아타임스』, 「최○○ 할머니」, 1992. 12. 8. 이것은 전순영이 편철해놓은 문건이다.
23 1992년 12월 8일 최○○이 『뉴코리아타임스』 앞으로 보낸 편지.

는 북한에서 찾으려고 한 인물이다. 흔히 말하는 '포섭대상'으로 로동당이 중요하게 평가한 인물이었을 것이다. 로동당이 평안남도 양덕군에서 태어난 민영기가 미국에 거주한다는 사실을 알게 된 것은 재일조선인 김경조가 그에 대한 자세한 정보를 제공해주었기 때문이다. 김경조와 민영기의 관계는 언급되어 있지 않으나 로동당은 그의 출생지와 가족관계, 가정환경을 파악해두었다. 아버지와 어머니는 사망한 상태인데 가족관계에서 중요한 것은 로동당원이 있는지 없는지 여부다.

민영기에게는 양덕군 은하리협동조합에서 기사장으로 일하는 남동생 로동당원과 평양시 삼석구역에 사는 여동생 로동당원이 있었다. 민영기의 '가정환경'란에 적혀 있는 내용을 보면, 부모는 "후퇴 시기 관계"가 없고 모범 농민으로 살다가 사망했다. "후퇴 시기 관계"란 한국전쟁 당시 국군과 유엔군이 이북 지역을 점령했을 때 그들이 활동한 내역을 말한다. 미군이나 국군을 도와주었거나 우익 치안대와 관련되지 않았음을 확인한 것이다. 민영기 본인에 대해서는 1946년경 "일부 나쁜 놈들의 충동을 받아 월남한 것으로 알고 있다"고 기록하고, 그의 아들이 "당원이며 군대에 나갔다 제대"해 "직장에서 일한다고" 밝혀놓았다.

"민영기 동포자료"라는 제목의 문건을 작성한 사람은 국가계획위원회 부위원장 안봉기인데, 민영기와 같은 고향 출신이었던 그는 '나의 의견'란에 이렇게 적었다.[24]

---

24 안봉기, 「민영기 동포자료」, 작성일 미상. 안봉기가 민영기에 대해 작성한 문건이다.

한 고향 사람으로서 그의 가정 주위 환경에 크게 다른 것이 없으며 다만 그가 월남하여 어떤 과오를 범하였는지는 모르겠다. 나는 그의 계급적 처지와 북에 동생들과 아들까지 있으며 부모의 유골이 묻혀 있는 고향을 버릴 수 없다고 보며 쟁취할 수 있지 않는가 생각했다. 그에게 안택준의 아들 안병기(동창이었다)와 그의 동생 안봉기가 초청한다고 하면 잘 알 것이라고 본다.

안봉기는 민영기를 우호적인 인물로 포섭할 가능성이 높은 것으로 의견을 제시해놓았다. 토론토의 전충림과 전순영은 민영기를 "찾을 사람"으로 표시해두었는데 그 이후의 전개는 알 수 없다.

분단사회의 현실은 해외동포 이산가족들에게 가혹한 짐을 지웠다. 이것은 남북한 정부가 짊어져야 할 무게였다. 역사라는 긴 시간과 이념의 무게를 개인의 어깨 위에 지우고 인도적 관점에서 마땅히 이루어졌어야 할 가족 간의 만남과 교류를 적극적으로 지원하지 않았다. 이제부터라도 서신 교환과 현금 송금, 상호방문을 활발히 지원해야 할 것이다. 해외에 거주하는 월남민들이 볼 때 헤어진 피붙이를 찾는 것은 어느 한쪽의 체제를 선택하는 문제가 아니다. 분단이나 이념 따위로 치환할 수 없는 '실존적 삶'이 그들에게 존재하고 있기 때문이다.

반공의 우상을 허물다

이북 출신자들의 가족을 찾아준다는 소식은 아메리카 대륙에 삽시간에 퍼져나갔다. 북미에 거주하는 사람들뿐만 아니라 남미로 이주한 사람들까지 『뉴코리아타임스』에 연락하기 시작했다. 아시아 지역에도 소문은 이어졌다. 자료에 따르면 인도네시아로 망명한 한국전쟁 포로 중에서 가족들의 신상을 적어 제출한 경우까지 있었다. 남한에서 불가능한 일이 해외에서는 진행 중이었다. 북한 당국도 일본 중심의 재일총련 정책을 넘어서서 해외동포들로부터 지지를 얻을 수 있고 체제를 선전할 수 있는 기회로 이 사업을 적극 추진했다.

남미로 눈을 돌려보자. 브라질로 이주한 동포 중에는 이북 출신 월남민들이 꽤 있었다. 1963년 남편과 함께 브라질로 농업 이민을 떠난 임○○은 1924년 황해남도 신천군 궁흥면에서 태어났다. 1945년 가족과 헤어진 그는 1991년 12월 황해남도 강경군읍 92반에 살고 있는 동생의 생존 사실을 평양으로부터 통보받는다. 이듬해 6월 20일부터 7월 10일까지 약 20여 일간의 일정으로 평양에 가족방문을 신청한다. 상파울로에서 평양까지 만만치 않은 여정이었을 것이다.

서울시립병원에서 보건기사로 근무한 임○○은 1971년 가족을 데리고 브라질로 이민을 떠나 상파울로에 살고 있다. 그는 중국 동북 지역 심양현의 농장에서 일하던 중 해방이 되자 1947년경 평안북도 신의주로 귀국한 여동생을 찾으려고 토론토에 연락했다. 기록에 따르면 그는 평안북도 의주에서 도립의주의원 약제과에 근무했는데 1946년 서울로 왔다.[25] 머나먼 곳 남미에서 북한에 생존해 있을지 모르는 동생을 찾기

---

25 임○○, '가족찾기 신청서', 1990. 8. 6; '조선민주주의인민공화국 려행신청서', 1991. 7.

위한 임○○의 노력은 근대국가체제가 가른 국경선을 넘어선다. 그들이 가진 브라질 영주권은 남한과 북한의 분단선을 무너뜨렸다.

조선해외동포원호위원회는 임○○의 조카가 평양시 순안구역 신성동에 생존해 있는 것을 확인하고 통보해준다. 해외동포 이산가족찾기회로부터 주소를 건네받은 그는 조카에게 편지를 보낸 후 2개월 만에 회신을 받고 입국 수속을 진행해 1991년 11월 5일부터 30일까지 체류하려고 방문 날짜를 정했다. 그는 전충림에게 편지를 써서 평양 방문 일정과 입국에 필요한 초청장 사본, '려행신청서'를 함께 전송한다. 일이 진행된 과정으로 볼 때 임○○은 평양에서 조카를 만나 가족들의 소식을 전해 들었다. 1993년 그가 전충림에게 보낸 편지에 따르면, 조국방문 이후 신의주에 거주하는 여동생에게 300달러를 송금했다.[26]

아르헨티나에 정착한 해외동포 중에도 이북 출신이 꽤 거주하고 있었다. 그들은 단체로 해외동포 이산가족찾기회에 연락해서 방북을 추진했다. 1991년 5월 10일 전충림은 역사적인 남미 첫 방문단인 아르헨티나 월남민의 방문을 추진하면서 초청장을 받지 못한 사람들의 명단과 간단한 가족관계 사항을 적어 조선해외동포원호위원회에 팩스를 보냈다. 방문 시일이 촉박해 초청장을 받지 못한 경우 부에노스아이레스에서 중국 베이징으로 신청인들의 자료를 직접 전송했다. 방문단이 베이징을 경유하기 때문에 그곳의 북한대사관에서 비자를 받도록 조치한 것이다.

---

26 임○○, "해외동포이산가족찾기회 회장님 앞", 1991. 7. 23. 이 편지와 함께 1991년 9월 3일과 1991년 10월 1일 전충림에게 보낸 편지가 남아 있다.

황해도 신천군 노월면 의둔리가 본적지인 김○○은 1951년 이남으로 오기 전까지 신천에서 전도사 일을 보았다. 아르헨티나로 이민을 떠난 그는 기도의 집을 운영하며 목사로 봉직했는데, 해외동포 이산가족찾기회를 거쳐서 평안남도 대동군 시정로동자구 88반에 살고 있는 큰아들로부터 국제우편으로 편지를 받았다.[27] 1991년 5월 20일 전충림이 평양으로 보낸 팩스에 따르면 아르헨티나 조국방문단의 최종 명단에 있는 방북자는 총 48명이다. 이들은 가족이 살아 있거나 친척을 확인한 경우에 해당한다. 상당히 큰 규모의 방문단이 꾸려졌는데, 조국방문단에 포함된 아르헨티나 동포 중에는 남한 출신으로서 북한 출신의 남편을 따라 평양에 간 여성도 꽤 있었다.

이북의 가족과 생사를 확인하면 그쪽에서 먼저 편지를 보내오는 경우도 있다. 1919년 평안북도 철산군 부서면에서 태어난 최○○은 1950년 고향에서 가족과 헤어졌다. 1985년 큰딸의 초청으로 남한에서 미국으로 이민을 떠나 버지니아 주 페어팩스에 거주하는 그는 이북의 가족을 찾으려고 한다. 남한에서 다시 결혼했는데 이북에는 이미 아내와 세 아들이 있었다.[28] 최○○은 이북의 가족을 찾았고 1990년 9월 철산군 선주리에 살고 있는 장남 최영남으로부터 국제우편으로 편지를 받는다. 연락이 닿자 조국방문 신청을 한 그에게 조선해외동포원호위원회는 초청

---

27 김○○, '조선민주주의인민공화국 려행요청서', 1991. 3. 29; '조선민주주의인민공화국 입국사증 신청서', 1991. 3. 29.

28 최○○, '가족찾기 신청서', 1990. 5. 21; '조국거주가족 확인 요청서', 1990. 11. 6. 최○○에 대해 이산가족찾기회 전순영은 '주의할 것'을 암시하는 의미로 간단한 메모를 붙여 놓았다.

장을 보내준다.

최〇〇의 사연은 위의 사연과는 또 다르다. 1919년 5월 평안남도 강서군 초리면에서 태어난 최〇〇은 1950년 12월 남쪽으로 이주한 후 미국으로 건너가 버지니아 주 우드브리지에 거주하면서 가족을 찾고 평양 방문을 신청한다. 조선해외동포원호위원회는 그에게 초청장을 보냈는데, 미국 영주권을 가지고 있었던 그가 '려행요청서'에 기재한 내용 중에서 눈에 띄는 것은 체류 기간에 작성한 문구다. 그는 북한에 "영주하기를 원합니다"라고 적었다.[29]

문건 중에는 1990년 11월 27일 최〇〇이 전순영에게 별도로 보낸 편지가 있는데, 여기에서 그는 "이번에 가면 꼭 영주할 수" 있기를 원한다고, 이전에 쓴 것을 다시 한 번 확인하면서 적극적으로 도와줄 것을 부탁한다. 그는 이북에 남은 처와 장녀, 장남, 동생들을 만날 예정이었다. 자세하게 알 수는 없지만 영주를 신청하기 전에 이미 북한을 세 번 다녀왔다. 본인이 기록한 '려행요청서'에 따르면 1988년 12월부터 1990년 10월까지 세 차례 이북을 방문한 적이 있었다.[30] 그가 희망한 영주는 북한에 귀국한 후 그곳에서 계속 사는 것을 의미했다.

토론토와 평양이 이산가족 만남을 확대하고 관계가 점차 안정되자 해외에 거주하는 월남민들이 일방적으로 가족찾기를 신청하는 방식에서 탈피하기 시작했다. 평양에 있는 가족이 캐나다의 전충림에게 먼저 편지를 보내 이산가족을 찾는 일이 일어났다. 그들은 소식을 알 수 없

29 최〇〇, '조선민주주의인민공화국 입국사증 신청서', 1990. 12. 11.
30 최〇〇, '조선민주주의인민공화국 려행요청서', 1990. 11. 26.

는 가족을 찾아달라고 『뉴코리아타임스』에 사연을 보냈다. 1986년경부터 북한에 있는 이산가족 열일곱 명이 보내온 사연이 『뉴코리아타임스』에 실렸다. 이 광고 기사를 본 사람들이 연락을 해와 두세 가족을 찾을 수 있었다. 그중 한 사람은 미국 뉴저지에 거주하는 월남민이었는데, 그는 평양을 방문해 가족을 만날 수 있었다. 헤어진 사람들이 모두 가족을 만나고 싶어 하는 것은 아니다. 전순영에 따르면 어떤 월남민은 북한에서 가족을 찾는다는 연락을 해주었지만, '왜 연락하느냐'고 반문하는 경우도 있었다고 한다.

이북의 인민들이 해외에 있는 가족을 찾는 광고는 1990년대에 들어서도 계속되었다. 전순영이 보관한 『뉴코리아타임스』 1990년 6월 9일 자 7면에는 오빠를 찾는 누이동생의 광고가 실렸다. 신의주시 풍서동에 사는 한정자는 양강도 후창군 출신의 큰오빠 한도원을 찾기 위해 아버지와 형제자매의 성명, 집 주소 그리고 학창 시절 그의 사진을 함께 넣어 토론토에 보냈다.[31]

가족을 찾아달라며 『뉴코리아타임스』에 편지를 보내오는 인민들이 가진 절박함은 남한이나 해외에서 이북의 가족을 찾는 사람들의 마음과 같다. 평안북도 의주군 의주읍 145반에 살고 있는 강종진은 1990년 11월 3일 전충림에게 편지를 쓴다. 그해 8·15광복절을 맞아 평양에서 범민족대회가 열렸는데, 미국에서 참가한 사람에게서 동생 강종찬이 미국에서 회사원으로 있다는 소식을 접한다. "꿈같은 소식"을

---

31 『뉴코리아타임스』, 1990. 6. 9.

북에 있는 가족을 찾으실 분은
"해외동포이산가족찾기회"로

ORGANIZATION FOR THE REUNIFICATION
OF SEPARATED KOREAN FAMILIES
P.O.BOX 130, STATION"P"
TORONTO, ONT.,
CANADA M5S 2S7
Telephone: (416) 925-3259

사람을 찾습니다

한도원
량강도 후창군 사람
연명...59세

오빠! 어머니 아버지가 한번 만나고 싶다고 기다립니다.
부모님께 효성하려면 꼭 기회보아 오시기 바랍니다.
신의주시 풍서동 16반 한정자 보냅니다.

맏오빠! 달이가고 세월이 흐를쑤록 단 하루도 잊을 수 없
습니다. 맏아들, 맏형, 맏오빠로서 여기에 있는 우리들을 잊
지않고 계시리라 믿습니다. 꼭 상봉의 그날만 기다립니다.
1989.4.17일 누이동생.

찾는사람

아버지(한성범)
한도연 평북도 곽산군 통경병원 의사
한도준 평양시 풍성 베아링공장 기사.
한도자 의주시에서 부양
한증자 자강도 회천에서 의사
한금자 회천에 있음.

신의주시 풍서동에 사는 한정자가 오빠 한도원을 찾는 신문 광고.
전순영이 'OK'라고 써놓은 것을 볼 때 생사를 확인한 것이다.
『뉴코리아타임스』, 1990. 6. 9.

들었지만 주소를 모르는 형은 해외동포 이산가족찾기회에 연락한다.
1936년 4월 평양시 남문리 70번지에서 강윤걸의 장남으로 태어난 강
종진은 1950년 12월 3일 가족과 떨어져 이산되었다. 어머니와 동생들
과 헤어져 생사조차 모른 채 40년을 살았다.

　추정해보면 북한은 이산가족 명부를 전산화해서 관리하는 것은 아

Organization for the Reanimation of separated Korean families.
P. O. Box 80 station <P>. Toronto ont. M5S2S7. CANADA.

전 충 림 귀하

선생님 ! 안녕하십니까.

외세에 의하여 가족들이 헤여져 오랜 세월 서로 생사조차 모르고 가슴아픈 나날을
보내고있는 우리 겨레의 불행을 하루속히 가셔주기 위하여 온갖 정열을 다 바치고게시는
선생님의 애국애족에 불타는 숭고한 사업에 대하여 깊이 머리숙여 최대의 경의를 표하면서
펜을 듭니다.

저는 조선민주주의인민공화국 평안북도 의주군 의주읍 145반에서 살고있는 康宗鎭입니다.

저는 40년전에 사랑하는 모친 李昌實과 동생들인 宗燦, 宗男, 宗甄 과 헤여져 서
로 생사조차 모르고있으며 혈육에 대한 그리움에 모래기며 하루빨리 그들을 열사 안을수있어하는
1000여만이 넘는 리산가족들중의 한 사람입니다.

저는 부친 康潤杰. (1912. 10. 27생) 과 모친 李昌實 (1918. 4. 9생) 의 長男으로서 1936. 4. 20에
平壤市 南門里 70番地에서 태여났습니다.

1950. 12. 3에 전쟁의 복잡한 환경속에서 행복하고 단란하던 저의 가족은 리산되게 되였으며
생사조차 모르고 40년의 기나긴 세월을 흘려보냈습니다.

그러면즘 금년 광복절을 계기로 진행된 범민족대회가 있은 이후에 오매에도 그리거 꿈속에
조차 맞출수 없었던 동생 康宗燦가 美国에서 회사원을 하며 살고있다는 꿈같은 소식을
접하게 되였습니다.

저는 황감을 바라보며 인생의 황혼기를 맞이하고있지만 아직 서른세살의 젊디젊으신 어머님
의 존귀하신 모습과 애어렸던 세동생의 자태만을 표상으로 애타게 그려보면서 꿈에서조차
맞출수 없어 피타게 불러보는 어머님과 동생들을 현실로 열사 안아볼 그 날을 갈망하고있습니다.

모친에서 올해 일흔두살이시므로 아직 생존해계실 가능성이 많고 비록 한 동생이지만 이
세상에 살아있다는 기쁜 소식을 받아안은 지금, 혈육들을 그리는 이 심정 더욱 다잡기 어렵습니다.

찾으려는 동생 康宗燦이 美国에서 회사원을 하면서 살고있다고 합니다. 그러나 아직
그의 주소를 모르고있습니다. 동생은 1938. 7. 13. 平壤市 南門里에서 출생하였으며 저와 헤여
질 때 12살이였고 올해 52살입니다.

선생님 ! 40년전에 헤여진 친혈육을 보고싶어하는 저의 희망을 가상히 여기시고 하루속히
그 애를 만날수 있도록 , 초보적으로 그의 주소를 알수 있도록 돌봐주시기 간절히 바랍니다.

선생님 !

만강하시여 겨레의 아픔을 떨어주시는 고귀한 사업에서 큰 성과를 이룩하실것을 축원하면서
펜을 놓습니다.

안녕하십시오 .

1990년   11월 3 일

조선민주주의인민공화국   평안북도 의주군 의주읍 145반

강 종 진 드림.

1990년 11월 3일 평안북도 의주군
의주읍 145반에 살고 있는 강종진이
전충림에게 쓴 편지

닐 것이다. 이산가족 만남을 잠깐 멈추었을 때 본 것처럼 그 만남을 희망하는 이들은 월남자의 가족을 말하는데, 이것은 로동당의 입장에서 보면 체제를 반대하고 남쪽으로 도망간 사람들을 뜻한다. 월남자의 가족은 핵심계층에 속하지 않고 기본계층과 적대계층에 해당한다.[32] 이산가족을 찾고 방북 신청을 한다고 해서 모두 다 평양에 갈 수 있는 것은 아니다. 로동당의 심사가 기다리고 있기 때문이다.

월남자 가족의 사회 성분은 기본계층과 적대계층에 해당하므로 그들의 형제자매에 대한 생사를 확인해주기 위해서는 이 성분에 대한 심사를 진행할 수밖에 없다. 월남하기 전 이북에서 활동한 내용과 월남 이후의 행적을 따져서 이산가족찾기 여부를 알려주는 것이다. 개인마다 차이가 있을 것이며, 정치적 고려 또한 했을 것이다. 고려라는 것은 적대계층에 해당하는 이산가족이라 하더라도 평양에 우호적인 태도를 취하거나 그럴 개연성이 높은 경우 조국방문을 위한 초청장을 보내준다는 뜻이다.

조선로동당이 64개로 분류한 성분 중에서 적대계층에 속하는 인민들은 지속적인 감시를 받았다. 로동당은 이산가족사업이나 공민증 갱신, 북송 교포, 월북자를 대상으로 검열을 지속해왔다. 로동당원을 핵

---

32 핵심계층은 8·15 이전 노동자와 빈농, 로동당원, 혁명애국열사 유가족, 당·정·군 기관 근무자, 6·25 전사자 유가족 등이다. 기본계층은 노동자와 사무원, 기술자, 농민, 전문직(의사 등), 하위 행정간부, 과거 중소상인, 중농, 월남자 가족(2, 3부류), 중국 일본 귀화민 등이다. 적대계층에는 8·15 이전 친일관료와 친미분자, 과거 부농, 지주, 출당자, 반당반혁명분자, 정치범, 종교인, 월남자 가족(1부류)이 해당한다. 북한의 성분제도에 따른 인민들에 대한 3계층 64개 분류에 대한 내용은 다음 글을 참고한다. 한성훈, 2019, 98~99쪽.

심으로 위계화되어 있는 인민의 성분구조는 사회통제와 그 구성원을 관리하는 핵심 정책이다. 출신 성분과 사회 성분으로 나누어진 인민의 사회관계는 로동당의 특수한 인민관을 바탕으로 한다.

가슴에 품은 사연은 저마다 다르다. 월남한 후 캐나다나 미국으로 이주한 사람들도, 남한에 남아 있는 사람들도 북쪽을 마음에 품은 심정은 비슷하다. 어떻게 하든지 부모와 남편, 아내, 아이, 친척들의 생존 여부를 파악해 그들을 만나려고 한다. 어떤 사람은 캐나다의 딸네 집에 들렀다가, 어떤 사람은 『미주한국일보』의 해외동포 1,000여 명 북한 방문 기사를 보고, 또 어떤 사람은 미국이나 캐나다 여행 중에 알게 된 이산가족찾기 기사를 보고 연락을 해왔다. 인간의 본성에 존재하는 삶의 의미를 임광옥의 글 한 편에서 옮겨본다. 한 사람의 사연은 수없이 많은 사람의 사연이다.

저는 금년 여름 저의 늙으신 노모의 어쩌면 마즈막이 될찌도 모를 80 생일을 차려드릴려고 평양을 방문하고저 합니다. 제가 지면을 통해 간곡히 부탁드리고 싶은 것은 나의 의형제 내외분을 같이 모시고 늙으신 어머님을 뵙고저 합니다. 제가 장남으로 태어난 죄로 너만은 폭격에 희생되지 말아야 한다고 이른 새벽 아버님 어머님 누님 3분이 저를 남쪽으로 보낸 지 어언 40여 년 세월이 흘렀습니다. 이 40여 년간의 저의 삶 속에 저를 친형제 이상으로 보살펴주신 분이 바로 나의 의형제 림상걸 씨입니다. 지금도 이웃에서 형제의 정분 이상으로 지내며 비록 친형제는 안이지만 같은 종씨에 저를 살같이 아끼며 사랑합니다. 제 어머님의 어쩌면 마즈막이 될찌 모를 80 생일에 이 의형을 동반해서 늙으신 어머님의 존안도 뵈옵고 형제자매도 같이 만나기를 의형제분도 원하고 저도 원합니다. 부디 원하옵건대 저의 내외분과 의형제 내외분 4사람이 늙으신 어머님의 80 생일에 참석할 수 있는 영광을 배풀어주시길 저의 모든 것을 걸고 부탁드립니다. 부디 저의 평생소원이 이루어져서 즐거운 마음으로 평양을 다녀올 수 있게 하여주시길 부탁드리며 이만 줄입니다.

1990년 3. 13. 림광옥 드림.

'방문희망 신청서' 뒷면에 펜으로 갈겨쓴 임광옥의 글에는 절실함이 묻어 있다. 1937년 12월 평양시에서 태어난 그는 위 글에서 보듯이 전쟁 때 미군의 공중폭격을 피해 단신으로 남한에 와서 고아로 자랐다. 언제 미국으로 이민을 떠났는지, 시민권을 받은 그는 자세한 경로를 밝히지 않았지만 1987년에 평양을 다녀온 적이 있었다. 이후에 해외동포 이산가족찾기회의 도움으로 어머니와 동생들을 찾았고 다시 방북하기에 이르렀다.[33]

월남민들이 이북의 가족들과 가지는 교류는 편지만이 아니다. 그들이 중요하게 생각하는 것이 이북의 경제적 어려움이다. 시기마다 조금씩 차이가 있지만 남한 정부의 이산가족 상봉보다 앞서 1980년대 초반부터 평양을 다녀온 사람들이 정기적으로 송금을 하는 경우가 빈번했다. 한중 수교 이후 중국을 거쳐 이북으로 송금하는 월남민 역시 늘어났다. 해외에서 송금하는 경우에는 일본과 중국, 영국, 독일계 은행을

---

33 임광옥, '조선민주주의인민공화국 입국사증 신청서', 1992. 3. 5.

이용했다. 송금이 아니더라도 중개인을 통해 가족을 직접 만나 현금을 전달하는 경우도 있었다. 오늘날로 돌아오면 북한을 떠난 이주민들은 훨씬 다양한 방식으로 이북의 가족들에게 송금하고 있다. 그 액수는 매년 증가하는 추세다.[34]

북미주의 이산가족들이 평양으로 송금할 때 『뉴코리아타임스』가 이 업무를 대행했다. 토론토에서 평양으로 정기적으로 송금이 이루어지자 캐나다 연방정부에서 이 부분에 대해 몇 차례 조사를 한 적이 있었다. 전순영의 증언에 따르면 조사를 한 연방정부는 별다른 범법 행위를 찾지 못했기 때문에 제재를 할 수 없었다. 캐나다 연방정부와 주정부는 송금뿐만 아니라 이산가족찾기 활동에 대해 어떤 간섭이나 조치도 취하지 않았다.

'봉사사업'의 하나라고 안내하는 『뉴코리아타임스』 자료에는 "조선민주주의인민공화국에 거주하는 가족, 친척에게 송금하는 방법"을 자세히 제시하고 있다. 송금을 의뢰하는 사람은 수취인을 Mrs. S. Y. CHUN 앞으로 한 후 일반 은행에서 발행한 송금환Money Order과 돈을 보내는 사람의 성명(한글과 영문), 주소(영어), 전화번호, 돈을 받는 사람의 주소(인민반, 층, 호실, 방)를 기입한 서류를 『뉴코리아타임스』로 보내야 했다. 송금에 드는 비용은 송금액의 5퍼센트에 해당하는 수수료와 송금 건별로 행정사무비 6달러였다. 이 안내는 신문 광고로 게재했다.[35]

'송금의뢰서'와 송금환이 도착하면 『뉴코리아타임스』는 이 송금액을

---

34 한성훈, 2019, 309~310쪽.

캐나다의 은행에서 조선합영은행으로 보낸다. 송금과 동시에 조선합영은행에 송금 의뢰자와 송금액, 수취인과 그 주소를 통보한다. 송금의뢰 통보를 받은 조선합영은행은 해당 수취인에게 관련 내용을 통고한다. 돈을 받는 사람이 평양에 거주하는 시민이면 본인이 직접 조선합영은행에 가서 돈을 찾을 수 있고, 지방에 거주하는 경우는 통고문을 받고 평양의 조선합영은행을 직접 찾거나 조선합영은행의 지방 순회반이 거주 지역을 돌아다닐 때 해당 금액을 찾으면 된다. 은행의 지방 순회는 송금이 이루어진 후 1개월을 넘기지 않고 진행되며, 은행에서 지불하는 돈은 달러를 원칙으로 했다.[36]

현재와는 다르지만 1990년대 초반 해외에서 보내는 이산가족들의 송금과 인출은 위와 같은 과정을 거쳐서 가족들의 손에 닿았다. 이북의 가족들에게 전해지는 송금은 그들의 경제적 요구를 충족시켜줄 뿐만 아니라 구성원 서로 간의 연결고리를 계속 이어주는 역할을 한다. 이런 경우 송금의 성격은 사랑의 이름으로 가족들을 지원하는 개인화된 형태의 돈이라고 할 수 있다.[37] 북한 정부의 입장에서는 이산가족들이 보내는 송금이 외화를 벌어들이는 수단으로서 요긴하게 쓰였을 것이다.

---

35 『뉴코리아타임스』, 1993. 11. 6; 1996. 6. 22; 2000. 4. 8. 초기에는 행정 사무비가 5달러였다.

36 『뉴코리아타임스』, 1992. 5. 30.

37 이주국에서 본국의 가족에게 보내는 송금이 갖는 의미에 대해서는 다음 글을 참고한다. June Hee Kwon, "The Work of Waiting: Love and Money in Korean Chinese Transnational Migration", *Cultural Anthropology*, Vol. 30, No. 3, 2015, p. 489.

『뉴코리아타임스』의 이산가족찾기와 대북 송금, 각종 사업은 남북한 정부 관계를 넘어서는 협력과 교류 관점에서 중요하게 평가할 수 있다. 전충림·전순영 부부와 정학필이 중심이 되어 추진한 이산가족 만남은 남북한과 해외에 흩어진 수많은 동포에게 평화통일의 필요성을 일깨워 주었다. 북한 교류가 금기시되었던 1980년대 초반부터 시작한 그들의 활동은 반공의 우상을 허물고, 분단사회를 극복하려는 인도적 관점의 노력이었다.

9장

분단사회의
평화통일운동

평화와 분단사회의 재구성

평화란 인간이 처해 있는 어떤 상태나 조건을 말한다. 국립국어원은
"평온하고 화목함", "전쟁, 분쟁 또는 일체의 갈등이 없이 평온함, 또는
그런 상태"라고 평화를 정의한다. 통일은 무슨 뜻인가. "나누어진 것들
을 합쳐서 하나의 조직·체계 아래로 모이게 함", 흔히 시민들이 통일이
라고 할 때는 이 정의에 해당한다. 이와 같은 정의는 일정한 형식이나
틀로 고정된 하나의 체제를 상정하는 경우가 대부분이다.

　조직이나 체계의 통합과 같이 통일의 개념을 설정하는 것은 구조의
관점이라고 할 수 있다. 사람의 사고와 인식의 관점에서 통일은 "여러
요소를 서로 같거나 일치되게 맞"추는 것을 말한다. '의견을 통일하다'
라고 할 때와 같은 맥락이다. 철학의 관점에서 보자면 통일은 "다양한
부분을 제시하면서 하나로도 파악되는 관계" 또는 "종합과 전체라는

개념이 뒤따"르는 의미로 해석할 수 있다.

평화와 권리의 관계는 최근 가장 주목받는 주제다. 평화권은 기본권의 한 분야로 정립되는 중이다. 권리로서 평화라는 개념은 제2차 세계대전 이후 조금씩 나타나기 시작했으며 본격적인 논의가 이루어진 것은 1997년 제29차 유네스코 총회에서였다. 유네스코 총회는 '평화권 선언문'을 채택하려 했지만 미국을 비롯한 유럽 국가들이 이에 반대하고 나섰다. 이유는 다르지만 한국과 일본 역시 평화를 인간의 기본권으로 자리매김하는 데 별다른 의견을 가지고 있지 않았다.

유네스코 총회가 열리는 동안 미국 대표단의 일원은 비공식 자리에서 "평화를 인권 범주로 끌어올려서는 안 된다. 평화를 인권으로 인정하면 전쟁을 하기 어렵기 때문이다"라고 노골적으로 속마음을 드러냈다. 미국이 위와 같이 인식한 것은 세계질서의 패권국 입장에서 평화권이 국제사회에서 규범력을 가지게 되었을 때, 이것이 어떤 영향을 끼치게 될지 명확하게 알고 있었기 때문이다. 흥미로운 점은 한국과 일본의 입장인데, 일본은 가장 강력한 형태의 '평화헌법'을 가지고 있는 나라이고, 한국은 평화가 위태로운 나라임에도 두 국가 모두 평화권을 지속적으로 반대해왔다.[1]

기본권으로서 평화적 생존권이 국내에서 쟁점이 되었던 적이 있다. 참여정부 시절인 2004년 12월 9일, 국회는 용산의 미군기지와 주한미군의 핵심 전력인 미군 제2사단을 평택으로 옮길 수 있는 '서울 도심지

---

1 이경주, 『평화권의 이해: 개념과 역사, 분석과 적용』, 사회평론, 2014, 43~48쪽.

소재 미군 부대의 이전을 위한 대한민국과 미합중국간 협정(용산기지 이전협정)'을 비준 동의한다. 시민사회는 이 협정을 근거로 진행 중인 주한미군의 기지 이전을 반대하고 나섰다. 평택으로 기지를 옮기는 것이 한반도 주변국들 사이의 무력충돌 가능성을 높여 결국 국민들의 평화적 생존권을 침해할 것이라는 이유에서였다.

시민사회단체는 '대한민국과 미합중국간의 미합중국군대의 서울 지역으로부터의 이전에 관한 협정 등 위헌확인' 심판을 헌법재판소에 청구했다.[2] 구체적으로 '대한민국과 미합중국 간의 미합중국 군대의 서울 지역으로부터의 이전에 관한 협정'과 '대한민국과 미합중국 간의 미합중국 군대의 서울 지역으로부터의 이전에 관한 협정의 이행을 위한 합의권고에 관한 합의서' 및 '2002년 3월 29일 서명된 대한민국과 미합중국 간의 연합토지관리계획협정에 관한 개정협정'이 평화적 생존권을 침해하는지 여부가 쟁점이었다.

2006년 2월 23일 헌법재판소는 이 심판 청구를 각하했지만, 판시 내용에서 주목할 점은 평화적 생존권이 위헌 확인의 판단 근거가 될 수 있음을 인정한 데 있다.[3]

오늘날 전쟁과 테러 혹은 무력 행위로부터 자유로워야 하는 것은 인간의 존엄과 가치를 실현하고 행복을 추구하기 위한 기본 전제가 되는 것이므로 '헌법' 제10조와 제37조 제1항으로부터 평화적 생존권이라는 이

---

2 이경주, 2014, 59~62쪽.

3 헌법재판소, 2005헌마268 전원재판부, 2006. 2. 23.

름으로 이를 보호하는 것이 필요하며, 그 기본 내용은 침략전쟁에 강제
되지 않고 평화적 생존을 할 수 있도록 국가에 요청할 수 있는 권리라고
볼 수 있다.

헌법재판소의 각하 결정은 위 협정이 헌법에서 보장하고 있는 기본
권을 침해하지 않았다는 판단이다. "이 사건 조약들은 미군기지의 이
전을 위한 것이고, 그 내용만으로는 장차 우리나라가 침략적 전쟁에 휩
싸이게 된다는 것을 인정하기 곤란하므로 이 사건에서 평화적 생존권
의 침해 가능성이 있다고 할 수 없다"는 뜻이었다.[4] 그럼에도 평화적 생
존권을 헌법의 기본권으로 받아들이고 인권의 보편 기준으로 설정한
것은 의미가 있다. 앞으로 관련 재판에서 규범적으로 적용될 가능성을
열어둔 데 그 의의가 크다.

평화라는 추상적인 관념을 사람들은 언제 느낄까. 이북을 처음 다녀
온 사람들이 갖는 공통적인 심성이 있다. 벅찬 감동에 겨워 평화통일을
갈망하고 이북을 새롭게 보는 것이다. 전체주의 사회의 이면에서 평양
으로부터 느끼는 감정은 이념과 대립을 넘어서는 지평에 있다. 북한 땅
에서 그곳의 인민을 만났을 때 느끼는 해방감은 평화에 대한 열망이다.
이와 같은 심성은 곧 분쟁과 갈등이 해소되는 상태를 몸으로 느끼는
것을 말한다. 평화운동의 특징은 국제주의 입장을 취하는 데 있다. 평

---

4 헌법 제10조 모든 국민은 인간으로서의 존엄과 가치를 가지며, 행복을 추구할 권리를 가
진다. 국가는 개인이 가지는 불가침의 기본적 인권을 확인하고 이를 보장할 의무를 진
다. 제37조 ① 국민의 자유와 권리는 헌법에 열거되지 아니한 이유로 경시되지 아니한다.

화가 권리로 자리매김하고 있는 현재의 논의를 감안하면, 용산기지 이전협정 반대운동에 뛰어든 사람들은 남북관계의 평화적 이행에 관한 제도화와 여론 형성을 위해 노력했다고 볼 수 있다.

미국 캘리포니아 주에서 한인연합감리교회 담임목사로 오랫동안 재직한 백승배 목사는 1941년 황해도 연백군 호남면 석천리 출신으로 전쟁 때 아버지, 누나와 함께 월남한 후 감리교신학대학을 졸업한다. 1977년 목회를 하는 도중 미국으로 유학을 떠나 뉴저지의 드루 신학교에 다니며 자유주의 신학의 진보적인 교리를 공부했다. 전충림의 중개로 헤어진 가족의 소식을 접하고 1990년 고향을 방문한다.

백승배 목사는 평양을 방문한 후 통일희년운동에 목회자로서 참여했고, 2013년 은퇴한 다음에는 조국통일범민족연합 재미본부 의장을 맡아 평화통일운동에 앞장섰다. 해외에서 통일운동에 참여한 자신을 "빨갱이라고 해도" 두려워하지 않는다. 『민족통신』 창간에 나서고 각종 매체에 글을 쓰는 것은 "그리스도께서 우리를 자유롭게 하셨으니 다시는 종의 멍에를 매지" 않기 위해서다.[5] 분단의 역사는 그에게 한 인간의 자유의지를 박탈하는 '종의 멍에'와도 같았다.

북미주 평화통일운동에서 재미동포전국연합회의 활동을 빼놓을 수 없다. 남한에 알려지기로 이 조직은 '친북'단체로 규정된 채 평양과 함께해온 활동을 제대로 평가받지 못했다. 재미동포전국연합회가 북한의 주장을 긍정하면서 협력해온 내용을 과장하게 되면, 그런 관점을 쉽게

---

5 백승배 구술, 김성보 채록, 미국 캘리포니아 주 퍼모나 시 언약교회, 2016. 1. 24.

취할 수 있다. 대미 정책과 한반도 문제에 있어서 조선로동당과 재미동 포전국연합회가 비슷하거나 동일한 주장을 하는 경우가 있다. '국가보안법' 폐지 여론이 가장 급진적인 주장일 텐데, 이런 것들이 곧 북미주에서 평화통일에 힘쓴 수많은 사람의 의지와 그들의 활동을 왜곡하는 근거로 쓰이는 것은 곤란하다.

재미동포전국연합회 회장을 역임한 적이 있는 함성국 목사는 통일을 남한과 북한이 상호 이해하는 데서 출발해야 하는 것으로 보았다. "통일운동을 한다 하면은 벌써 사람들이 볼 때 저 사람은 북쪽하고 관계가 있어 빨갛다", 이런 식으로 편견부터 갖는다. 상대방에 대한 이해는 곧 대화를 필요로 하는 것이고, 대화에는 다리 역할을 하는 사람과 조직이 필요했다. 북쪽 사람들에게도 자본주의 사회에 대한 이해가 필요했다.

함성국 목사는 남한 사람들, 남쪽에서 북미주에 이민 온 사람들이 갖고 있는 무지를 지적한다. 미국 생활을 오래한 함성국 목사와 같은 사람이, 자본주의에 젖은 사람이 갑자기 사회주의자가 될 수는 없었다.[6] 민족의 분열은 한 인간의 내면세계와 상관이 없었다. 정치 논리가 모든 것을 압도했다. 함성국 목사가 평양을 다녀온 후 지인들에게 북쪽에 대해 좀 좋은 얘기를 할라치면 당장 가까운 친구들에게서 "함 박사, 당신 미쳤어", "그놈들이 좋을 게 뭐 있어" 같은 반응이 나왔다. "자기하고 맞지 않는 사람을 그렇게 적대시하고 그렇게 죽이려고 하는지" 함

---

6 함성국 구술, 한성훈 채록, 906 Pondside Drive, White Plains, NY 10607, 미국 구술자 자택, 2016. 2. 19.

성국 박사는 답답하기 짝이 없었다. 그러나 이런 것이 바로 동포사회의 분쟁이었고 남한에 입국하지 못한 채 해외에서 떠돈 이산가족들과 남한 정부, 우리 사이의 분열이었다.

조금씩 달라지고 있지만, 남한 정부는 해외동포들이 남북 교류와 평화통일운동에 능동적으로 참여하는 것을 달가워하지 않았다. 정치의 영역으로 제한함으로써 북한 문제에 대한 국가주의 입장을 강요했고, 이런 정책 기조를 해외동포들에게 엄격하게 적용했다. 1987년 남한의 민주주의 이행은 대북 문제에 대한 긍정적인 여론을 형성해 국가 정책에 압력을 행사하는 새로운 전기였다. 1988년 노태우 정부에서 7·7선언 발표 이후 북한과 교류가 완화되기 시작한 것은 해외동포들이 먼저 물꼬를 터놓은 덕분이었다.

해외동포들은 전 지구적 시민사회에 속한 사람들이다. 국제이주는 세계화의 영향이자 이를 가속시키는 데 큰 영향을 끼쳐왔다. 근대세계는 특정한 지역적 상호작용의 맥락에서 사회활동과 사회적 관계가 구성되는 것은 아니다. 기든스가 진단한 대로 장소 귀속성의 탈피 또는 탈맥락화는 무한한 시공간에 걸쳐 재구성되는 사회적 관계의 특성이다.[7]

북한이든 남한이든 어느 한 정치공동체가 다른 정치공동체와 여러 가지 면에서 비대칭적이면서 불가분의 관계로 맺어져 있는 이상, 정치적 이익을 염두에 두고 해외동포 월남민의 활동을 폄하해서는 곤란하다. 남북한 국가의 체제 논리와 필요에 따라 왜곡되어온 월남민들의 이

---

7   안토니 기든스, 이윤희 옮김, 『포스트 모더니티』, 서울: 민영사, 1991, 34쪽.

산가족 만남은 분단사회를 재구성하는 원동력이다. 당사자의 참여와 자발성에 따른 가족찾기운동은 남북 교류의 새로운 방안을 모색하는 훌륭한 본보기다.

사회적 관계의 재구성과 장소 귀속성의 탈피로 볼 때, 해외에 거주하는 동포들의 대북 교류를 새롭게 평가해야 할 것이다. 이전에는 없었던 새로운 관계를 만들고 관계성을 이어왔기 때문이다. 개인들은 국가가 제도화한 정치질서 속에서 구체적인 행위의 적용을 받는다. 글로벌 질서의 확장은 국제관계 또는 전 세계적 범위에서 개인이나 사회운동 조직이 주요 행위자가 될 수 있는 환경을 제공한다. 한반도를 둘러싼 평화통일 의제는 한 국가의 정치권력으로 해결할 수 없는, 국민국가의 정책적 선택을 넘어서는 의제다.

해외동포들이 바라보는 한반도 평화통일운동의 시각에는 민족국가의 토대라는 인식론과 존재론적 관점이 있는 반면, 국제사회의 보편적인 평화질서를 한반도에서 동아시아, 동아시아에서 세계로 확대하려는 관점 역시 존재한다. 그들이 이와 같은 전망을 제시할 수 있었던 근본적인 이유는 세계질서에 대한 이해에 있다. 한반도를 향한 평화통일운동은 세계평화운동의 일부이자 그 맥락 속에 자리해 있다.

해외에서 활동하는 동포들의 입장에서 볼 때, 분단사회에서 포괄적이고 통합적인 정치공동체를 지향하는 남북한의 관점은 제한적인 수준에 머물러 있었다. '냉전' 시기에는 체제 우위를 바탕으로 남한이나 북한 중에서 어느 한쪽과 일방적인 관계를 맺어야 했다. 남한 정부는 현재도 이와 같은 맥락을 밑바탕에 깔고 있다. 이런 정책은 공공외교에 걸림돌로 작용하고 있으며 월남민의 입장에서는 매우 곤혹스러운 것이다. 남쪽과 북쪽을 모두 염두에 둔 사람들의 민족, 자주, 평화통일에 대한 열망은 해외에서 한반도의 시공간을 재구성하려는 노력이라고 평가해야 할 것이다.

월남민과 북미주 평화통일운동

1970년대 초반부터 미주동포들의 통일운동이 월남민을 중심으로 나타났다. 제도화되지 못한 상태지만 간헐적으로 북한을 다녀오는 이산가족들이 늘어나기 시작하면서 교류가 확대되고 북한 당국 또한 해외동포들의 활동을 중요하게 생각했다. 그들의 활동은 동포사회에서 종종 갈등의 소지가 되었고 친북이냐 아니냐를 두고 이념 대립으로 불거졌다. 이산가족 문제를 이념 대립의 틀 밖에서 볼 수 있었던 것이 고향을 북쪽에 둔 월남민들이었다. 평양을 방문하고 그곳에서 가족과 친척을 만나면서 교류를 넘어선 통일운동으로 시각을 넓혀갔다.

북미주에서 평화통일운동에 앞장선 사람은 선우학원 박사다. 그에게 평화통일운동의 근원은 일제강점기에 벌인 독립운동이었다. 1918년 2월 평안남도 대동군에서 출생한 그는 평양숭인상업학교를 마치고, 열여덟 살이던 1938년 일본 도쿄 아오야마 학원대학 신학부에서 수학한 뒤 미국 유학길에 오른다. 미국에서 독립운동에 적극 참여하게 되는데, 재미동포사회에서 진보운동의 뿌리가 된 것은 이경선 목사가 주도해 로스앤젤레스 대한인국민회관에서 매주 금요일 밤 열린 시국토론회(좌담회)였다. 토론 내용은 조국 건설에 대한 방향과 민주주의, 자유, 평등,

정의를 실현하는 사회에 관한 것이었다. 시국토론회 참가자는 최능익, 안석중, 곽림대, 김혜란과 변준호, 김강, 신두식이 있었고 학생 중에서는 최봉윤, 선우학원, 최영순이 함께했다. 로스앤젤레스 한인감리교회 소속은 부목사를 맡은 이경선과 평신도 대표 최능익, 주일학교 교장 선우학원이다.[8]

이경선 목사가 충칭의 김규식 박사와 연을 맺었고, 중국에서 군사행동과 정치외교활동에 힘쓰던 김원봉이 조직한 '조선의용대'의 존재가 동포들에게 알려지게 되었다. 김원봉의 활약을 접한 미주 지역 지식인들은 그를 후원하는 조직을 만들었다. 민족혁명당 미주지부의 전신이었던 '조선의용대 미주후원회연합회'는 1941년 4월 21일부터 5월 1일까지 하와이에서 열린 해외한족대회 대표 모임의 결의로 발족한 미주 한인사회의 통일적 지도기관인 '재미한족연합위원회'에 참여한 8개 단체 중 하나였다.[9] 민족혁명당 미주지부에서 재정지원금 모집을 책임진

---

8 선우학원·노길남·윤길상, 2009, 80~81쪽. 최능익은 1948년 5·10 총선거에 이승만이 출마한 동대문 갑구에 입후보하려 했으나 등록이 취소된 최능진의 친형이다. 이승만의 '정적'으로 부각된 최능진은 '혁명의용군 조작 사건'으로 서대문형무소에서 복역하던 중 한국전쟁이 발발하자 인민군의 서울 점령으로 풀려났다. 그는 전쟁을 중단할 것과 유엔을 통한 평화통일을 주장하며 서울에서 정전·평화운동을 벌였는데, 이것이 빌미가 되어 부역혐의자로 몰려 군법회의에서 사형을 선고받고 1951년 2월 11일 경북 달성군 가창면에서 처형되었다. 2009년 9월 6일, 진실·화해를위한과거사정리위원회는 군법회의에서 사형선고를 받고 총살당한 최능진이 "이승만에게 맞선 것을 계기로 헌법에 설치근거도 없고 법관의 자격도 없으며 재판 관할권도 없는 군법회의에서 사실관계가 오인된 판결로 총살됐다"고 밝히고, 국가의 사과와 법원의 재심 수용을 권고했다. 유족들은 법원에 재심을 청구했고 법원은 무죄를 선고했으며 2016년 6월 28일 대법원에서 이를 확정했다.

9 국사편찬위원회, 『북미주 한인의 역사(상)』, 과천: 국사편찬위원회, 2007.

이가 이경선 목사와 선우학원이었다.[10]

2차 세계대전이 일어난 후 선우학원은 미군에 입대한다. 재미한인사회의 동향을 주시하며 군사작전에 활용할 한인을 파악하던 미군의 요청에 따라 전략사무국OSS, Office of Strategic Service에서 보조원으로 일한다.[11] 전후 시애틀의 워싱턴 주립대학에서 석사를 마치고 체코 국립대학에서 박사학위를 취득한 후 연세대학교에서 전임강사, 『코리아 헤럴드The Korea Herald』 주필을 역임하고 미국에서 교수로 있었다. 그는 해외교포 학자들이 조직한 조국통일 심포지움 북미대표와 "해외교포 기독자와 북의 기독자의 대화" 북미대표를 맡아 활동했다.

1973년 뉴욕 유엔 플라자호텔 앞에서 열린 집회에서 선우학원은 통일운동의 필요성을 처음으로 주장한다. 운동의 노선이 첨예하게 대립하던 때였다. 로스앤젤레스 동포사회에서 남한의 민주화를 우선으로 주장하는 세력이 선우학원의 주장을 심하게 비판했다. 1981년 워싱턴 D. C.에서 통일을 위한 심포지엄이 최초로 열리지만 남한의 민주화를 앞세우는 운동가들은 모른 체했다. 10여 명이 모여서 조직적인 통일운동의 방향을 합의하고 다다른 결론은 통일은 상대가 되는 북한과 하는 것이기 때문에 먼저 "북과 대화를 하자"는 것이었다. 북미주에서 북한과의 '접촉'이 시도되었고 1981년 11월 오스트리아 빈에서 북한과 해외기독자 간의 대화가 열렸다.[12]

---

10 선우학원·노길남·윤길상, 2009, 88쪽.

11 선우학원, 『아리랑 그 슬픈 가락이여: 미주이민 90년을 맞으며』, 서울: 대흥기획, 1994, 64~81쪽.

북미주에서 평화통일운동에 참여한 단체와 개인을 한 범주로 아우르는 것은 불가능하다. 동포들의 민족통일운동에 대해서는 선우학원 박사와 노길남, 윤길상이 출간한 『미주동포 민족운동 100년사』에 활동과 참가자, 주요 의제들이 자세히 기록되어 있다. 누구는 앞장서서 이 길을 갔고, 또 누구는 뒤에서 묵묵히 지원했다. 어설프게 시작했지만 뒤돌아보니 사회운동이 되었다. 그들은 손을 뒤로한 채 관망하지 않은 사람들이었다. 해방 이전에 미국으로 건너간 이북 출신의 선우학원 박사에 대한 남한과 북한, 해외의 평을 보자. 평가를 되짚어보는 것이 오히려 중요할 때가 있다. 한 사람의 상징은 때때로 전형이 된다.

2008년 1월 4일, 90회 생일을 맞은 선우학원 박사에게 남한의 이재정 통일부장관은 그를 "통일의 선구자"로 지칭하며, '냉전'시대에 놀라운 변화를 이끈 성과를 적시했다.[13] 이재정 장관은 그가 군사정권 시절 조국의 민주화를 위해 가시밭길을 마다하지 않은 것을 부연했다. 비판이 쉽지 않지만 개인과 단체, 국가 명의로 보낸 메시지에는 그와 그가 몸담은 조직의 활동에 대한 다채로운 평가가 담겨 있다. 평양 역시 조선해외동포원호위원회 명의로 그의 활동을 "조국의 자주적 평화통일

---

12 김현정, "구순 맞은 미주통일운동의 선각자 선우학원 박사: 민주·통일을 향한 반세기, 북미대화에도 큰 기여", 『민족21』, 2008년 3월호, 102~107쪽.

13 통일부장관 이재정, "대한민국 이재정 통일부장관 축사", 미국 로스앤젤레스 JJ 그랜드호텔, 2008. 1. 4. "서슬 퍼런 군사정권 시절, 어느 누구도 북과 접촉하기를 꺼려하고 두려워하던 시대에 (……) 북과 해외의 기독학자들 간의 만남을 마련하는 전기를 마련하셨습니다. 이러한 만남이 씨앗이 되어 철통장막에 가려 있던 북에 대한 신뢰가 생기게 되고, 남과 북의 관계 발전에도 밑거름이 되었습니다."

을 위해 적극 노력"한 점과 "'선우평화재단'을 창설하여 재미동포사회 발전에 적극 기여"한 것으로 평가했다.[14]

백낙청은 6·15공동선언실천 남측위원회 상임대표 자격으로 보낸 축전에서, "한반도 문제에 특별한 영향을 미치고 있는 미국 사회에서" 활동한 동포들의 역할에 주목한다. '한반도 문제'는 남한과 북한, 해외에서 머리를 맞대고 국제환경을 조성해나가는 것이 중요함을 선우학원 박사가 일깨웠던 것이다.[15] 이승만 목사의 축하문에서 알 수 있듯이 선우학원이 주도한 기독학자회는 박정희 군사정권 시절 남한의 민주화운동과 동시에 남북 간의 화해와 통일운동에도 매진해온 모임이있다.[16]

덴마크에 살고 있는 조국통일범민족연합 공동사무국 임민식 사무총장은 선우학원 박사가 해외기독자모임에서 기독교인의 사대주의 근성과 반민족, 반통일성을 지적한 점과 해외에서 지역적으로 전개되어오던 통일운동을 대중의 관점에서 연대한 것을 언급한다. 남한과 북한, 해외의 3자 연대운동을 높이 산 것이다.[17]

미래세계에 대한 가치를 얘기할 때 사회주의에 대한 성찰을 빠뜨릴 수 없다. 양은식 박사는 "실천에 나선 행동인"으로서 "독립운동, 민주화운동, 통일운동"의 전면에 나서 "애국주의, 사회주의, 통일조선"을 꿈꾸

---

14 조선해외동포원호위원회, "북부조국 해외동포원호위원회 축사", 2008. 1. 4.

15 6·15공동선언실천 남측위원회 상임대표 백낙청, "선우학원 박사님의 구순을 진심으로 축하드립니다", 2008. 1. 4.

16 이승만, "이승만 목사 축하문", 2008. 1.

17 임민식, "존경하는 선우학원 선생님의 회춘의 구순을 축하드립니다", 2008. 1.

었던 선우학원 박사의 세계를 조명한다.[18] 그가 추구한 숭고한 가치에 비하면 남한이든 북한이든 제도와 규범으로 한 사람의 삶을 경계 짓는 것은 너무나 조악하다.[19] 반체제인사로 지목된 선우학원 박사는 남한을 방문하지 못하다가 2003년 민주화운동기념사업회의 민주유공자 초청으로 30여 년 만에 서울을 방문해 노무현 대통령을 만나 그 공로를 인정받았다.

해외의 평화통일운동에서 또 다른 인물을 탐구해보자. 홍동근 목사를 기독교 사회주의자라고 부른다면 그의 휴머니즘을 좁은 이념으로 재단하는 것일 수 있다. 조심스럽기는 하지만 그에게 교회는 급진주의자 예수의 공동체 그 이상도 이하도 아니었다. 민족통일을 향한 소망은 곧 하나님의 나라를 이루는 그 자체였다. 남북한의 협력과 통일로 나아가기 위해 홍동근 목사는 "기독교와 주체적 사회주의의 대화"를 시작할 것을 선언한다.

분단된 민족사에서 교회가 짊어지고 있는 최고의 선교는 남북한 동족 사이에 화해의 십자가를 세우는 일이다. 홍동근은 제2바티칸공의회 이후 기독자와 마르크스주의자의 대화가 동서 진영에서 활발히 전개된 것을 상기하며, 이 대화가 인간의 가치와 핵전쟁의 위험으로부터 구원의 빛을 던져주었다고 본다.[20] 홍동근 목사의 이와 같은 세계사적 인식은 자신의 북한 방문을 개인사에 머무르지 않고 교회사적 차원의

---

18 문하생 양은식, "선우학원 박사 90회 생신 축하문", 2008. 1. 4.

19 2015년 5월 13일 별세한 선우학원 박사는 그해 10월 12일 평양시 외곽 신미리에 소재한 애국열사릉에 안장되었다.

평화운동으로 끌어올리는 것이라고 평가할 수 있다.

1926년 5월 평안북도 피현군 광하리에서 태어나 3대째 기독교 집안에서 자란 홍동근은 평양신학교와 서울장로회 신학교를 졸업하고 광주신학교 교수와 영락교회 부목사, 동신교회와 일본 경도교회에서 목사로 시무했다. 1973년 미국으로 떠나 뉴욕신학교를 졸업한 후 로스앤젤레스 인근에서 선한사마리아인교회를 개척해 담임목사로 사역했다. 이 교회는 미주 서부 지역에서 민주통일운동의 효시이자 근거지였다. 그의 민족주의는 신의주고보에서 싹텄는데, 1947년 평양신학교에 입학한 후 고향에서 여름성경학교 부흥회를 주도한 것이 빌미가 되어 보안서에 끌려갔다. 이 일이 있은 후 그해 8월 장사꾼으로 위장하고 새벽에 탈출해 38선을 넘었다.

홍동근 목사는 1980년대부터 수차례 평양을 방북했으며, 1994년 김일성 주석이 사망했을 때 조문했고 김정일 국방위원장을 직접 만났다. 그가 평양과 가진 교류에서 눈여겨볼 것은 1990년부터 김일성종합대학 역사학부에 신설된 종교학과의 초청을 받아 기독교에 관한 단기 강좌를 개설한 점이다. 보름 일정의 이 강좌는 그가 2001년 11월 3일 평양에 도착해 11월 10일 뇌출혈로 사망하기까지 이어진다.

홍동근 목사는 종교인으로서 박정희 군사독재정권을 비판하고 김상돈 전 서울시장과 함께 1974년에 '조국자유수호동지회'를 창립했다. 그 이후 '통일신학회'를 결성해 활동했으며, 적극적으로 북한과의 교류협

---

20 홍동근, 하권, 1988, 53쪽. 홍동근은 만주에서 만난 김예진 목사로부터 민족에 대한 사랑과 종교에 대한 신앙심을 배웠다.

력을 추진함으로써 평화통일운동에 앞장섰다. 홍동근은 북한의 교회가 한국전쟁 때 미군과 남한에 동조해 집단적 출애굽을 함으로써 북한을 스스로 포기한 것이라고 비판한다. 또한 북진통일에 앞장서 공산주의를 없앤 후에 전도할 것만 믿었다고 부연했다.[21]

홍동근은 고향에서 만난 동생들에게 기독교가 왜 정치에 참여하며 목사들이 사회 문제에 관심을 가지는지 말해주었다. 성경의 인권과 정의에 대한 그의 주장은 자기 자신의 회고담이라고 해야 할 것이다. 남한의 목사와 신부들이 인권과 자유를 위해 투쟁하는 것은 기독교가 사회에 대해 책임지는 종교이기 때문이다. 그는 성경의 사회적 교리에서 기독교와 사회주의가 서로 만나 정의사회와 인간해방의 공동 목표를 향해 나아가야 한다고 주장했다.[22]

다음으로 이산가족찾기운동이 갖는 평화통일의 의미를 보자. 전충림을 옆에서 지켜본 토론토한인연합교회 김소봉의 평가는 여느 사람의 구전보다 설득력이 있다. 그 역시 북녘 땅에 가족을 둔 한 사람으로서 1989년 44년 만에 고향을 방문해 혈육인 형제자매를 만나는 기쁨과 감격을 맛볼 수 있었다. 전충림 사후의 평가여서 조심스럽지만, 어느 학자의 설명보다 더할 것 없는 글이다.[23]

남북 분단으로 인한 이산가족의 한을 풀어주기 위해 아무도 엄두도 내

21 홍동근, 상권, 1988, 142쪽.
22 홍동근, 상권, 1988, 160쪽.
23 김소봉 올림, "조사", 전충림 장로 장례예배, 토론토한인연합교회, 1995. 4. 18.

지 못하는 이산가족찾기운동을 시작하여 자신의 희생을 돌보지 않고 이를 적극 추진하여 성공시킴으로서, 많은 이산가족의 한을 풀 수 있게 하여 감격과 눈물의 상봉을 이룩하게 하였을 뿐만 아니라 폐쇄된 북녘 땅을 그런대로 어느 정도 개방하게 했고 나아가서는 남북동포의 화해와 평화통일 촉진시키는 데 크게 이바지하였다고 생각이 됩니다. 이는 우리 민족의 역사에 크게 빛나는 한 PAGE를 이루었다고 해도 과언이 아니라고 생각합니다. 이 훌륭한 사업이 대가 없이 그대로 이루어지지 않았다는 것을 우리 모두가 잘 알고 있읍니다. 반공 교육과 반공 이데올로기에 세뇌가 되어 있는 이 사회와 시대에 있어서 빨갱이니 친북 인사니 하며 비난과 핍박이 그 얼마나 많았읍니까? 어제의 친구가 오늘의 적이 되고 많은 사람들이 등을 돌렸읍니다. 부끄러운 일이지만 지금 이 자리에서 이 조의를 표하고 있는 이 사람도 그중의 한 사람이였다는 것을 솔직히 고백하지 않을 수 없읍니다.

월남민들은 이산가족찾기 사업을 남북 화해와 평화통일운동의 관점에서 바라본다. 해외동포 이산가족찾기회가 주선해 평양과 연락이 닿은 해외동포들이 전충림에게 보낸 편지에는 개인 사정뿐만 아니라 분단 문제를 고심하는 흔적이 심심치 않게 묻어 있다. 경북 예천 출신의 김문한은 백부 김낙진과 숙부 김하진을 찾기 위해 『뉴코리아타임스』의 문을 두드렸다. 김낙진은 인민군이 서울을 점령한 후 서울시 종로구 인민위원회에서 근무했고, 김하진은 서울여자의과대학에서 외과의사로 근무하던 중이었다. 두 사람은 로동당이 북쪽으로 후퇴할 때 월북했다. 북한의 공식 자료에 따르면 월북했던 경성의학전문학교 출신 김하진은

'소련의 선진의학 사상인 파블로프의 학설을 받아들이지 않고 서구 부르주아의 의학이론을 수용하였다'는 로동당의 결정으로 1958년 반혁명분자로 비판받았다.[24]

김문한의 소원대로 큰아버지와 작은아버지를 찾았는지, 평양을 방문해 그들을 만났는지 여부는 알 수 없다. 로스앤젤레스에 거주한 그는 1988년 7월 3일자 『미주한국일보』에 게재된 이산가족 북한 방문 기사를 보고 편지를 보냈다. 그의 편지를 전충림에게 전달한 사람은 양은식 박사였고 복사한 신청서는 따로 우편으로 보냈다. 김문한은 백부와 숙부의 활동을 "민족 분단의 비극을 극복하기 위"한 노력이자 "통일 과업"을 이루려는 것이라고 평했다.[25]

노길남은 재미동포사회에서 통일을 지향하는 언론을 설명하며 1970년대 초반부터 민족민주운동에 앞장선 『해외한민보海外韓民報』(발행인 서정균)와 『신한민보新韓民報』(발행인 김운하), 『뉴코리아타임스』(발행인 전충림)를 소개한다. 『뉴코리아타임스』는 1973년 창간한 뒤 전충림이 사망한 1995년 4월부터 전순영이 경영을 해오다 2007년 하반기에 발행이 중단되었다.

『뉴코리아타임스』에 대해 노길남은 이산가족찾기 사업과 평양의 최

---

24 편집부, 「현대 의학의 기본 사상으로서의 빠울로브 학설: 빠울로브 탄생 110주년에 제하여」, 『조선의학』, 제6권 5호, 1959, 7쪽; 한선희·김옥주, 「1950년대 후반 북한에서 파블로프 학설의 역할: 보건의료계 사상투쟁과 한의학의 과학화를 중심으로」, 『의사학』, 제22권 제3호, 2013, 825쪽 재인용.

25 김문한, "해외교포이산가족찾기회 전충림 대표", 1988. 7. 7; '이산가족찾기 신청서', 1988. 7. 18.

근 소식을 보도한 것을 높게 평가한다. 그 자신이 언론인으로서 인터넷 매체 「민족통신」(www.minjok.com)의 창간을 주도했는데, 해외에서 벌어지는 통일운동과 북한과 교류하며 소식을 전하는 언론의 활동이 '친북'으로 매도되는 것을 비판한다. 대학생 시절 학생운동에 참여하고 1973년 박정희 유신체제를 비판하며 미국으로 이주한 그에게 통일운동은 민족민주운동과 궤를 같이하는 것이었다.[26]

「민족통신」 사이트는 현재 방송통신심의위원회의 심의에서 '방송통신위원회의 설치 및 운영에 관한 법률'에 따라 '안보위해행위'로 분류되어 접속이 차단된 상태다. 미국에서 통일운동에 헌신한 노길남은 코로나19에 감염되어 투병하다가 2020년 4월 25일 사망했다.

어떤 상황이 벌어지고 난 뒤에 지난날을 돌아보고 왈가왈부하는 것은 쉬운 일이다. 역사가 되어가는 과정을 이해한다면, 방송통신심의위원회가 인터넷 접속을 차단한 것은 평화통일운동에 전혀 도움이 되지 않는 행위다. 노길남을 비롯해 해외에서 평화통일운동에 참여한 사람들이 첫발을 내디딜 때는 떨리는 마음으로 두려움을 삼켜야 했다. 시행착오와 실수의 연속이었는지도 모른다. 때로는 남한과 북한 어느 한쪽에 치우칠 수밖에 없는 우를 범하기도 했을 것이다. 온갖 부침에도 굴하지 않고 개인의 이해를 넘어서 민족공동체의 앞날을 예비한 것은 아무리 과소평가해도 소명의식이 없으면 불가능하다.

해외 한인들이 분단을 극복하고 남한의 민주주의를 위해 네트워크

---

26 선우학원·노길남·윤길상, 2009, 188~190쪽.

를 만들게 된 것은 세계교회협의회WCC, World Council of Churches와 관련해 해외에서 활동하고 있는 사람들이 국제연락망을 만들면서부터였다. 1975년 서울에서 비상계엄령이 선포되고 11월 7일 한국민주화를위한세계협의회World Council for Democracy in Korea를 만들었다. 1977년에 한국민주화운동기독자동지회(민주동지회)로 이름을 바꾼 이 조직의 의장은 캐나다의 김재준 목사가, 총무는 박상증 목사가 맡았다.

민주동지회는 "드러내지 않고 국내 운동을 지원하는 일종의 반지하 조직이었다." 해외에서 활동하는 회원들 간의 기본 "인식을 토대로 국내에서 탄압받으며 투쟁하고 있는 에큐메니컬Ecumenical 운동의 동지들을 조직적·국제적 연대를 통해 지원, 협조하는 것이" 조직의 목적이었다. 개신교에서 교파를 초월해 추진하는 사회활동인 에큐메니컬 운동은 민주화운동으로도 이어졌다. 민주동지회의 초기 노선은 남한의 민주주의를 앞세우는 처지였다. 국내에서 민주동지회와 네트워크를 구축한 한국기독교교회협의회NCCK, The National Council of Churches in Korea의 입장이 중요했다. 군사정부의 탄압 아래 있던 NCCK는 북한이나 평화통일 문제에 조심스러웠고, 해외에 있는 민주동지회는 이 의제를 쉽게 제기할 수 없었다. 박정희는 어떤 구실로든 NCCK를 친북 세력으로 몰아 제거하려고 했다.[27]

---

27 오재식, 『나에게 꽃으로 다가오는 현장: 오재식 회고록』, 서울: 대한기독교서회, 2012, 224~228쪽. 제네바의 박상증 목사, 캐나다의 김재준과 그의 사위 이상철, 도쿄의 오재식과 이인하, 지명관, 김용복, 미국의 이승만과 손명걸, 함성국, 임순만, 김인식, 독일의 장성환과 이삼열, 스웨덴의 신필균까지 참여하는 조직이었다.

국내외 정세는 민주동지회의 해외활동에 제약이 되었다. 일본 내의 총련 계통에서 들어오는 후원 제의를 거절했고 교포단체들의 연대 제의도 사양할 수밖에 없었다. 이북 출신들이 포진한 민주동지회는 사람이든 단체든 후원자를 사전에 조사해야 했고, 후원금이 북한에서 건네진 것은 아닌지 철저하게 검증할 수밖에 없었다. 이런 모습은 민주동지회가 마치 '평화를 싫어하는 반공집단'이라는 누명을 쓰는 것으로 비쳤다.

1980년대 중반에 들어서면 NCCK 내에서 평화통일 문제를 좀 더 쉽게 거론할 수 있게 된다. 1984년 10월 "통일이라는 말조차 금기시할 정도로 암울한 군부독재 시대에" NCCK 통일위원회에서 기획하고 WCC의 협조를 얻어 개최한 도잔소회의에서 국제회의를 열 수 있었기 때문이었다. 도잔소회의는 한반도의 통일 문제를 동북아시아 틀에 담았고 평화를 내세웠다.[28] 이 회의에서 남북 기독교인 사이에 첫 접촉이 이뤄지고 WCC에서 남북관계가 에큐메니컬의 주제로 떠올랐다.

1986년 9월 2일부터 5일까지 스위스 글리온에서 WCC가 주최한 남북 기독교 교류와 평화통일 논의가 "평화에 대한 기독교적 관심의 성서적, 신학적 근거"라는 주제로 열렸다. WCC에서 북한과 공식적인 관계를 맺고, 남북 기독교 대표자와 해외 대표들이 제네바 시외에 있는 조그만 마을에서 국제회의를 열었다. 제1차 글리온회의였다. 이곳에 북한 기독교연맹 대표단 다섯 명과 NCCK 대표단 여섯 명이 초청되어 남북

---

28 도잔소는 도쿄 외곽의 고덴바시에 있는 YMCA동맹 연수원으로 그 이름이 동산장東山莊이며, 동산장의 일본식 이름이 도잔소다.

한 교회 대표들의 교류가 이루어졌다.[29]

남북한과 해외 기독교인들이 WCC를 매개로 남북 문제에 관한 기초를 잡아두자, 평화통일에 관한 신학적 근거가 필요해졌다. 분단과 전쟁 체험을 몸으로 안은 서광선 교수가 나섰다.[30] 1986년 하와이에서 열린 한·북미교회협의회에서 그는 "분단의 신학"이라는 개념을 제출했다. 이 자리에서 그는 "남한의 신학적 틀이 분단을 기정사실화하고 그 위에다 세워놓은 가건물이지 분단 자체를 질문할 힘을 갖고 있지 못하다"라고 뼈아픈 지적을 했다. "분단에 대한 책임을 외면하지 말아야 하고 분단으로 희생당한 모든 사람에게 신학적이고 신앙적인 조명을 해야 한다"고 역설했다. 이 발표에 대해 오재식은 "우리의 죄책 고백의 실마리가 여기서부터 풀리기 시작한 것"이라고 그 의의를 높게 평가했다.[31]

해외동포의 통일운동은 북미주를 중심으로 활발하게 이루어졌다. 남한이 반공주의를 앞세우며 독재와 권위주의 시대를 거치는 동안 그들은 해외에서 비교적 자유롭게 활동할 수 있었다. 남북한 사이에 교류가 단절되어 있던 시절에 해외동포들이 주도해서 남한의 지식인과 종교인들이 북측의 인사들을 만나고 자리를 함께하는 교류가 이루어졌다. 이와 같은 모임은 통일 문제와 관련한 서로의 인식을 알아보는 기회였다.[32]

---

29 오재식, 2012, 266~268쪽.
30 서광선 목사의 월남과 전쟁 체험이 끼친 영향에 대해서는 다음 글을 참고한다. 한성훈, 2017, 356쪽.
31 오재식, 2012, 69~270쪽.

해외동포사회에서 주목할 만한 역사는 월남민 중심의 이산가족들이 펼친 평화통일운동이다. 사회운동은 일반적으로 "사회변동을 일으키기 위한 조직화된 노력"으로 이해할 수 있다.[33] 집합행위를 통해 사회의 구조적 변화를 모색하는 사회운동은 정치사회와 시민사회의 이중적 민주주의를 실현하는 방식이다. 사회변동의 힘은 공동의 목표를 향해 조직된 구성원들의 역량과 그들 사이의 관계에 따라 좌우된다. 월남민들은 각자가 처한 사회적 지위가 서로 다르지만 그 차이를 뛰어넘어 이산가족으로서, 지식인으로서 남북한 정치체제에 평화통일 의제를 던졌다.

32 김하영, 「재미동포 통일운동의 성과와 전망」, 『평화학연구』, 제9권 2호, 2008, 185쪽.

33 Jenkins, J. Craig and William Form, "Social Movements and Social Change", (ed.) Thomas Janoski · Robert R. Alford · Alexander M. Hicks and Mildred A. Schwartz, *The Handbook of Political Sociology: States, Civil Societies, and Globalization*, Cambridge: Cambridge University Press, 2005, p. 331.

거의 언니의 화실.

ILL SÖN CHONG McDOW
7024 NEW MAPCECT
RAL, N. C, 276044
USA

4부

월남 지식인의 근대 초상

나는 사랑과 평화가 오래도록 넘치는 세상을 위해서 문인이 마땅히 해야 할 일을 하려고 이 글을 썼다. 사랑과 평화는 우리가 사람답게 살기 위한 절대적 조건이다. 우리 민족이나 전 인류를 위해서도 절대적 필요 조건이지만 내 혼자만의 손자들과 후손을 생각해서라도 절실하게 요구되는 조건이다.

—김우종, 『서정주의 음모와 윤동주의 눈물』, 서울: 글봄, 2012.

10장

문학평론가 김우종

참여문학: 남들이 보지 못하는 것을 보다

이 책은 월남 지식인의 정체성을 설명하기 위해 분야별로 네 사람을 선택했다.[1] 그 이유는 남북한의 분단과 근대 이행에서 법치주의와 산업화, 민주주의, 사회운동 그리고 통일운동이 차지하는 비중이 크기 때문이다. 내용은 지식인 담론을 분석하는 것이 아니며 지식인을 직업이나

---

1   저자가 이들을 알게 된 경위는 다음과 같다. 선우종원과 함께 계림법률합동사무소를 운영한 김태청은 거창사건과 진영살인사건을 연구하던 2005년 3월 30일 서울시 중구 태평로2가 사무실에서 면담했다. 유태영에 대해서는 신천학살을 분석하면서 그의 체험이 모태가 된 황석영의 소설 『손님』(2001)과 언론 인터뷰를 먼저 접했고, 2016년 2월 20일 미국 뉴저지 해링턴 파크Harrington Park 자택에서 구술을 채록했다. 오동선은 구술을 채록한 2015년 3월 5일 서울 강남구 논현동 삼영빌딩에서 만났고, 김우종의 생애에 대해서는 진실·화해를위한과거사정리위원회에서 '문인간첩단사건'의 진술 내용과 결정서에서 일부를 알 수 있었다.

계급을 기준으로 한 것도 아니다. 이들은 출신 배경과 학업, 활동한 무대, 삶의 지향이 다르지만 월남 '지식인'이라는 범주로 묶을 수 있다. 지식인은 자신의 활동과 행적, 가치 지향에 따라 누구든지 될 수 있는데 참여형이든 유기적 인간형이든 어떤 문화와 가치, 정신을 추구하는 전문가를 칭한다.

문학평론가 김우종과 법률가 김태청, 목사 유태영, 기업가 오동선은 삶의 궤적을 볼 때 개별성이 강하다. 그들은 월남민 전체를 대표하지 않으며 그들의 정체성을 다룰 때도 개별적인 형성 과정에 초점을 두었다. 때로 그들에게 공통점이 있을 수 있다. 하지만 월남 지식인을 다루는 취지는 공통의 집단으로서 월남민이라는 특징보다는 각 국면마다 벌어진 개인의 행적에서 정체성을 설명하려는 데 있다. 사건의 중심이 되는 역사적 맥락을 고려하면서 정치사회변동 과정에서 개인과 공동체의 상호작용으로 형성되는 정체성에 주목한 것이다. 자아정체성의 형성은 사회변화와 뗄 수 없고 그들의 생애는 정치구조와 제도에 엮여 있기 마련이다.

김우종의 삶과 문학세계는 휴머니즘의 이상을 좇은 여정이다. 1929년 2월 4일 함경북도 성진에서 태어나 개성 송도중학교를 거쳐 1950년 10월 서울로 이주한다. 군에 입대한 후 중국인민지원군에 잡혀 포로생활을 한 그는 제대 후인 1957년 서울대학교 문리대 재학 시절 『현대문학』에 「은유법론고」와 「이상론」으로 등단한다.

독재 시절부터 민주주의 사회운동에 참여하고, 교수이자 문학평론가로 활발히 활동한 김우종은 문학의 현실참여를 적극 옹호한다. 1974년 박정희 정권이 조작한 '문인간첩단사건'에 얽혀 감옥에서 수감생활을 해야 했으며, 훗날 이 일로 부인을 잃는 아픔까지 겪어야 했다. 그의 정체성 형성은 일제강점기 교육과 우리 사회의 민주주의 이행, 윤동주와 서정주로 대비할 수 있는 독립과 친일 문인에 대한 비판에서 찾을 수 있다.

자신의 삶에 대한 이해는 그가 선택한 가치와 연관되어 있다. 일반적으로 이주의 형식을 띠고 체제를 선택한 경우 그들은 자신의 정당성을 이주한 그 사회의 가치 지향에 맞추는 경향이 크다. 이주민은 목적한 나라의 사회에서 통합과 동화의 단계에 진입한다. 반면, 난민의 형태로 불가피하게 다른 체제에 편입한 경우는 일반적인 이주와 다르다. 월남민은 이러한 양극 사이에 존재한다. 그들의 삶은 자신이 겪은 체험을 근간으로 하면서 그 이후에 지속된 분단사회 속에서 직조하는 정체성을 보여준다.

김우종에게서 가장 먼저 눈에 띄는 것은 친일 비판과 민족주의에 관한 인식이다. 송도중학교 시절에 겪은 해방과 그 이후의 정국은 그에게 큰 영향을 끼쳤다. 일제강점기에 교육을 받은 그는 '열심히 공부해야겠다'는 생각이 별로 없었는데, 중학교에 진학하면서 조금씩 독서에 재미를 붙이기 시작했다. 그를 가르친 이영철의 창씨개명에 관한 일화는 김우종이 민족주의자이자 자주국가의 관점을 갖는 시발점이 되었던 것으로 보인다.

송도중학교 교사이자 아동문학가였던 이영철은 창씨를 개명할 때 '가나다加那多'로 바꾸었다. 어쩔 수 없이 성을 바꾸어야 했던 때, 일본 제국주의에 저항하는 방편으로서 '가나다'라고 변경한 것이다.[2] 이영철은 1909년 2월 11일 경기도 개성시 북안동 722번지에서 아버지 이상춘春常春(본명 이우용李愚鏞)과 어머니 장경애張敬愛 사이에서 4남 7녀 중 첫째로 태어났다. 주시경의 제자인 이상춘은 국어학자였고 조선어학회 회원으로서 한글 맞춤법 통일안과 문법 연구에 큰 발자취를 남겼다.

김우종은 다른 학생들과 마찬가지로 이영철 선생을 보게 되면 한글이 떠올랐고 자연스럽게 "가나다라마바사"를 읊었다. 조선총독부가 "성씨를 바꾸라고 했더니" 선생은 "일제를 야유한 거"였다. 이 일로 잡혀간 이영철은 조선인 경찰이 몽둥이를 다리 정강이에 넣고 주리를 트는 고문을 한 탓에 양쪽 정강이가 부러졌다. 일본 제국주의의 창씨개명으로 성姓을 바꾸어야만 했던 시절, 스승은 부당한 처사에 항서하는 방법으로 우리말의 표기에 따라 자신의 이름을 고쳤다.

해방이 되고 9월경 선생은 학교로 돌아왔고 얼마 후 고문을 당한 선생의 모습을 본 김우종은 깜짝 놀라고 충격을 받았다. 비록 어린 나이에 "애국심", 이런 것은 몰랐지만 "'그렇게 심하게까지 당했나. 일본 놈들 참 나쁘다'"라고 속으로 생각했다.[3] 민족주의 문제에 있어서 그는 큰 영향을 받은 이영철에 대해 간간히 밝힌 바 있다.[4]

또 한 가지 놀라운 일은 친일을 한 선생 때문에 벌어졌다. 해방이 되자마자 학교에서 친일 행적을 했던 교사 다섯 명이 쫓겨났다. 얼마 후

---

2 한국 아동문학사에서 잘 알려지지 않은 이영철의 생애와 문학 연구를 위해서 서지사항을 기술한 글은 다음을 참고한다. 박금숙, 「삶과 죽음을 넘은 李永哲선생님과 나의 만남」, 『송도민보』, 제154호, 2012, 37쪽; 박금숙, 「동화작가 이영철의 생애 고찰」, 『동화와 번역』, 제32권, 2016, 61~90쪽.

3 김우종 구술, 김아람 채록, 서울시 동작구 상도로 구술자 자택, 2015. 4. 15; 4. 22; 4. 27.

4 김우종, "나의 스승 이영철 선생", 『경향신문』, 1982. 11. 1.

미군정이 들어서고 그중 한 사람인 최도영이 이듬해 학교를 찾았다. 그는 미군정청 간부가 되어 지프차를 타고 송도중학교에 시찰을 와서 교무회의를 주재했다.[5] 김우종은 "아 이 분이 왜 여길 왔나. 작년에 쫓겨났던 사람인데'"라고 되뇌었다. 최도영은 선생들을 모두 불러 앉혀놓고 미군정청의 문교 행정에 관해 "일장 훈화"를 하고 돌아갔다.

교무회의가 끝나고 최도영이 떠난 뒤, 김우종은 지팡이를 짚고 힘겹게 걸어 나오는 스승 이영철의 모습을 보면서 이런 생각을 했다.[6]

그 얼굴을 보니까 참 처량한 생각이 났어요. 그때 아니 어떻게 그렇게 독립, 말하자면 어느 정도는 독립을 위해서, 민족해방을 위해서, 우리말을 우리글을 지키기 위해서 애쓰다가 그 지경이 된 사람을 앉혀놓고서 그래 작년에 쫓겨났던 친일파 선생이 그렇게 훈화를 하고 가다니.

세상이 갑자기 변하면서 김우종은 남들이 보지 못한 것을 보았다. 송도중학교 시절의 이런 경험은 고스란히 "역사적 청산이 전혀 되질 않고 세상이 다시 그저 거꾸로 돌아간다는 걸" 자신의 눈으로 본 것이었다. 해방이 되고 나니까 친일파들이 더 출세하는 것을 목격했다. 이 장면은 문단에서 되풀이된다.

남쪽과 북쪽 양 진영의 체제 수립 과정에서 김우종은 제도의 구체적인 실행을 보았다. 남한에 미군정이 들어서고 친일 관료들이 그대로 행

---

5 『경향신문』, 1982. 11. 1.

6 김우종 구술, 김아람 채록, 서울시 동작구 상도로 구술자 자택, 2015. 4. 15; 4. 22; 4. 27.

정을 장악하자 달라진 것은 사회주의 계열의 사람들이 월북한 것이었다. 훗날 정립되긴 했지만 그가 문단에서 겪은 것 역시 친일파들의 장악이었다. 감수성이 가장 예민한 청소년기에 이영철과 최도영을 보고 느꼈던 일본 제국주의와 친일 문제는 그에게 사회와 국가에 대한 정치적 지향과 비판의식을 싹트게 했다.

전쟁이 가져다주는 세계관의 변화 또한 피할 수 없다. 김우종은 이렇게 표현한다. "공백, 힘의 공백지대가 되면은 거기 누구든지 총 가진 놈이 왕이에요." 말로 다할 수 없는 비극이 발생하는데, 사람을 처참하게 죽이는 일들이 여기저기서 벌어졌다. 대학에 다니고 있던 전쟁 초기, 학교에서 돈암교 근처의 집으로 가다가 인민군의 검문을 당했다. 그는 북한이 점령한 창경궁 바로 앞 의과대학 숲에서 인민군이 사람들 몇 명을 직접 총살하는 장면을 지켜봤다.[7]

자신의 선택을 벗어난 죽음은 정체성에 종지부를 찍는 사회적 행위에 해당한다. "군인이든 민간인이든 전쟁에서 죽은 사람들은 개별화된 한 개인으로서가 아니라 공동체의 일원으로" 죽음을 맞이한다.[8] 죽는 순간을 목격한 것은 생명이라는 개념의 실체인 육체에 영향을 미치고 정체성에도 강한 변화를 일으킨다. 그것이 학살과 같은 형태의 비인간적인 행위일 때는 더욱더 크게 작용한다. 훗날 김우종이 휴머니즘을 문학의 이상으로 삼고 사회 현실에 참여한 것은 전쟁의 광기에 휩쓸린 인간성을 직접 겪었기 때문일 것이다.

---

7 김우종 구술, 김아람 채록, 서울시 동작구 상도로 구술자 자택, 2015. 4. 15; 4. 22; 4. 27.
8 알프레드 그로세르 지음, 2002, 146쪽.

전시에 103포병대대에 입대해서는 인제군 북쪽 근처에서 중국군에게 붙잡혔다. 평소에 "포로가 되면 차라리 죽어야겠다. 그렇게 생각을 하고" 있었지만 막상 잡히고 보니 "그래도 방아쇠는 당기지 않았다." "그때는 공포감도 있고 절망감도 있고 그래서 '에라 이제 그만 살자' 하는 생각을 했다가" 붙잡혔다. 인민군에 인계된 그는 이번에는 '해방전사'가 되어 다시 전선에 투입되었는데 용케 탈출에 성공한 후 춘천의 포로수용소를 거쳐 영등포로 왔다.[9]

국군과 인민군 양쪽에 복무한 그는 인민군에서 겪은 색다른 경험을 말한다. 인민군에 편입된 후 북한 군인들이 명령을 내릴 때 "이러시오", "저러시오"라고 하는 존댓말이 낯설었다. 군대생활에서 국군과 가장 큰 차이는 '구타'가 없는 것이었다. 인민군인으로 복무한 이력이 장래에 부정적인 결과를 가져오지는 않았다. 무엇보다 가장 큰 영향은 평론을 전공하면서 "우리 문학이 무엇을 해야 될 것인가 하는 걸 늘 고민하는 입장"을 갖게 된 것이었다. 그는 "전쟁을 통해서 우리 역사의 그 불행한" 소용돌이의 중심에서 남쪽과 북쪽을 다 보고 "학습했던 과정"을 정체성 형성의 핵심으로 반추한다.

1957년 문리대 3학년 재학 시절, 『현대문학』지에 고전문학을 다룬 「은유법론고」라는 평론으로 등단한 김우종은 점차 현대문학 쪽에 관심을 두게 되었고, 향후 방향을 모색하는 과정에서 문학의 사회참여로 기울기 시작한다. 그 출발점은 『현대문학』 등단 다음 해 『한국일보』 신

---

9 김우종 구술, 김아람 채록, 서울시 동작구 상도로 구술자 자택, 2015. 4. 15; 4. 22; 4. 27.

춘문예에 발표한 「문학의 사상성과 이데올로기」라는 평론이었다. 문학에서 사상성이라는 것이 예술성을 손상시키는 것인지를 평한 이 글에서 그는 문학의 사회참여를 적극적으로 긍정하고 사상성을 옹호하면서 기존의 순수문학 전통에 반기를 들었다. 이 평론으로 그가 등단한 『현대문학』과의 인연은 끝나가고 있었다.

1960년대 활발하게 벌어진 문학의 사회참여에 관한 논쟁을 촉발한 것은 바로 그의 언론 기고문이었다. 『동아일보』에 실은 「파산의 순수문학: 새로운 문학을 위한 문단에 보내는 백서」는 기성세대의 순수문학에 대한 비판이자 새로운 좌표를 요청하는 비평이었다.[10] 그가 밝힌 현실참여는 실리적인 것과 획일적인 것, 속물적인 것, 헤도니즘hedonism에 귀착하는 것을 의미하지 않는다.

사회참여 "행위는 이런 것들과 같은 차원에 위치하면서 이것을 고발하며 규탄하는, 소기하는 작업을" 의미한다. 이 기고문에서 주장한 내용은 여러 매체와 잡지에서 논쟁이 되었고 문학의 사회참여를 확대하는 문인들의 평론과 작품이 이어지기 시작했다. 기성 문단에 비판적인 입장을 계속 취하자 『현대문학』을 중심으로 한 문학계에 글을 발표하거나 평론을 싣기가 점차 어려워졌다. "그들과 맞서서 움직인다는 것은 자꾸자꾸 자기의 목을 조르는 거"였다.

사회참여만큼 김우종에게 중요하고 오랫동안 결정적인 사건은 서정주와 그의 작품에 관한 것이다. 그는 서정주의 친일 행적과 해방 이후

---

10 김우종, 「파산의 순수문학: 새로운 문학을 위한 문단에 보내는 백서」, 『동아일보』 1963. 8. 7.

이승만과 전두환을 지지한 활동 그리고 결정적으로 「국화 옆에서」에 대해서만큼은 결코 물러설 수 없는 비판을 견지한다. 1980년대 서정주는 통일주체국민회의에서 대통령선거를 할 때 전두환을 지지하는 텔레비전 연설을 했다. 심지어 전두환의 56회 생일에는 「전두환 예찬시」까지 썼다.

노태우 정부에서 김우종이 국정 국어교과서 마지막 심의에 참여해 바로잡은 것은 서정주의 「국화 옆에서」를 교과서에서 삭제한 것이었다. 물론 서정주뿐만이 아니었다. 이유는 간단했다. 그는 친일문학을 한 "사람의 시는 이 사람(서정주)만이 아니라 다른 사람 것도 다" 빼고, "정권이 바뀔 때마다 그 정치적 세력을 업고 교과서에다 글을 싣는 사람"도 모두 삭제하라고 주장했다.[11]

서정주와 그의 시 「국화 옆에서」에 대한 일관된 비판은 두 가지 이유 때문이라고 할 수 있다. 첫째, 서정주가 일제에 부역한 친일파라는 사실이다. 둘째, 시를 포함한 문학의 본질에 대한 관점이다. 서정주가 친일 시인이라는 이유와 시 자체가 일본 황실의 상징을 활용하고 있기 때문이다. 그의 인식은 이렇게 표현할 수 있다. '시는 인간의 정신을 창조하고 말살할 수도 있다.' 그가 문학이라는 장르에서 그토록 현실에 참여하는 지식인의 모습을 보인 것은 문학 그 자체가 현대사의 한 축이었기 때문이다.

문학에 대해 그가 밝힌 소신은 이렇다. "문학은 자기독백의 전유물

---

11 김우종 구술, 김아람 채록, 서울시 동작구 상도로 구술자 자택, 2015. 4. 15; 4. 22; 4. 27.

이 아"니며 문학은 전문분야이기 때문에 어느 정도는 전문가로서, 예술가로서 긍지를 가져야 하고 "공인으로서의 책임감도 있어야" 한다.[12] 개인의 사사로움을 넘어서 사회의 책임을 문학의 소명으로 삼고 있는 그에게 한 시대의 지식인과 작품에 대한 평가는 서정주에 대한 비판에만 그치지 않는다.

윤동주의 복원에 나선 김우종의 행보는 현직에서 퇴임한 이후 본격적으로 시작한다. 윤동주를 "찾아다닌 것은 그 사람이, 문학이, 우리가 가야 할 가장 올바른 길이었기 때문"이다. 그에게 "문학의 기본적인 주제는 휴머니즘"이다. "인간에 대한 사랑이고 그 사랑을 가장 크게 짓밟은 것이 전쟁"이며, 이것으로 "많은 사람들이 목숨을 잃게 되는 것이기 때문에" 문학이 길을 제시하고 시를 통해서 그 길을 스스로 옮긴 사람이 윤동주였다. 윤동주는 "세상에 고통 받는 사람들을" 위해서 "몸을 바치겠다고 말한 것이고" "그것을 위해서 그는 그 길을 가겠다고 함으로써 실제로 갔고", 또 그런 이유로 죽었기 때문에 "이 사람의 길"이 "바로 우리가 갈 길이다."[13] 휴머니즘은 결국 문학과 삶이 이루어야 할 최고의 덕목이다.

김우종에게 서정주에 대한 비판은 곧 윤동주의 시와 그의 행적을 복원하려는 노력과 맞닿아 있다. 이렇게 태어난 결과물이 『서정주의 음모와 윤동주의 눈물』이다.[14] 이 책은 서정주의 작품을 시인 윤동주의 작

---

12 "인터뷰: 담쟁이 넝쿨 하나를 그리는 심정으로 오염된 세상을 정화하고 고쳐나가기를 희망하는 김우종 문학평론가", 『월간 한국수필』, 2013년 1월호.

13 김우종 구술, 김아람 채록, 서울시 동작구 상도로 구술자 자택, 2015. 4. 15; 4. 22; 4. 27.

품과 비교해가며 분석한 것이다. 서정주의 친일작품에 대해 매우 강한 비판을 하고 있는데, 오랫동안 교과서에 실린 후 삭제된 「국화 옆에서」를 자세히 다루면서 시 속에 담긴 친일 문제와 서정주가 찬양한 전쟁의 현장을 파헤친다.

1994년 윤동주의 흔적을 찾아 나선 이후 김우종은 「윤동주론」을 발표하고 도시샤同志社 대학에 시비詩碑를 세웠으며 기념행사를 열어 추모제를 지낸다. 그가 유년에 겪은 일제강점기의 경험과 해방 이후 오늘날까지의 현실 그리고 서정주의 친일과 「국화 옆에서」를 마주하고 그가 향한 곳이 윤동주와 그의 시였다. 이 한 문장은 아마 그의 가슴에 오래도록 새겨져 있을 것이다. "'우리가 윤동주를 죽였습니다.'"

일본에서 '윤동주 시를 읽는 모임'을 만든 니시오카 겐지西岡健治가 고백한 위의 답문은 지식인이 밝히는 참회와 성찰의 언어다. 서정주에 대한 비판과 윤동주에 대한 복권은 김우종의 인생 전반에 걸쳐 있는 일제강점기와 전쟁, 유신독재, 민주주의 이행 등 현대사와 중첩된 삶의 필연적 산물이다. 학문의 성취는 사회의 공공성을 강화한다. 사회참여의 형태가 반드시 아니더라도 윤동주에게서 시라는 예술은 문학이 추구하는 이상과 거기에서 펼쳐지는 인간의 삶이 왜 중요한지를 보여준다.

---

14 김우종, 『서정주의 음모와 윤동주의 눈물』, 서울: 글봄, 2012.

인본주의자의 사상과 문학세계

남한과 북한으로 나누어진 분단사회는 여러 가지 형식으로 사람들의 사고와 행위를 빼앗는다. 1968년『한국현대소설사』를 출간하는 과정에서 김우종은 사상 문제 때문에 월북 작가들의 실명을 그대로 싣지 못한다. 북한과 사상의 문제, 문학의 정치 현실에 대한 비판적 참여는 이때부터 어느 정도 예정되어 있었다. 박정희 군사정부가 유신체제를 수립한 이후 개헌을 지지하는 성명에 서명을 한 것 때문에 그는 '문인간첩단조작사건'으로 잡혀가 고초를 겪는다.

문인 61명이 유신헌법의 개헌을 지지하는 성명을 발표한 1974년 1월 7일, 그다음 날 아침 8시 박정희 정권은 '긴급조치 제1호'를 발동하고 오후 5시에 '긴급조치 제2호'를 선포한다. 긴급조치가 아니면 유신체제를 유지할 수 없을 만큼 정치권력의 정당성이 무너지고 있었다. 연이은 조치가 발동되자 국군보안사령부(보안사)는 '일본의 잡지『한양』이 반국가단체의 위장 기관지라는 사실을 알면서도 원고를 건넸다'는 것을 빌미로 김우종을 비롯해 임준열(임헌영)과 장병희, 정을병, 이호철을 영장 없이 연행한다.

보안사 서빙고분실에서 조사받을 때 김우종은 수사관으로부터 "잠을 재우지 않고 발길질이나 주먹으로 구타를" 당했다. 임준열은 무릎 위를 구둣발로 까이면서 진술을 강요받았으며, 이틀씩이나 잠을 못 잔 적이 있었다. 장병희는 조사실에서 "벽 쪽을 보고 '나는 간첩이다'를 반복하라"는 협박을 받았고, "시키는 대로 하지 않으면 구타를" 당했다. 보안사는 간첩이라는 시인을 받아내기 위해 "책상과 책상 사이에 자전

거 타기, 평양에서 신의주까지 자전거 타기, 원산폭격"을 시켰고, "각목
으로 두들겨 패"거나 심지어 "군견을 끌고 와서 물라고"까지 한 적이 있
었다.[15]

보안사는 군법회의에 기소할 피의자가 아니면 민간인을 수사할 수
있는 권한이 없었기 때문에 중앙정보부에 통보한 후 협조를 받아 수사
를 진행했다. 이 절차는 그냥 형식일 뿐, 진실화해위원회 조사에 따르
면 보안사는 중앙정보부 수사관의 명의를 빌려 공문서인 피의자 신문
조서와 같은 수사기록을 허위로 작성했다. 중앙정보부와 서울지방검찰
청은 보안사의 잔혹행위를 알고도 이를 방조하고 묵인했다.[16]

검찰은 문인들을 기소했고, 1974년 6월 28일 서울형사지방법원은 김
우종에게 징역 1년과 자격정지 1년, 집행유예 2년을 선고했다. 항소와
상고는 기각되었고 1976년 7월 27일 형이 확정되었다. 이 일로 그는 경
희대학교에서 해직되었고 출간한 에세이집과 평론집은 출판 금지를 당
한다. 훗날 김우종은 집행유예 기간이 끝나자 자신을 수사한 보안사 직
원의 전화를 받고 만나게 된다. 그 수사관과 나눈 대화는 이랬다.[17]

보안사에서 문인간첩단 사건을 만들어놓고 그 시나리오대로 한 것이며,
내가 집행유예로 나오고 나서 한참이 지난 뒤에 나를 조사했던 보안사

---

15 진실·화해를위한과거사정리위원회, 「문인 간첩단 사건」, 『2009년 상반기 조사보고서
    05』, 서울: 진실·화해를위한과거사정리위원회, 2009, 410쪽.

16 진실·화해를위한과거사정리위원회, 2009, 408쪽.

17 진실·화해를위한과거사정리위원회, 2009, 418쪽.

수사관이 전화해 만나보니, '미안하다'면서 '대공처장 김교련(사망)이 간첩사건을 만들라고 해서 어쩔 수 없었다'며 이해해달라고 한 적이 있다.

인용한 내용에서 사건의 조사보고서에 익명으로 처리된 보안사 대공처장의 실명은 진실규명결정서에서 확인한 것이다. 간첩을 조작하고 공안사건을 만들어야 정권을 유지할 수 있었던 유신체제에서 보안사와 중앙정보부, 검찰과 법원까지 정치권력의 시녀 역할을 했다. 수많은 문인 중에서 다섯 명을 목표로 한 정보기관의 조작이었다. 김우종이 진술하듯이 박정희 정권은 "모윤숙이나 조연현 같은 문인은 공식적으로 반공활동을 많이 하니까" 보안사가 조작 간첩으로 만들 수 없었고, "일본에 갔다 온 젊은 문인들 중 어느 정도 영향력이 있는 사람을 선별"해서 간첩단사건을 꾸몄다.

이호철은 이때 자신의 체험을 바탕으로 르포 소설을 썼다.[18] '문인간첩단조작사건'에 연루된 그는 유신헌법의 개정을 지지하는 문인들의 시국선언을 단순히 문학의 현실참여로만 보지 않았다. 그는 "그걸 꼭, 정치 참여라고 보지 않았"다. "이것도 문학이다"라고 여겼다. 박정희의 독재에 대해 이호철은 "문학하는 사람으로서 글 좀 못 쓰더라도, 이거는 나서야 된다. 응당. 그러니까 나는 문학으로 생각했지." "문학도 이런 때 가만히 있으면 안 되는 것이 문학 아니냐, 이런 감각"이었다. 자신의 문학세계 속에 박정희의 독재는 정치 문제가 아니라 인문 정신에 반하

---

18 이호철, 『문』, 서울: 문학세계사, 1995. 임헌영이 남긴 글은 다음을 참조한다. 임헌영, 「내가 겪은 사건: 74년 문인간첩단사건의 실상」, 『역사비평』, 통권13호, 1990, 283~301쪽.

는 것이었다.[19]

2009년 7월 28일 진실화해위원회는 『한양』지가 위장 기관지라는 증거가 없고, 보안사가 민간인을 불법으로 수사한 것을 적시하며 이 사건이 조작됐음을 규명했다. 진실화해위원회는 "보안사가 1974년 문인들의 개헌 지지 성명을 빌미로" 그들을 "불법으로 연행하여 구금하고, 고문·가혹행위로 반국가단체와의 교류 사실에 대한 허위자백을 받아내고, 중정이 수사한 형식으로 허위수사 서류를 만들어 검찰의 조사, 법원의 판결을 거쳐 처벌받게" 함으로써 인권을 침해한 사건으로 규정했다.

기소와 공소를 유지한 검찰과 판결을 선고한 법원의 책임도 무겁다. 서울지방검찰청은 보안사에 잡혀간 문인들이 거기서 한 "진술을 대부분 부인하여 유죄에 대한 별다른 증거가 없음에도 수사관들의 사실보고서"를 보강해 서울형사지법에 기소했다. 서울형사지법과 고등법원, 대법원은 문인들의 "범죄 사실에 대하여 증거능력에 의심이 가고 증명력이 부족한 검사의 피의자 신문조서, 수사관들의 사실보고서"와 "위증에 기반"해 유죄를 선고했다.[20]

이와 같은 결론에 따라 진실화해위원회는 보안사가 민간인에 대한 수사권이 없음에도 민간인을 불법 감금하고 가혹행위를 일삼아 사건을 조작한 점에 대해 정부가 피해자들에게 사과할 것을 권고했다. 또

---

19 이호철 구술, 한성훈 채록, 서울시 은평구 통일로 780 미성아파트 8동 1401호, 2015. 1. 5.

20 진실·화해를위한과거사정리위원회, 「문인 간첩단 사건」, 『2009년 상반기 조사보고서 05』, 서울: 진실·화해를위한과거사정리위원회, 2009, 424~425쪽.

한 "위법한 확정판결에 대하여" "피해자들과 그 가족의 피해와 명예를 회복시키기 위해 형사소송법이 정한 바에 따라 재심" 조치를 취하도록 결정했다.

진실화해위원회의 결정에 따라 피해자들은 재심을 청구했고 법원은 이를 받아들였다. 2011년 12월 21일 대법원은 '문인간첩단조작사건'의 피해자들에게 무죄를 선고한 2심을 확정한다. 이보다 앞서 2010년 12월 16일 대법원은 '긴급조치 제1호'를 위헌으로 판결했다.[21] 대법원 전원합의체가 밝힌 이유는 다음과 같다. "구 대한민국헌법(1980. 10. 27. 헌법 제9호로 전부 개정되기 전의 것, 이하 '유신헌법'이라 한다) 제53조에 근거하여 발령된 대통령 긴급조치(이하 '긴급조치'라 한다) 제1호는 그 발동 요건을 갖추지 못한 채 목적상 한계를 벗어나 국민의 자유와 권리를 지나치게 제한함으로써 헌법상 보장된 국민의 기본권을 침해한 것이므로, 긴급조치 제1호가 해제 내지 실효되기 이전부터 유신헌법에 위배되어 위헌이고, 나아가 긴급조치 제1호에 의하여 침해된 각 기본권의 보장 규정을 두고 있는 현행 헌법에 비추어 보더라도 위헌이다." 김우종은 사건이 조작된 후 37년 만에 명예를 되찾았지만 잃어버린 삶을 되돌릴 수는 없었다.

김우종의 문학관은 수필에 대해 언급한 것이지만 문학의 일반론으로 해석해도 별 지장이 없을 것이다. 오늘날 문학은 한국 문학으로서 낙제감이다. 그의 문학세계에서 중요한 관점은 한반도 전체를 아우르

---

21 대법원 2010. 12. 16. 선고 2010도5986 전원합의체 판결. "대통령긴급조치위반·반공법위반"

는 한국인의 문학이다. 이 지적은 한국 문학이 한반도, 한국인의 문학으로서 가장 중요한 핵심을 빠뜨리고 있는 것을 말한다. 남한의 문학에서 북쪽 반은 사라지고 없는 현실 말이다.

북쪽에 대해 말하지 않으며 분단 현실이 얼마나 큰 운명적 과제인지를 잊고 있는 문학계를 김우종은 비판한다. "남한만의 문인이 남한 땅에서 남한 얘기만 하는 반쪽 문학이다. 부모 형제까지 있는 동족이 백 년이 멀지 않은 세월 동안 거의 모두 그 밀폐된 공간에만 갇혀서 가끔 비명 소리만 새어 나오고 있는데", 문학이 이것을 잊고 외면하고 있는 것은 문인들 양심의 문제라고 지적한다. 한국 문학은 한반도의 문학이 되어야 하고 세계 인류의 보편적 과제, 사랑과 평화의 휴머니즘으로 영역을 넓혀야 할 것이라는 주장이다.

그의 문학세계에서 가장 중요한 것은 사상성과 서정성이며 내용상 좀 더 강조해야 할 부분은 사상성에 있다. 논고에 따르면, 문학은 서정성과 사상성이 다 중요하지만 심오한 지성이 없다면 사상성이 있을 수 없다. 사상은 사회적 이념만이 아니라 철학적·종교적 신념도 해당한다. 사상은 지성의 산물이기 때문에 '심오한 지성을 내포하지 않은' 문학이라면 사상성은 사라질 수밖에 없다.[22]

다음으로 문학의 사회성이다. 사회 문제란 곧 '우리 모두'의 문제를 말한다. 김우종은 한국 문학을 말하는 대담 프로에서 사회성 문제로 서정주와 감정의 돌발 사태를 일으켰다. 1980년대 한국방송 스튜디오

---

22 「인터뷰: 담쟁이 넝쿨 하나를 그리는 심정으로 오염된 세상을 정화하고 고쳐나가기를 희망하는 김우종 문학평론가」, 『월간 한국수필』, 2013년 1월호.

에서 서정주와 있었던 일이다. "요즘은 사람들이 감정이 메말라서 시를 안 읽습니다"라고 서정주가 말하자 김우종은 이렇게 맞받았다. "아닙니다. 요즘은 시중에서 시집이 더 많이 팔리고 있습니다. 다만 선생님의 시만 안 읽고 있습니다. 선생님의 시에는 우리 모두의 아픔이 없기 때문입니다."

이 말이 끝나자마자 서정주는 벌떡 일어나 스튜디오 문을 박차고 나가버렸다. 텔레비전 녹화가 중단되는 방송 사고였다. 패널은 몇 명에 불과하지만 여기에 매달린 인원은 20명이 넘었다. 한참 뒤에 뒤쫓아 나갔던 프로듀서와 함께 서정주는 되돌아왔다. 그리고 큰 소리로 말했다. "그렇게 사회 문제만 (신경)쓰면 시는 다 망친단 말이오." 그때는 참혹한 광주 학살이 터지고 김지하는 사형선고를 받은 상태였다.[23]

정체성 형성과 지성의 관계를 보면, 논리의 일관성과 윤리적인 판단의 일관성이 지성의 정체성을 판단하는 기준으로 볼 수 있다. 정체성을 이해하려면 "외부로부터의 규정이든 자기규정"이든 무엇인가 기준이 필요하다. 지성은 올바른 사유의 도구로서 "사실에 대한 해석과 표상"이 정체성을 형성하는 데 큰 영향을 미친다.[24] 김우종은 문학의 사회참여와 정치적 올바름에 대한 지성을 끝까지 견지한다.

사회운동과 정체성 형성에 대해 키콜트가 논한 것처럼 사람들이 사회운동에 참여하는 것은 자신의 정체성 작업identity work을 하는 것과 같다. 정체성을 형성하고 확인하며 변화시키는 계기는 사회운동에 참

23 김우종 구술, 김아람 채록, 서울시 동작구 상도로 구술자 자택, 2015. 4. 15; 4. 22; 4. 27.
24 알프레드 그로세르 지음, 2002, 12; 22쪽.

여할 때 이루어진다.[25] 김우종이 현실에 대해 더 나은 변화를 끊임없이 추구하는 것은 휴머니즘에 대한 윤리적 일관성을 가졌기 때문이다. 그는 존엄한 인간에 대한 이상을 가슴속에 간직한 실천적 지식인이며, 일관된 논리로 정체성을 지향하는 강한 의지의 소유자다.

김우종은 '인본주의자'의 정체성과 '참여 지식인'이라는 정체성, 근대국가의 '공동체 지향'의 정체성을 가진 것으로 요약할 수 있다. 정체성을 구성하는 이 세 가지 범주는 서로 맞물려서 작용하고, 그가 겪은 일본 제국주의 지배와 한국전쟁, 남한의 민주주의 이행 시기마다 상호영향을 끼쳤다. 지식인이라는 정체성은 서정주에 대한 친일 행적을 비판하면서 자신의 세계를 좀더 선명하게 구축했다. 윤동주를 복원하는 애정과 노력은 이와 같은 정체성의 정수라고 할 만하다.

25 Jill Kiecolt, "Self-Change in Social Movements", in Selden Stryker(ed.), *Self, Identity and Social Movements*, Minneapolis/London: University of Minnesota Press, 2000, p. 121.

11장

법률가 김태청

일본 제국주의 교육과 자주성

법률가 김태청의 삶을 보자. 그는 1917년 9월 22일 평안남도 강서에서 태어나 평양고등보통학교(평양고보, 평고)를 졸업하고 경성법학전문학교를 거쳐 일본 중앙대학교에서 수학한다. 1943년 일본 제국주의의 고등 문관시험 사법과에 합격한 그는 해방 이후 조만식에게 임명장을 받고 잠깐 동안 검사로 생활한다. 지주 출신의 성분은 법률가의 꿈을 가진 그에게 사회주의 체제로 이행하는 북한 사회와 양립할 수 없는 것이었다. 1948년 4월 첫 번째 월남이 실패로 돌아가서 붙잡히기도 했지만 결국 남한으로 왔다.

일제강점기 교육이 정체성 형성에 미친 영향부터 보자. 김태청은 우여곡절 끝에 찾은 강서보통학교 시절 은사인 사사누마 겐이치笹沼源一에게 1983년 56년 만에 편지를 썼다.[1] 그가 사사누마를 떠올리게 된 것은 "일본인이지만 참 좋은 선생님이었어"라고 표현한 데서 알 수 있듯이, 학교를 갓 나온 젊은 날의 정열로 교사의 직분을 다한 일본인이었기 때문이다. 사사누마가 경성사범 출신의 일본인 교사이면서 조선인을 업신여기지 않은 것을 김태청과 그의 친구들은 기억하고 있었다. 사사누마의 답장과 편지 왕래가 몇 번 있은 후, 이듬해 김태청의 동료는 도쿄 인근에 위치한 그의 집으로 찾아가 감사패를 전달한다.

김태청은 보통학교 선생에게만 연락한 것이 아니다. 그의 인생에 크게 영향을 끼친 평양고보의 마사키 히로쓰구正木博次에게도 편지를 쓴다. '감사'와 '항의' 두 가지를 동시에 보낼 만한 일본인 교사였다. 김태청은 일제강점기 평양고보에서 받은 교육에 대한 애증을 이렇게 표현한다.[2]

나는 평고를 졸업하고 대학에서 법률학을 공부하면서도 공부를 열심히 가르쳐준 평고 교육에 대하여는 고마웠다는 말 한마디쯤은 하고 넘어가야 빚을 갚을 것 같았고 동시에 그 황민화 교육의 도깨비놀음에 대해서는 한 방 먹이지 않고서는 직성이 풀릴 것 같지 않았다.

1895년 외국어학교 관제를 제정한 대한제국은 한성에 일어·영어 등을 가르치는 외국어학교를 잇달아 설립했다. 평양에 세워진 일어학교는

---

1 『조선총독부및소속관서직원록』1935년도 판에 笹沼源一(사사누마 겐이치)는 평안남도 공립학교(온천보통학교)에 근무한 것으로 나와 있다.

2 김태청, 『법복과 군복의 사이』, 서울: 원경, 2001, 65~66쪽.

1909년 관립 평양고등학교로 개칭했는데, 1911년 조선총독부가 공포한 '조선교육령'에 따라 관립 평양고등보통학교로 바뀌었다. 평양고보 출신들은 민족주의 신념이 남달랐고 3·1운동을 비롯해 독립운동에 참여한 사람들이 많았다. 이북을 떠나 남한과 해외에 정착한 평양고보 동창들이 발간하는 회지 『대동강』을 살펴본 이준희는 그들의 엘리트의식과 남한 사회에 기여한 자부심이 교육에 있음을 밝혔다.[3] 정체성 형성에 끼친 교육의 영향과 남한 사회에서 차지하는 그들의 전문적 지위는 그만큼 남달랐다.

김태청은 마사키에게 보낸 편지에서 좋은 교육에 대한 내용을 언급한 후 그들의 식민지 교육을 비판한다. '겉치레라도 고마웠다는 말만은 못하겠다'고 한 것은 "악명 높은 황민화皇民化 교육" 때문이었다. 물리적인 힘으로 이민족에게 가하는 고통 속에서, 학교 당국이 "황민 교육에 열을 올리면 올릴수록" "그에 비례하여 반황민화로" 치달았다.[4] 그가 되돌아봐도 소름끼치도록 원망스러운 교육이었고, 상급학교로 올라가서 교육 수준이 높아질수록 황민화는커녕 도리어 그만큼 민족의식이 높아져갔다.

그는 당시에 느꼈던 감정을 아주 신랄하게 그대로 편지에 썼다. 편지 내용은 "아침마다 서창誓唱해야 했던 저 '황국신민의 서사'라든가, 마음에도 없는 '최경례最敬禮'를 강요당한 신사참배 따위의 교육"에 관한 것

---

3 이준희, 「평양고보 출신 엘리트의 월남과정과 정착지」, 김성보 편, 2019, 213쪽.

4 김태청, 2001, 69~70쪽. 마사키 선생에게 쓴 편지 일부는 평양고보 출신들이 발행하는 동창회지 『대동강』 5호에 실려 있다.

이었다. 개인의 편지이긴 하지만 그가 일본에 바라는 것은 "역사교과서의 왜곡과 정신대挺身隊 문제 등에서 보이는 식민시대의 망령亡靈"을 "당장에 박멸撲滅하라는 한마디"였다.[5] 직설적이고 격한 김태청의 편지에 마사키는 "과거에 저지른 일본국의 귀국에 대한 오만傲慢은 씨氏가 필술筆述한 그대로이고, 일본 국민 모두가 하늘의 소리, 땅의 채찍으로서 받아들여야 할 것입니다"라고 답신한다.[6]

편지에서 우리는 김태청이라는 식민지 조선인이 청년기에 경험한 교육과 일본의 황민화 정책에 대한 내상을 소상히 알 수 있다. 현장에 있었던 일본인 교사에게 편지를 써서 그 나름대로 존경을 표하면서도 솔직하지만 격렬하게 반일 감정과 민족주의 정신을 드러낸다. 1984년에 일본군 위안부와 역사교과서 왜곡 문제를 지적하고 식민지 시대의 '망령'을 언급한 것은 주목할 만하다. 편지에 담긴 역사 인식에서 일제강점기 문제를 다루는 그의 정체성을 알 수 있다.

일제강점기에 그가 징병을 피한 것은 일본 제국주의 군인으로서 복무할 수 없다는 신념 때문이었다. 약혼을 하고 사흘째 되는 날, 강서경찰서는 김태청을 학도지원병의 시범으로 삼기 위해 아버지를 앞세워 평양에 있는 그를 잡으러 왔다. 아버지는 눈이 벌겋게 충혈되어 이렇게 말한다. "우리 죽음으로 저항하자." 불합격 판정은 몸무게를 한계 체중(50킬로그램) 이하로 줄이는 방법이었다. 그는 쇠약한 몸에 20여 일간 먹는 둥 마는 둥 했고, 신체검사를 일주일 앞두고는 단식까지 해서 결국

---

5   김태청, 2001, 70~72쪽.
6   김태청, 2001, 80~81쪽.

49.7킬로그램으로 불합격 판정을 받았다.

신체검사를 받은 1944년 1월, 일본 천황의 군인이 되는 것을 죽음으로 받아들이려고 했던 김태청은 결국 자신을 스스로 학대한 끝에 징병에서 벗어났다.[7] 신체검사에서 불합격 판정을 받은 그는 장인의 도움으로 검사국 서기과에서 잠깐 일한 후 해방을 맞았고, 평안남도 건국준비위원회가 조직되자 조만식에게 검사 임명장을 받는다. 조선총독부로부터 검사 발령을 받지 않은 것이 "결과적으로 친일오염자親日汚染子가 아니라는 이유"가 되어 광복 조국의 검사가 될 수 있었다.

이북에서 북조선임시인민위원회가 들어서고 민주개혁 소치가 차츰 진행되어 토지개혁이 실시되었다. 논밭을 몰수당하고 기와집에서 쫓겨난 집안은 하루아침에 알거지로 변했고, 어머니가 보따리 행상으로 겨우 입에 풀칠하는 신세로 전락했다. 질식할 것 같은 일당독재의 폐해와 지주라는 성분 때문에 당하는 어려움은 가치관이 전혀 다른 그에게 월남을 결심하게 만들었다.

김태청은 일본 제국주의와 이북의 체제를 비교한다. 일제강점기에 탄압을 받는 조선인의 모습은 최소한 무저항, 곧 "침묵의 자유"만은 있었던 셈이다. 이북에서 인민들에게 "'반동분자'라며 내리치는 매질은 일제 때처럼 저항의 울음소리를 그쳤다고 멈춰지는 것이 아"니었다. "억울한 매를 맞으면서도 그 매가 자기의 잘못 때문이라는 '자아비판'"을 해야 했다.[8] 이것은 앞서 신인섭이 말했듯이 새로운 인민상을 만들어가

7　김태청, 2001, 117~122쪽.
8　김태청, 2001, 166~177쪽.

는 이북 사회에서 느낀 '자아상실감'이었다. 체제 수립 과정에서 갈등이 표면적으로 불거졌다. 검사총장 한락규의 추천으로 사법국장 최용달과 면담을 가진 김태청은 최고재판소의 판사직을 제의받았으나 거절한다.

'자아비판'을 비판한 데서 보듯이 자기결정성이 상대적으로 낮은 북한 사회에서 복무할 수 없는 게 그의 소신이었다. 법학을 공부하고 고등문관시험에 합격했지만 이것은 어디까지나 그 나름의 방편이었다. 간디가 식민지 모국인 영국에서 변호사 자격을 얻어 독립운동을 한 사례를 주시한 그는 "법관이나 변호사가 되면 나름대로 정의正義를 실현할 수 있는 길이 있을 것"이라고 여겼다.[9] 이런 서술이 자기변호를 적당히 합리화해주는 것으로 보이지만, 식민지 청년이 겪어야 했던 고뇌의 일부임은 분명하다.

스스로를 반공 보수주의자라고 자청하는 김태청은 다른 신념을 가진 타자에 대한 존중을 이면에 갖고 있다.[10] 확고한 신념을 가진 지적 공산주의자나 비전향 장기수의 굳은 마음까지 미워할 정도로 옹졸하지는 않다. 그는 "나 따위는 도저히 흉내조차 낼 수 없는 그 높은 기개氣慨를 존경하는 데 인색하고 싶지 않"았다. 이념 문제에 대해 솔직하게 언급한 그는 공산주의자를 대하는 방식이 남달랐다.[11]

1948년 송악산을 거쳐 월남한 김태청은 평양고보 동창이자 고등문관시험 동기인 선우종원이 '사상검사'로 활동하고 있는 것을 알았다.[12]

9　김태청, 2001, 86~88쪽.

10　김태청, 2001, 220~223쪽.

해방 전 일본 군대를 한사코 거부했던 그였지만 남한에서 군법무관으로 일하게 된 것은 "공산당과 싸우는 것이 월남의 유일唯一한 목적"이었기에 자신으로서는 "직접 멸공전선滅共戰線 대열에 뛰어들고 싶었"기 때문이었다.[13] 그에게 군대는 "적군과 싸워서 반드시 이겨야 하는" "신성불가침의 사명만이 절대적 가치"를 가진 조직이었다.[14] 법복을 걸치려던 몸에 군복을 입은 것은 법률가의 정체성에 군인의 정체성을 더해갔다.

13년 동안 직업군인으로 복무하면서 겪은 것은 자신의 다짐처럼 북한이나 '공산주의자'와 싸우는 것이 아니었다. 법률가의 정체성을 오히려 강화한 것은 이승만의 독재와 군대의 법치 파괴 행위였다. 군의 사법체계에서 그가 눈여겨본 것은 군대에서 "지휘관의 말이 곧 법"인가라는 의구심이었다. 군 사법에서는 지휘관의 말이 법이 될 수 없다. 군법회의(군사재판)도 법의 적용을 받으며 "법에 위배되는 지휘관의 말까지, 곧 법이라고 할 수 없는 것이다." 일본 군대식의 인권유린도 문제지

---

11 김태청은 공산주의자를 세 유형으로 나누어 본다. 첫째, 지적 공산주의자다. 그들은 이상적 국가건설을 위한 정치적 신념의 소유자들로서, 이기적 동기가 아니라 학문적 이론으로 무장하고 공산주의를 윤리적으로 하자가 없는 진리라고 믿기 때문에 사상을 포기하거나 전향하는 일이 없는 사람들이다. 둘째, 정서적 또는 감상적 공산주의자다. 자본주의의 모순과 민주주의의 취약점을 알고 부패한 현실 정치에 반사적 불만으로 공산주의 내지 사회주의를 유토피아로 여겨 현실성이나 가능성이 없이 헛된 생각이나 공상하면서 동경하는 사람들이다. 셋째, 무지와 이기에 가까운 공산주의자다.

12 선우종원, 『사상검사』, 서울: 계명사, 1992.

13 김태청, 2001, 196쪽.

14 김태청, 2001, 202쪽.

만 지휘관의 말을 법으로 여김으로써 군 사법제도에 도전하고 결국 법치국가를 부정하는 사례가 빚어졌다.[15] 군사업무에서 지휘관의 말이 법이 되면 하급자의 인격은 사라진다.

김태청의 문제의식은 군대가 가지고 있는 위계와 병사들을 인격적으로 대우하지 않는 행태를 비판한 리영희 선생의 지적과 맞닿아 있다. 국군 제11사단에서 통역장교로 거창사건을 겪은 리영희는 자신의 존재를 "인격이 부여되지 않은 군인"이었다고 밝혔다. "아무런 자율적 사고나 자발적 행동이나 창의적 구상 같은 것이 허용되지 않는 존재"였다. 한마디로 주체와 자율, 실존을 상실한 군인의 모습이었다.[16]

군검찰관으로 오랫동안 복무한 김태청에게서 법치주의와 정치권력의 관계를 엿볼 수 있다. 군 장성들을 주의 깊게 관찰한 그는 권위에만 도취되어 '내 말이 곧 법'이라는 군국주의 파시스트 유형의 장교를 많이 발견했다. 지휘관의 말이 법이 되는 상황은 민간인 학살과 같은 경우에 쉽게 불거진다. 지휘관의 말은 하급자에게 명령이 되고 이 명령은 법처럼 여겨지는 경우가 대부분이다.[17] 김태청 역시 군법회의와 구체적인 사건 처리를 작전명령이나 행정 지시처럼 여기는 지휘관과 종종 마찰을 빚었다.

---

15 김태청, 2001, 226~230쪽, 289쪽.

16 리영희·임헌영, 2005, 165쪽.

17 상관의 명령에 복종함으로써 불법을 저지르는 과정과 분석은 다음을 참고한다. 한성훈, 『가면권력: 한국전쟁과 학살』, 서울: 후마니타스, 2014, 191~193쪽.

법에 따른 통치와 시민의 주권성

법치와 시민 권리에 관한 김태청의 일관된 태도는 놀랍다. 군검찰관으로서 그가 처리한 국민방위군 사건과 대규모 민간인 학살로 알려져 있는 거창사건, 재판장을 맡았던 진영 학살사건은 진실 규명 과정에서 매우 중요한 의미를 가진다. 이승만 정권에서 이들 사건은 정치적으로 큰 논란이 되었는데, 법리적으로 그의 정체성을 엿볼 수 있는 사례다.[18] 거창사건에서 그가 책임자들에게 사형을 구형한 것은 당시의 사법제도에서 한 명의 군검찰관으로서 가진 법률가 이상의 고민이 묻어 있다.

1951년 2월 9일부터 11일 사이에 국군 제11사단 9연대 3대대 병력이 경남 거창군 신원면 일대 6개리 마을 주민 719명을 학살하는 끔찍한 일이 일어난다.[19] 우여곡절 끝에 군법회의에 회부된 피고인들에 대해 검찰관 김태청은 연대장 오익경 대령과 대대장 한동석 소령에게 무차별 살인의 책임을 물어 사형을 구형했다. 살인의 실행자뿐만 아니라 지휘관에게 책임을 물은 그의 법리 적용은 매우 이례적인 논거였다.

1950년 10월 초에 열린 경남 김해군 진영읍에서 일어난 학살사건의 재판은 절반의 성과와 절반의 비판을 남겼다. 유사한 사건에 대한 한국전쟁기 최초의 재판이라는 데 큰 의미가 있지만, 가해자라고 할 수 있는 피의자 문제에 있어서 그 지역 일대에서 개전 초기 검속된 국민보도

---

18 거창사건에서 김태청 검찰관의 논고는 다음을 참고한다. 한인섭 편, 『거창양민학살사건 자료집 Ⅲ(재판자료편)』, 서울: 서울대학교 법학연구소, 2003, 167~170쪽.

19 거창사건에 대한 자세한 내용은 다음을 참고한다. 한성훈, 2014, 138~212쪽.

연맹원과 민간인을 학살하는 데 방첩대CIC, Counter Intelligence Corps의 책임 소재를 제외한 것은 한계였다.

진영읍에서는 교육자이자 선각자였던 농민운동가 강성갑 목사를 비롯한 많은 사람이 방첩대 진영파견대장의 명령을 받은 김병희 지서장의 지시에 따라 살해당했다. 방첩대의 통제 속에서 김병희 지서장의 개인 감정이 보태져 진영중학교 여교사 김영명 또한 살상당했다. 이 사건은 헌병대 수사를 거쳐 경남계엄사령부 민사부장 김종원 대령이 진상을 발표했고 피의자들에 대한 군법회의가 열렸다. 재판장을 맡은 김태청은 김병희 지서장에게 사형을 선고한다.[20]

비록 '살인죄'이기는 하지만 전시에 지서장에게 사형을 선고하고 11사단 9연대장과 대대장에게 사형을 구형한 것은 대단한 기개였다. 오늘날로 치면 병사들이 저지른 잔혹한 전쟁범죄나 반인도범죄에 해당하는 상관의 책임이었다. 이 문제는 태평양전쟁이 끝난 뒤 전범을 처리하는 과정에서 쟁점이었던 적이 있었고, 현재도 제노사이드 범죄에서 중요하게 다루는 사항이다.[21]

김태청과 김종원은 묘한 인연이 있다. 국회조사단의 거창사건 현지조사를 방해한 "백두산 호랑이" 김종원, 그는 이승만의 총애를 받는 경남계엄사령부 민사부장이었지만 김태청은 이에 개의치 않았다. 평양에서

---

20 진영지역 학살사건에 대해서는 다음을 참고한다. 한성훈, 「진영지역 학살과 진실규명: 역사의 법정과 희생자 복원」, 『역사연구』, 제21호, 2011, 73~99쪽.

21 이 쟁점의 사례에 대해서는 다음 글을 참고한다. 이윤제, 「야마시타 사건과 상급자 책임」, 『서울국제법연구』 제20권 1호, 2013; 한성훈, 2018, 60~61쪽.

국군이 철수할 때 헌병사령부 부사령관이었던 김종원은 김태청의 가족이 이남으로 오는 데 큰 도움을 준 은인이었다. 김태청은 그에게 실형을 구형함으로써 법의 원칙대로 정의를 실현하고자 했다.

1951년 육군본부 법무감실로 전속 명령을 받은 김태청은 국민들 사이에 원성이 자자했던 국민방위군 사건을 맡는다. '대한민국에는 법도 없나'라는 여론이 들끓고 있었다. 국민방위군 관련자의 공판일에 그는 피고인 김윤근 사령관, 윤익헌 부사령관, 강석한 재무실장, 박창언 조달과장, 박기환 보급과장에게 사형을 구형한다. 그가 소신 있는 구형을 할 수 있었던 것은 이종찬 참모총장과 이호 법무감이 이승만의 정치적 외압을 막아주었기 때문이다.[22] 그는 군복을 벗을 각오까지 하고 이 사건 피의자들에게 "목을 달라"고 구형했다.[23]

이승만과 박정희, 전두환 정권에서 군대가 정치의 도구로 쓰인 것을 비판하는 그의 면모는 재판과 변호사 활동에서 드러난다. 국민방위군 사건과 거창사건에 대한 검찰관으로서 그의 논고는 군부대의 지휘권에 견주어보면 매우 이례적인 법리였다. 그는 정치와는 분리된 국가의 법제도를 원칙으로 삼았다. 군인이기는 했지만 그보다 앞서 그는 한 사람의 법률가였다. 이승만 정권에서 '부산정치파동'이 일어났을 때 소신을 지킨 김태청은 권력의 비위를 맞추지 않고 법치주의를 고집하다 9년 동안이나 대령 계급에 머문 채 한직으로 밀려나 있었다.

그러다 4·19혁명 이후에 장군으로 진급해 법무감이 되었지만 5·16쿠

---

22 김태청 구술, 한성훈 채록, 서울시 중구 태평로2가 계림합동법률사무소, 2005. 3. 30.
23 김태청, 2001, 260~272쪽.

데타 직후 강제로 예편당한다. 이런 일을 겪은 후 그는 5·16 군사정권의 통치를 비판한다. 군인들이 취한 일련의 조치는 "'법에 의한 정치'가 아니고 '정치를 위한 법적 조치'"이며, 이런 측면에서 북한 체제와 다르지 않음을 지적한 것이다. 김태청의 면모는 법치주의자의 정체성에 있다. 그는 "훌륭한 법률가는 훌륭한 민주주의자"라는 믿음을 갖고 삶에 임했다.[24]

유신헌법에 대해 그는 '5·16을 혁명으로, 4·19를 의거'라고 명명한 정치군인들의 행태를 비판한다. 이는 시민주체와 권리, 그리고 혁명을 민주주의의 이상적 실현 과정이라고 보는 관점이다. 그는 법치주의 원칙에 근거한 법률가의 관점을 유지하면서 법조문에 대한 보수적 해석이나 적용이 아니라 법이 적용되는 사회의 현실을 폭넓게 고려하는 자세를 취한다.

1980년 5·18 직전 대한변호사협회 회장을 맡고 있던 그는 5월 16일 '시국선언문'을 발표한다. 성명의 일부는 다음과 같다. "법적 요건을 갖추지 못한 현 비상계엄을 즉각 해체하라. 유신 세력은 인책 사퇴하라. 정치시녀로 전락한 법조인의 반성을 촉구하며 현명하게 처신할 것을 경고한다!" 앞서 5월 1일 '법의 날'을 맞아 발표한 성명에서 그는 계엄이 위법이라며 신군부를 정면으로 비판했다.

1980년 5월 광주에서 대규모 유혈사태가 일어났다. 훗날 '시민군'에 대한 김태청의 인식은 매우 진취적이었다. 그는 '시민군'의 행위를 시민

---

24 김태청, 2001, 275쪽, 330쪽.

혁명의 관점에서 자리매김한다. 광주 '시민군'은 "자연발생적인 '민'이 주역이었던 점과 타도되어야 할 유신의 찌꺼기 정권에 대한 투쟁"으로 볼 때, 프랑스 대혁명 때 루이 왕조를 전복시킨 파리의 시민혁명군이나 러시아혁명 때 로마노프 제정을 타도한 농민혁명군과 흡사하다. '폭동'이 아닌 '광주민주화운동'으로 자리매김하는 5·18의 성격을 "진정한 '민주정권'의 수립을 위한 '피의 항쟁'"이라고 규정한다.[25] 이런 맥락에서 광주 시민들이 총을 든 것에 대한 평가는 대단히 이채롭다.[26]

5·18 광주시민항쟁의 주역은 (……) 민중 속에서 자연발생적으로 형성된 순수 '시민군'이었으므로 '혁명의 주체로서 하자'가 없었다. 그러므로 그 시민군이 만일, 정부의 무기를 노획하는 등으로 동학란 때처럼 점차 그 세력을 확대하여 4·19 때와 같은 학생군과 함께 '혁명의 대상 정권으로서 하자'가 없는 비정통, 비민선의 최규하 유신잔재정부를 타도했던들 한국의 민주사를 바꾼 영예의 '시민혁명군'으로 승화했을 것이다.

인용문에서 보듯이 김태청은 5·18에서 등장한 '무장혁명'을 지지한다. 법률가의 보수성과 군대에서 오랫동안 복무한 경험을 뒤로하고 '시민군'을 단순한 민주화 시위 군중이 아니라 정통성이 없는 정권을 타도하는 '합법적인 혁명의 권리를 가진the regitimate right of revolution' '민간

---

25 김태청, 2001, 341~342쪽 각주 8을 참조한다.

26 김태청, 2001, 343~344쪽. 그는 1979년 5월부터 1981년 5월까지 28대, 29대 대한변호사협회 회장을 지냈다.

무장단체'로 격상시킨다. 민주주의 사회변혁을 강력히 받아들인 그의 관점은 한 세대를 지나 법원의 판결로서 그 정당성이 확인된다.

2019년 11월 29일, 서울고등법원(형사9부)은 내란실행 혐의로 기소된 구두공 장○○의 재심에서 징역 3년을 선고한 원심을 파기하고 무죄를 선고한다. 1980년 5월 27일 미성년 구두공이었던 그는 광주 시내에서 칼빈 소총으로 계엄군에게 실탄 두 발을 발사한 것이 "내란을 실행한 혐의"가 되어 기소되었다. 재판 도중 성년이 되어 그해 12월 29일 열린 항소심에서 징역 3년형을 선고받고 형이 확정되었다.

39년 만에 열린 재심에서 재판부는 미성년자 구두공의 행위를 1980년 5월 18일을 전후해 발생한 "헌정질서 파괴 범죄를 저지하거나 반대한 행위"이자 "헌법의 존립과 헌정질서를 유지하기 위한 정당방위에 해당"한다고 판시했다. 무장투쟁을 적극 지지한 김태청의 논고에 비하면 서울고등법원의 '정당방위'는 상대적으로 소극적인 해석이지만, '시민군'의 '무력 행위'를 불가피한 것으로 판단한 데 그 나름의 의의가 있다.

"미완의 혁명군"으로서 광주 '시민군'에 대한 높은 역사적 평가와 달리 5·16쿠데타 세력들에 대한 비판은 군인들이 주장하는 '혁명'의 허구를 날카롭게 지적함으로써 대비된다. 김태청에게 중요한 것은 '정치가 지배하는 법의 통치'를 거부하고 '법이 지배하는 정치질서'를 바로잡으려고 한 데 있다.

세월이 흐르고 시대가 바뀌어가면서 그의 정체성에 미묘한 흐름이 더해진다. 사형 구형을 받은 국민방위군 사건의 피의자 네 명은 판사의 선고 후 그대로 집행되었다. "법대로"라는 원칙에 따라 사형을 구형했던 그는 "인간에 의한 인간의 심판을 정의의 실현이라고 단정 지은 것을 일흔을 넘기고서야 뉘우쳤다. 그는 자신이 법이라는 잣대로 다룬 사람들이 피의자 이전에 한 사람의 인간이었음을 깊이 깨달았다. 이는 휴머니즘을 더욱 중요하게 생각하고 사형제도를 비판하게 된 인식의 변화로 해석할 수 있을 것이다.

군검찰과 변호사의 삶에서 보듯이 김태청의 모습은 다음과 같이 말할 수 있다. 첫째, '자유민주주의 이상'을 법으로 실현하는 데 있다. 둘째, '법에 의한 민의 자기 주권성'을 확립하려고 한다. 셋째, 위 두 가지와 관련해서 그의 정체성은 정치권력의 정당성을 시민의 입장에서 평가하는 데 있다. 통치의 정당성은 권력 행사의 절차적 정당성으로서 시민의 지지를 획득한 정치권력의 도덕적 정당성과 궤를 같이한다.

한 국가의 체계를 완결하는 데 가장 중요한 것이 (헌)법이라는 규범이며, 법에 의한 지배는 곧 시민이 스스로의 통치를 보증하는 자치와 주권의 원리를 함의한다. 군검찰관으로 재직하는 동안 보여준 다양한 사례와 군사정권에 대한 비판, 이에 저항하기 위해 총을 든 광주시민에 대한 평가는 결국 근대국가의 핵심인 '법에 의한 통치'를 시민의 입장에서 확립하기 위한 것이다. 법치주의는 근대국가의 이상이자 김태청 자신의 이상이었다.

12장

기독교 통일운동가 유태영

보수 종교인에서 반미주의자로

미국 뉴저지에 살고 있는 유태영 목사는 종교와 통일운동의 관점에 많은 시사점을 제공하는 인물이다. 기독교 목사인 그에게는 수십 차례 평양을 방문하고 북미주 지역에서 남북한의 대화를 위해 노력한 경험이 있다. 1930년 11월 17일 황해도 안악에서 태어나 전쟁 때 월남했고, 미국으로 이주한 이후 평양과 왕래하면서 다양한 활동을 펼쳤다. 신앙을 바탕으로 하는 통일운동 관점에서 그의 행보에 주목해보자.

유태영이 초등학생이었던 시절에 가족은 신천군 남부면 부정리로 이사해 살았다. 1950년 전쟁이 일어날 때 열아홉 살이었던 그는 평양에서 수학하고 있었다. 인민군의 징집을 피해 신천의 집으로 돌아와 부엌에 묻어둔 독 안에서 몇 개월을 숨어 지냈다.[1] 신천학살을 다룬 황석영의 소설 『손님』에서 류요셉으로 등장하는 그는 목사 집안에서 태어나

기독교의 영향으로 친미반공주의자로 자랐다.[2] 아버지 유동만은 평양 숭실학교 시절 3·1운동에 가담해 퇴학당한 후 평양신학교에서 공부해 목사가 되었다. 어머니는 김익두 목사의 양녀였다. 기독교 가정의 보수적인 배경은 그가 어릴 때부터 "공산당, 빨갱이는 원수, 마귀"라는 생각을 갖게끔 했다.[3]

1950년 가을, 전세가 뒤바뀌어 국군과 유엔군이 38선을 넘자 신천 지역에는 기독교 우익청년들이 주동이 되어 치안대를 조직한다. 그들은 사과나무 과수원 움막에 공산주의자들을 몇십 명씩 집어넣고 불을 지른 후 뛰쳐나오는 청년들을 죽였다.[4] 유태영의 심중은 이랬다. '큰형이 목사 아들인데, 형 같은 사람이 앞장서가지고 빨갱이들을 죽여야 된다.' "우리는 기독교 가정이니까", 큰형이 "교회에서 왕초 노릇을 했단 말이에요." "해방됐다, 빨갱이들이 이제 끝났다. (빨갱이들이) 산에 들어가 있다가 내려오니까" 그들을 전부 새끼줄로 묶어가지고 우물에다 넣고서는 휘발유를 뿌려서 살해했다.[5]

---

1   한성훈, 2019, 257쪽.

2   황석영, 『손님』, 서울: 창작과비평사, 2001. 이 소설은 유태영이 황석영에게 들려준 자신의 경험에서 비롯되었다.

3   유태영 구술, 한성훈 채록, 미국 뉴저지 해링턴 파크, 유태영 자택, 2016. 2. 20.

4   한성훈, 2019, 258쪽. 유태영 목사의 형(유태연)의 치안대원 활동과 신천학살 분석, 가족들에 대한 북한의 대우에 대해서는 다음을 참고한다. 한성훈, 2012, 280~303쪽; Sunghoon Han, "The Ongoing Korean War at the Sinch'ǒn Museum in North Korea," *Cross-Currents: East Asian History and Culture Review*, Vol. 4, No. 1, May 2015(E-Journal No. 14, March 2015).

5   유태영 구술, 한성훈 채록, 미국 뉴저지 해링턴 파크, 유태영 자택, 2016. 2. 20.

『손님』에 류요한으로 등장하는 유태영의 큰형이 치안대원이었는데 그는 신천 일대에서 학살을 주도한다. 한 동네에 살던 기독교인들이 이웃 사람들을 빨갱이라고 죽였다. 근본주의 사상이 상대방을 극단적인 적으로 보고 증오하듯이 "기독교 청년 우파의 급진적인 반공산주의 활동은 신천학살의 잔혹함을 더했다."[6] 로동당은 신천학살을 중요하게 다루고 있으며, 1958년 김일성은 이 실화를 배경으로 신천박물관을 건립하도록 지시했다.

유태영 목사는 1951년 1·4후퇴 때 누나와 형수, 어린 조카와 헤어져 큰형과 함께 남한으로 왔다. 1960년대 초반 미국으로 이주한 그는 1990년 북한에서 열린 범민족대회의 해외 공동의장 자격으로 평양을 방문한다.[7] 그해 8월 10일 홍콩에서 중국 민항기 편으로 베이징에 도착한 그는 다음 날 중국 주재 북한대사관을 찾아가 비자 문제를 해결하고 그날 오후 5시경 평양 순안비행장에 도착했다.[8] 평양에서 누나와 재회한 후 고향에서 형수와 조카를 만났다.

북한을 향하는 그의 마음에는 분단 상황에 대한 복잡한 심정이 놓여 있다. 반세기 동안 고향을 떠나 타향살이를 해야만 했던 억울한 감정이 가슴에서 치밀었다. 북녘 땅을 마치 남의 나라를 찾아가듯 초청장과 비자를 받아 손님 자격으로 가는 자신을 보고, 우리 민족이 무능

---

6 한성훈, 2019, 258쪽.

7 한성훈, 2019, 258쪽.

8 이에 대한 내용은 다음에서 정리했다. 유태영, 『제 소리』, 뉴욕: 가나안, 2010, 219~222쪽; 유태영 구술, 한성훈 채록, 미국 뉴저지 해링턴 파크, 유태영 자택, 2016. 2. 20.

해서 그런 소치에 빠져 있음을 뼈저리게 느끼고 부끄러움을 금할 수 없었다.[9] 미국 동부에서 목회활동에 전념하면서 북한을 여러 차례 방문하고 통일운동에 뛰어들었는데, 장로교 전통의 종교관을 배경으로 하는 그는 보수 종교인에서 반미주의자가 되었다.

미군 제7사단에서 카투사KATUSA로 복무하는 동안 '완전히 반미주의자'가 되었지만 신앙의 이상과 현실 정치(통일)에 대한 관점을 정립하기까지 마음의 갈등이 만만치 않았다. 군목이었던 그는 남한에서 우월한 지위를 갖는 미군의 여러 가지 행태를 자세히 보았다. 크리스마스가 다가오면 버터와 우유 한 컵을 마시기 위해 파티에 동원되는 이화여대 학생들이나 또 이런 것을 좋아하는 풍토는 그가 "공산화를 막아"준 미국을 다시 보는 계기였다.

미군 부대에서 33개월 동안 생활하면서 그들의 문화와 정치, 군사력 같은 것이 우리 민족의 역사와 어떻게 관계되는지, 기독교를 바탕으로 하는 신앙의 원리 속에서 문제의식을 찾으려고 했다. 카투사로 미군과 생활하면서 미국이라는 나라에 대해 정치적으로 눈을 뜨고 자주의식을 깨달았다.[10]

보수주의를 넘어서는 유태영 목사의 신앙관은 종교에 대한 개방성에서 엿볼 수 있다. 군목으로 복무할 당시에 그는 기독교 목사지만 신부를 초빙해 군인들 중 천주교 신자들을 위해서 미사를 드리고, 불교인을 위해서는 스님을 모셔와 예불을 올렸다. 그러면서 점차 종교의 근원을

---

9 유태영, 2010, 206쪽.

10 유태영 구술, 한성훈 채록, 미국 뉴저지 해링턴 파크, 유태영 자택, 2016. 2. 20.

생각하고 기독교의 모순을 알게 되었다. 보수적인 신앙에 대한 근본적인 회의는 이미 신학교에 다닐 때부터 무교회주의자 함석헌의 강연을 듣게끔 이끌었다. 신학교에 다닐 때 함석헌의 강연회가 서울역 옆에 있는 세브란스병원 별관 회의실에서 매주 열렸는데 1년 반 동안 거의 빠지지 않고 참석했다.

강연에서 함석헌은 '기독교의 사회와 교회를 위한 기독교'를 강하게 비판한다. 여기서 유태영이 정립한 신앙관 중 하나는 "교회를 위한 기독교가 아니"라는 것에 눈을 뜬 데 있다.[11] 함석헌에게 큰 영향을 받은 유태영은 신앙의 본질과 종교에 대해 다시 생각하고, "교회를 위한 교회"와 "목사들의 직업을 위한 기독교"를 비판한다. "내세에 대한 기본을 소홀히 하지 않으면서 현세의 사명을 깨우쳐서" 이 둘을 연결 짓는 것이 그에게 중요해졌다.[12]

종교나 제도, 관습, 문화의 형태를 갖는 사회적 가치는 개인에게 영향을 끼치고, 인간은 이와 같은 영향에 적응하며 새로운 정체성을 형성한다. 정체성은 고정되어 있는 불변의 것이 아니라 사회현상과 상호작용하면서 역동적으로 변한다.[13] 유태영에게 이 세상과 종교생활의 접근 방식에 대한 근본적인 고뇌는 신앙과 사회의식의 조화를 어떻게 이룰 것인가 하는 데 있었다.

---

11 기독교의 조직화된 힘과 권력, 교회의 양적 성장에 대한 비판은 다음을 참고한다. 김성수, 2006, 100~101쪽.

12 유태영 구술, 한성훈 채록, 미국 뉴저지 해링턴 파크, 유태영 자택, 2016. 2. 20.

13 사미자, 『종교심리학』, 서울: 장로회신학대학교출판부, 2001, 67~79쪽.

1994년 여름으로 돌아가보자. 김일성 주석이 사망하고 조문 파동이 일어났다. 이 갈등은 남한에서만 불거진 게 아니다. 토론토와 뉴욕, 북미주에서 김일성의 영결식에 참석한 사람들에 대해 찬반이 나뉘었고, 이것은 결국 이념 문제로 불똥이 튀어 통일운동의 분열에 옮겨 붙었다. 유태영이 평양의 금수산태양궁전에 가서 참배를 하고 뉴욕으로 돌아오자 한인사회의 '조문 파동'은 교회를 중심으로 번져갔다.[14]

남한의 상황에 영향을 받은 한인 교계에서 그의 "방북에 대하여 시비가" 붙었다. 그는 방북한 사람들을 무조건 '빨갱이'나 '친북 인사'로 매도하는 것은 "냉전 체제를 오직 한국 땅에서만 유지하겠다는 큰 오산"이라고 일갈했다. 남한과 미주한인사회의 반북 정서에서 그가 주목한 것은 한국전쟁의 피해였다. 방북에서 돌아온 직후 『미주중앙일보』와 가진 대담에서 그는 전쟁의 유산을 넘어서야 한다는 자신의 입장을 밝힌다.[15]

6·25의 상처를 입고 있는 국민감정을 나는 잘 알고 있다. 그러나 정부가 6·25의 감정을 선동하여 반정부 감정만을 흥분시키는 처사는 냉전 공안 정국의 회복을 뜻한다. (……) 6·25의 피해를 입은 사람들이 원한을 품고 있다는 사실을 나는 너무나도 잘 알고 있으며 그들의 반공반북 사상을 널리 이해하고 있다. 그들의 분노에 대하여 나도 6·25로 인하여 형님을 잃은 사람임을 밝히고 싶다. (……) 그러나 나는 6·25의 한을 가슴

---

14 김일성 사후 조문 파동에 대한 분석은 다음 글에서 인용한다. 한성훈, 2019, 29~30쪽.
15 유태영, 2010, 339쪽; 『미주중앙일보』, 1994. 8. 10.

에 품고 끌어안는 동시에 또한 오늘 우리 한국 민족공동체의 이익이 무엇이며 어떤 길을 선택해나가야 할 것인가에 대하여 눈물로 호소한다. 냉전과 분단의 사고방식에서 떨쳐나기를 바란다. 전쟁과 분쟁을 다음 세대에 물려주지 않도록 6·25 1세대들의 폐쇄성을 청산해야 한다.

이와 같은 관점에서 유태영은 남한의 기독교계가 신천학살에 대해 사죄하지 않는 것을 비판한다.[16] 신천학살은 기독교인과 깊은 관련이 있다. 북한에서 종교, 그중에서도 기독교는 사회주의 혁명의 걸림돌 중 하나였다. 정부 수립을 전후해 신천 지역 기독교인들이 반공산주의 투쟁에 앞장선 것은 불가피했을 것이고, 남쪽으로 이주하지 않은 청년들의 반공활동은 전시에 더욱 치열하게 전개되었다. 신천학살을 감행한 우익 치안대는 미군을 뒷배삼아 기독교 반공청년들이 주도했다.

신앙과 통일운동의 전선에서

이민자이자 사역을 담당하는 목사로서 동포사회와 교회에 대한 유태영 목사의 관점은 분단 현실을 바탕으로 하는 '민족공동체' 구상에 있다. 이민교회의 문제점을 지적한 그는 고립주의에서 벗어날 것을 강조한다. 언어의 장벽과 문화의 이질성 때문에 이민교회가 사회적으로 점

---

16 유태영 인터뷰, 「황석영 장편소설 『손님』의 실제 모델 유태영 목사 "미군의 신천 민간인 학살 부정한 적 없다"」, 『민족21』, 2001년 9월호(통권 제6호), 50~53쪽.

점 고립되면 결과적으로 의식이 없는 교인과 교회를 만들게 될 것이라고 전망했다. 무의식의 특색은 보수성이다. 그는 교회의 고립주의가 내적 보수성을 강화시키는 것으로 보았다.

변화하는 사회와 문화, 삶의 현장 속에 교회가 놓여 있어야 하고 당대의 고통받는 이민자들의 생활 속에 신앙이 있어야 한다고 생각하는 그는 조직과 교리에 안일하게 얽매이지 않고 사회에 대한 책임과 헌신을 강조하는 공동체를 주창한다. 이 같은 유태영의 종교와 신앙관은 이미 밝힌 함석헌의 영향이다.[17] 그가 보기에 역사성과 사회성이 없는 교회의 복음적 사명은 이기주의의 현실에 안주하는 책임 회피에 불과하다. 한인 이민교회의 사명은 당대의 상황 속에서 "미국 사회와 교포 사회 그리고 조국의 역사적 현실에 대하여" 무엇인가를 실천하는 것이어야 했다.[18]

윤리적 교회를 이민교회의 신앙적 지향으로 삼은 유태영은 교회의 사명을 사회적·정치적·종교적으로 나누어 설명한다. 주목할 것은 이민교회의 정치적 사명이다. 물질화와 인종차별, 소수자를 차별하는 미국 사회를 비판하면서 그는 인권과 한인 2~3세의 자유와 평등을 위해 "'종교적 정치운동'과 '정치적 종교운동'"을 전개할 수 있는 힘을 양성할 것을 호소한다.

위와 같은 사명에 유태영 목사는 조국의 현실과 민주주의, 남북통일을 위한 최선의 노력을 실천적으로 감행해야 한다고 덧붙인다.[19] 그는

---

17 함석헌에 대한 유태영의 평가와 추모는 다음을 참고한다. 유태영, 2010, 252~254쪽.
18 유태영, 2010, 291~292쪽.

1990년 8월 제1차 범민족대회에 참가한 인사들과 주석궁에서 찍은 사진. 앞에서 세 번째 줄, 왼쪽에서 두 번째가 유태영 목사다.

신앙과 통일의 문제를 "사랑의 인간화 실현"이라는 점에서 공통의 것으로 간주한다. 남북한의 화합을 꿈꾸고 북한을 드나들면서 통일운동에 앞장선 것은 "참된 신앙이야말로 남북의 이데올로기를 초월할 수 있"다는 신념에서 비롯했다.[20]

신앙을 근거로 하는 유태영 목사의 통일관은 다음과 같다. 첫째, 성서적 보수주의를 비판한다. 한국 교회 일부에서 주장하는 것처럼 한반도 통일에 관심을 갖고 행동하는 사람들을 "공산주의자"라고 낙인찍는

19 유태영, 2010, 295~296쪽.

20 유태영, 2010, 311쪽.

것은 반민족적인 사고방식이다. 성서적 보수주의자들처럼 "교회가 남북통일의 장애" 요소가 되지 말아야 하는 것이다. 둘째, 정권을 유지하는 수단으로 남북관계를 오용해서는 안 된다. 특정한 정권의 이해에 따라 남북 교류와 통합, 통일 과정이 왜곡되어서는 곤란하다는 점이다. 셋째, 통일은 자주적 의지와 노력을 바탕으로 하고 강대국에 의존하는 경향을 탈피해야 한다.[21]

인간을 본질적으로 종교적 인간으로 파악하고 자아의 중심적 역할을 공동체의 상호작용에서 강조한 에릭슨의 주장처럼,[22] 기독교를 근간으로 한 유태영의 통일에 대한 신앙적 정체성은 분단사회에 놓인 한 지식인의 삶을 투영한다. 이념에 경도되지 않고 신앙 속에서 윤리적 공동체의 가능성을 열고자 했던 유태영 목사는 자신의 체험과 정치사회, 그리고 종교를 철저하게 아우르는 방식으로 일관되게 통일운동에 헌신했다. 그의 정체성은 분단이라는 역사의 현실 앞에 선 한 개인의 체험과 실존으로 구성된 것이다.

1990년 8월 유태영은 고향 땅 신천에서 어머니 묘소를 찾았다. 전쟁 때 미군의 폭격으로 초토화된 동네는 농지 확장 이후 논밭으로 바뀌었다. 산과 언덕의 경치는 변한 것 같지 않은데, 동리와 어린 시절 목욕하며 놀던 냇가의 정취는 옛 모습이 아니었다. "광활한 벌판의 한 지점이 바로" 그가 살던 마을이었다. 형수는 할머니가 쓰던 밥상과 아버지가 귀히 여기던 책장을 가보처럼 간직하고 있었다. 그것은 유태영 목사에

---

21 유태영, 2010, 243~244쪽.
22 안신, 2008, 182쪽, 188쪽.

게 "지나온 자국은 언제라도 제자리에 돌아오기만 하면 되살아나는 것을 실감"나게 해주었다.[23] 40년 전의 한 순간처럼 느껴지는 시공간이었다. 지나온 삶의 흔적을 찾는 것이 인간의 본성인지 모른다.

통일운동에 대한 유태영의 행적은 평양의 주장에 우호적이고 가깝게 느껴질 수 있다. 그는 종교인으로서 남북한이 평화롭게 공존하고 결국은 통일에 이르도록 힘쓰는 게 자신의 사명이라고 여긴다. 종교의 사회 참여는 결국 신앙이 어떤 주의·주장을 넘어서는 신념과 맥락을 같이한다. 그는 기독교 신앙을 뼈대로 하면서도 종교의 개방성과 사회적 가치 실현을 우선했다. 이북 출신이라는 태생의 존재론적 형식 앞에서 그리고 신천학살의 체험과 제국주의 미국의 얼굴을 본 다음, 북한 가족들의 삶에 더욱 적극적으로 개입했고 미국에서 통일운동에 매진했다.

---

23 유태영, 2010, 221쪽.

13장

기업가 오동선

이북에서 느낀 자아상실감

월남 기업가의 삶을 보자. 오동선은 일제강점기에 원산에서 전자기기 수리업체를 차릴 정도로 뛰어난 기술자이자 사업가였다. 1918년 8월 29일 함경남도 영흥에서 태어난 그는 혼인을 해서 가정을 이루었는데, 전쟁 때 원산에서 단신으로 피난선을 타고 남쪽에 와서 정착한다. 그가 마음속에 간직한 소망은 기업 경영에서 알 수 있는데, 그것은 국가의 경제발전과 자기 자신의 존재감이다.

　남한의 전기전자 부품 산업 중에서 전력 콘덴서 분야의 핵심이 되는 업체가 그가 세운 삼화전자공업(주)이다. 공동체 구성원으로서 그의 정체성은 국가 경제의 발전뿐만 아니라 근대국가의 세금제도에 대한 인식과 관련되어 있다. 정치공동체와 그 구성원이 관계 맺는 방식과 자신의 존재를 세금이라는 의무의 이행에서 확인하는 것이다.

1934년 조선무선공학원을 졸업한 오동선은 목단강 근처에서 조선인이 운영하는 업체로서 라디오와 전기기계를 조립·수리하는 삼화전기에서 1년을 보낸다. 원산으로 돌아온 1939년 봄, 가전 수리 전문업체 삼화라디오상회를 설립한다. 해방이 되자 그에게는 "전자전기 기술과 역량이라면 국가의 경제 부흥과 발전을 위해 일익을 담당할 자신"감이 생겼다. "삼화전기의 경영 기반을 바탕으로 얼마든지 국가가 원하고 필요로 하는 일에 이바지할 수도 있었다."[1]

　　시간이 흐르면서 이런 기대와 희망은 물거품으로 변한다. 이북 사회의 급격한 변혁은 그가 사업을 "'열심히 하는 것이 곧 국가를 위한 길'이라는 생각을" 버리게끔 만들었다.[2] 북한 당국은 민간이 소유하고 있는 전기제품 관련 물자를 몰수했다. 보유하고 있던 물건을 모두 빼앗겨 하루아침에 사업 기반을 잃어버렸다. 이 경험은 북한이라는 신생국가와 개인의 관계 변화를 알게 해준 사건이었다.

　　사업체를 몰수당한 오동선이 느낀 상실감은 일제강점기에 겪은 것 못지않았다. 제국주의 시대에 학업을 중단해야 했던 우여곡절과 이국땅 만주행을 결심한 일, 형의 징용을 막기 위해 목숨까지 걸어야 했던 것은 모두 미련이나 아쉬움으로 둘 수 있다. 그러나 "버리는 것과 빼앗기는 것의 차이는 너무도 컸다." "나라는 해방과 독립을 맞이"했지만 그 "자신은 정치적 환경 변화에 따라 억압과 예속의 삶을 살"게 된 것이다. 사회주의 사회로 변모해가는 북쪽에서 "인간이 꿈과 희망을 품을 수

1　오동선, 『지붕자전』, 서울: 삶과꿈, 2005, 118쪽.

2　오동선, 2005, 119쪽.

없고, 목석과 목표를 상실했을 때의 심정"을 느꼈다. "어찔 수 없는 환경"에서 "한숨과 탄식, 자책과 자조의 세월을 보"냈다.[3]

개인을 복속시키는 국가의 본질은 일제강점기에 사업을 하면서도 느낀 것이었다. 어떤 때는 "조선 사람으로 태어난 게 원망스럽기도 하고" "부모가 밉기도 했"다. "조선 사람으로 태어나가지고 그 사람들한테" 괄시받은 걸 가만히 생각해보면 참으로 "비참"했다. 8·15해방이 되어서는 사회주의가 들어왔는데, 일하는 것을 보니 "자유라는 게 하나도 없"었다. 동생은 반동분자로 몰려 행방이 묘연했고 자신은 정치보위부로부터 함정수사를 당할 뻔했다. 원산 시내에서 전기공사를 한 것이 친일분자로 오인받아 치안대원들에게 매를 맞기도 했다.[4] 이런 연유로 그는 정치를 부정적으로 생각하고 멀리하게 되었다.

오동선은 아버지에게 엄한 교육을 받는다. 한 문장으로 표현한다면 '남에게 폐를 끼치지 말고 자수성가하라'는 것이었다. 약종상을 하는 아버지에게서 용돈을 공짜로 받은 적이 없었고 무슨 일이든 하고 난 다음에는 꼭 대가를 받았다. 아버지의 자전거를 한 번 닦을 때마다 노동의 대가로 10전을 받았다. 노동의 소중함을 깨우친 아들은 훗날 기업을 일으켜 큰 성과를 거두었고 검소한 생활로 보답했다.

전쟁이 발발하고 금방 돌아올 것이라고 생각해 부인과 갓 출산한 아기, 큰 딸아이를 남겨두고 원산에서 우여곡절 끝에 배를 타고 포항으

---

3   오동선, 2005, 119쪽.
4   오동선 구술, 한성훈 채록, 서울 강남구 논현동 삼영빌딩, 삼화지봉장학재단 사무실,
    2015. 3. 5.

로 온다. 서울로 온 그는 양곡장사와 전기통신 중고품을 매집한 후 수리하고, 미군에게 불하받은 물품을 사 모아 삼화전기상사를 설립한다. 1952년 초겨울 서울 청계천변의 장사동 전자상가의 효시가 바로 그가 세운 가게였다. 이로써 삼화전자공업의 콘덴서 제조업이 시작되었다.

사업을 시작하던 무렵에는 전후 열악한 전기 사정으로 캄캄한 밤이면 촛불이나 등잔불에 의존할 수밖에 없는 현실이었다.[5] 오동선은 전기전자 부품업체에서 굉장히 이른 때인 1960년 초 제조업에 뛰어들었다. 그동안 쌓아왔던 이 분야의 사업 품목에 주목해 향후 국민경제에 시급히 필요한 것이 무엇일까 고민한 끝에 콘덴서를 선택한다. 전력용 콘덴서는 개인 생활의 필수요소이자 국가산업의 원동력인 전기 송전의 주요 부품이다. 전자 부품과 소재 산업으로 60년간 이어온 삼화전자공업의 발전은 한국의 콘덴서 산업 그 자체였다.[6]

경제활동으로 바쁜 나날에도 가족은 늘 가슴속에 똬리를 틀고 있었다. 남쪽으로 온 지 4년 동안 독신으로 지낸 그는 "가게 일을 마치고 나면 북에 두고 온 가족에 대한 걱정과 고향 생각 때문에 맨 정신으로 버텨내기가 쉽지 않았다." "국토의 분단은 시간이 갈수록 굳어져가고" 월남민의 설움은 커져만 갔다.[7] 어떻게 살 것인지가 문제였다. 삶의 안정이 필요했다. 젊은 나이에 회한과 한탄에 빠져 지내는 일상생활을 반복

---

5   오동선, 2005, 151~152쪽.

6   삼화기업의 사업 분야와 제품, 기업 현황에 대한 내용은 다음을 참고한다. 오동선, 2005, 362~365쪽.

7   오동선, 2005, 141쪽. 실향이 정체성에 미치는 영향에 대한 구체적인 사례는 다음을 참고한다. 김귀옥, 1999, 426~429쪽.

하면서 그는 언젠가 고향에 돌아갈 수 있으리라는 막연한 기대로 한동안 거절했던 혼인 문제를 다시 생각하게 되었다.

오동선에게는 가정에 대한 낭만적 감상이 상당하다. 북쪽에서 이미 일가를 이루었던 경험에 비추어보면 그의 말 못 할 고민을 짐작할 수 있다. 사랑은 개인의 정체성을 확장시키는 감정이다.[8] 남녀 간의 연애 감정뿐 아니라 가족 역시 정체성의 중요한 기반이다. 사랑의 대상은 사람만이 아니고 종교의 신 또는 어떤 사회적 실재가 될 수도 있다. 중요한 것은 사랑의 감정이 인간의 내적 심성과 정체성을 폭넓게 하는 데 있다.

자기 존재의 의무와 경제발전의 소명

일본과 사업협력을 하면서 식민지 문제와 민족의식을 재정립하는 것은 경제인으로서도 피할 수 없었다. 1960년은 일본과 국교가 수립되지 않아 여권을 발급받을 수도 없는 때였다. 4·19혁명이 일어나자마자 여권을 신청했고 우여곡절 끝에 그해 12월 일본콘덴서공업(주)와 기술제휴를 체결한다. 반목과 다툼, 침략 전쟁의 역사로 점철된 한국과 일본의 숙명적인 관계에서 그 나름대로 새로운 관점을 정립해나갔다.

일본으로부터 콘덴서 기술도입 협약을 맺을 때, 오동선은 일제강점기에 "적지 않은 핍박과 서러움의 시절을 보낸 피해 당사자 중 한 사람"이

---

8 알프레드 그로세르 지음, 2002, 158쪽.

었다. 기술협력관계를 맺고 콘덴서를 직접 생산해서 판매하는 "기업가로 변신한 이상", 한일관계에 새로운 안목과 시야가 필요했다. 그는 "씻을 수 없는 민족적 감정의 관계를 개선하고 식민지 시절과 같은 불행의 역사에서 벗어나기 위해서는" 기업인의 역할이 무시하지 못할 만큼 큰 비중을 차지할 것이라고 생각했다.[9]

이북의 가족과는 헤어지고 남쪽에서 새로운 가정을 이루었다. 그곳에서 일으킨 사업은 모두 빼앗겼지만 이곳에서 기업을 이루었다. 오동선에게 체제와 삶은 곧 국가와 가족의 정체성이다. 대한민국이 그에게 준 큰 기쁨은 두 가지였다. 첫째는 "가정을 꾸릴 수 있는 터전을" 마련해준 것이고, 둘째는 "납세의 의무를 주어 세금을 내도록 한" 데 있다.[10] 그가 납세의 의무를 받아들이는 사고는 굉장히 근대적인 방식이다. 근대국가의 일반적 특징인 세금은 구성원의 의무를 규정함과 동시에 공동체 성원으로서 자기 존재를 확인시켜준다.

오동선은 납세고지서를 받아든 때의 감격을 이렇게 회상한다.[11] 서울 장사동에 삼화전기상사 간판을 올린 지 1년이 되는 날 종로세무서로부터 납세고지서를 받았다. 서류를 본 그는 한동안 감격에 겨워 눈시울을 적셨다. 국민의 의무 중 하나인 납세의 의무를 다하게 되었다는 사실이 자랑스러웠고, 비로소 떳떳한 대한민국 국민이 되었음을 실감했다. 국가가 그 구성원에게 부여하는 세금을 납부하는 것은 시민으로서

---

9 오동선, 2005, 155쪽, 166~167쪽.

10 오동선, 2005, 143쪽.

11 오동선, 2005, 143쪽.

의무를 다하는 것이고, 이것은 곧 공동체의 운영에 참여할 수 있는 권리로 확대됨을 의미한다.

오동선이 공동체와 관계를 맺는 방식은 경제발전에 이바지하는 것을 포함해서 인적 자원의 교육에도 미친다. 그는 국가유공자 자녀들을 위해 회사에 일자리를 마련하고 교육을 받을 수 있게 해주었다. 1970년대 중반, 삼화전기 준공식을 앞두고 사원을 모집할 때 회사는 국가유공자 자녀를 우선 채용하기로 결정한다. 군사원호청에 직접 찾아간 그는 60명의 유공자 자녀를 채용하겠다고 밝혀 정부를 놀라게 했다. 국가유공자 자녀를 취직시켜 야간교육을 확대했다. 유공자의 자녀들이 "밝고 건강한 사회를 만드는 데 기여했다는 사실이" 그에게는 가장 자랑스러웠다.[12]

유공자에게서 그가 강조하는 것은 '숭고한 애국정신'인데 이것은 '반공'을 의미하지 않는다. 상당수의 월남민이 남쪽의 국가를 북쪽의 국가와 대조해서 자신의 삶을 말할 때가 있다. 자신이 남한에 온 것이 올바른 선택이라는 점을 여러 방면으로 설명하려는 의도에서다. 가장 흔한 사례로 이념의 기준으로는 반공주의가 그런 격이다. 오동선은 정치와 이념의 세계에서 한 발짝 물러나 경제활동에 전념하면서 교육 분야를 지원했다. 인간의 삶을 가능하게 하는 조건은 국가라는 사회제도 형태의 정치공동체이고, 이를 위해 목숨을 잃은 사람들의 자녀를 돌보는 것은 이념을 떠나 명예로운 것이었다.

---

12 오동선, 2005, 270~271쪽.

교육과 관련해서 오동선이 자신의 정체성을 발현한 또 하나는 삼화 지봉장학재단을 설립한 데 있다. 1996년 장학재단을 만들어 경제적인 어려움을 겪는 대학생과 소년·소녀가장 30여 명을 해마다 선발해 장학금을 수여한다. 그는 "창의성이 없는 사람은 미래가 없다. 창의성이란 항상 생각하는 마음을 뜻하는 것으로 새로운 생각이나 개념을 찾아내거나 기존에 있던 생각이나 개념들을 새롭게 조립해내는 것과 관련된 정신적이고 사회적인 과정을 말하는 것"이라고 강조했다. 2015년 장학금 수여식에서 축사를 한 원산시민회장 최복실은 오동선 이사장이 "삼화지봉장학재단을 설립하고 불우 소년·소녀가장과 우수 학생들에게 지금까지 20여 년간 650여 명의 장학생과 12억여 원이 소요된 장학사업을 펼쳐 인재양성에 헌신"한 것을 언급했다.[13]

이보다 앞서 1976년 그는 지인들과 함께 영흥군장학회를 설립해 기금을 조성하는 데 큰 역할을 한다. 교육에 대한 그의 소신은 첫째, 청소년들에게 평등한 교육 기회를 제공하고, 둘째, 지식을 익힘과 동시에 비전을 갖게 하며, 셋째, 기업이 학교교육의 문제를 일정하게 보완하는 데 있었다. 학교와 기업은 학문과 직업 간의 조화를 이루기 위해 공동의 노력을 해야 한다는 게 일관된 신념이었다.[14]

교육을 바라보는 그의 시각은 우리 사회의 역사적 배경을 토대로 한다. 일본 제국주의의 한민족 말살 정책에 따라 왜곡된 역사와 문화를 배운 경험과 전쟁을 겪으며 목격한 열악한 교육환경, 산업화 과정의 빈

---

13 『五道民新聞』, 주간이북오도신문, 2015. 4. 23.

14 오동선, 2005, 344~349쪽.

부 격차와 교육 수혜의 불평등, 이런 상황들이 교육에 문외한인 그를 장학사업에 적극 나서도록 했다.

1985년 정부가 발표한 '소득세 100대 고액납세자' 명단에 이름을 올린 오동선은 1984년 37위, 1985년 36위를 한 것으로 집계되었다.[15] 나이 여든을 넘긴 2001년 4월 10일 '전기의 날'을 맞아 김대중 대통령은 그에게 전기산업 발전에 기여한 공로를 인정해 은탑산업훈장을 수여한다. 월남민이 자신의 성취를 보여주는 방식은 북한이나 남한의 달라진 모습을 돌아보며 평가할 때다. 과거에 비해 월등해진 남한의 경제력은 자신들의 성취이자 사회적 기여라는 자부심으로 연결되어 있다. 오동선 역시 마찬가지였다.[16]

오동선에게 국민이라는 정체성은 구체적으로 '납세의 의무를 다함으로써 이 땅에서 합법적으로 살아갈 수 있는 권리를 갖게 되었다'는 점에 있다. 그는 세금 납부를 권리와 의무의 계약관계를 바탕으로 하는 개인의 존재에 대한 국가의 승인으로 본다. 국가로부터 받는 인정 앞에서 세금을 많이 내기 위해 애를 써야겠다는 역발상까지 했다. 국가적 사명에 충실했던 경제활동은 자긍심의 원천이었고, 국가는 남한 사회에 뿌리내리는 자신의 존재를 확인시켜주었다. 물적 기반을 갖춘 국가의 실체를 무엇보다 중요시하는 오동선은 이 국가로부터 자신이 그 성원임을 인정받는 것을 최고의 정체성으로 여겨왔던 것이다.

---

15 『한국경제신문』, 1986. 10. 10; 오동선, 2005, 145쪽 재인용.

16 오동선 구술, 한성훈 채록, 서울 강남구 논현동 삼영빌딩, 삼화지봉장학재단 사무실, 2015. 3. 5.

이 책은 역사의 뒤안길에 묻힌 사람들의 서사다. 북쪽에서 남쪽으로 남쪽에서 북쪽으로, 북쪽과 남쪽에서 해외로 간 사람들 모두 부모 형제자매와 헤어져 이산가족이 되었다. 이산은 사건으로 끝나지 않고 기억을 소환하며 생애에 걸쳐 순환한다. 장소성은 멈출 수 있지만 이산이 가지고 있는 시간의 맥락은 사라지지 않는다. 지리적·공간적 이동에 따른 생애 이야기는 개인의 삶을 역사로 만든다.

1980년 전충림이 평양으로부터 이산가족들의 만남을 정책으로 이끌어낸 것은 대단한 성과였다. 조선로동당은 전충림을 초청해 누나를 만나게 하고 고향을 찾을 수 있게 한 것이 이산가족들의 조국방문으로 발전할 것이라고 예상하지 못했다. 전충림과 전순영, 정학필이 주변의 만류를 뿌리치고 평양의 태도를 변모시킨 것은 자신들의 이익이나 편의를 위한 일이 아니었다.

그들에게 희망을 주는 것이 주체사상이었을까. 사회주의에 경도되어 평양을 드나들었을까. 로동당이나 반공주의자들이 강조하는 이념이 아니었던 것은 분명하다. 북한의 문을 두드린 사람들이 가진 한 가지 믿음은 인류의 보편성에 존재하는 가족애였다. 사람이면 누구나 유적 존재類的存在로서 느낄 수 있는 심징, 곧 모든 인간이 고유하게 가진 독자성의 발로였다. 월남민들이 연이어 평양을 방문해서 친지를 만나고 고향을 다녀왔다. 이국 땅에서 가족의 생사를 확인하고 만남을 추진하는 과정은 오랫동안 단절된 상태에 묶여 있는 쇠사슬을 끊어버리는 것과 같았다.

캐나다의 월남민들은 새로운 도전에 나섰다. 토론토에서 평양으로 이산가족을 찾는 신청서를 보내면 조선해외동포원호위원회가 가족들의 존재를 찾아 회신한다. 짧게는 6개월, 길게는 1년 가까이 걸려서 통보가 이루어진다. 답신을 받은 월남민은 가족에게 먼저 편지를 보내 안부를 직접 확인하고 몇십 년 동안의 사정을 나눈다. 이북에서 가족들이 있는 나라로 편지를 보내는 경우도 있다. 왕래가 시작되면 대부분 고향을 방문하기 위한 단계로 나아간다.

편지가 한두 번 오고가려면 앞서 보았듯 생각보다 번거롭고 시간도 많이 소요된다. 이산가족이 방북해서 가족을 만나기까지 몇 년씩 걸리는 경우도 있다. 방북 여부를 결정한 후에도 각종 서류를 제출하고, 초청장을 기다리고, 방북 날짜를 결정하는 등 해외동포 이산가족찾기회의 도움이 필요하다.

1990년에 접어들자 동유럽 국가사회주의 체제가 붕괴하고 이산가족들에게도 북한의 가족과 연락을 취할 수 있는 새로운 기회가 왔다. 그전에도 사적인 방법을 동원해 드물게 연락을 주고받는 몇몇 월남민이 있었지만 한국이 중국과 수교를 맺은 이후부터 북한과 교류할 수 있는 기회는 이전과 전혀 다른 환경을 조성했다. 남한과 북한 정부 사이의 이산가족 만남이 제한된 상태에서 월남민은 중국을 통해 가족을 만나고 편지를 주고받았으며, 외환을 송금해 경제 지원을 했다.

남한이나 북한의 정치권력이 개인의 삶을 에워싼 듯 보일 때 광막함은 보통 사람들의 앞날을 압도한다. 권력의 틈새를 뚫고 나올 수 있게 의지가 되었던 것은 인본주의였다. 분단되어 있는 정치사회의 숨 막히는 공간 속에서 절실했던 것은 평화로움에 대한 갈망이었다. 올바른 지성을 가진 사람이라면, 북한의 체제와 그곳에 사는 인민들을 선과 악의 기준으로 보지 않을 것이다. 전체주의 사회의 성격을 가진 유일체제에 포섭된 인민들이지만, 그 속에서 생명의 징표를 탐지한다면 더 많은 사실을 알려야 했다. 평범한 인민들이 사는 삶을 진지하게 보이도록.

의도를 가진 평양의 접근을 모른 척하는 것이 아니다. 남한을 향한 무력 공세와 통일전선사업은 오랫동안 로동당의 강령이었다. '냉전' 시기에 무대 뒤에 가려져 있던 평양은 성간공간의 암흑과 같은 곳에 존재하는 나라였다. 몇몇 외교관계를 가진 사회주의 국가를 제외하면 변화하는 국제질서와 동떨어져 있는 존재처럼 보였다. 그 존재를 전 세계 월남민들에게 드러낸 것이 『뉴코리아타임스』와 해외동포 이산가족찾기회였다.

판단을 한 다음에 접촉하는 것은 어느 곳에서나 별 쓸모가 없다. 여전히 이해할 수 없는 부분이 많은 곳이 조선민주주의인민공화국이기 때문이다. 옳건 그르건 간에 외부세계의 관점은 필연적으로 자기 자신의 인식에 한정된 것에 지나지 않는다. 그 속을 들여다보지 않고 새로운 사실을 발견할 수는 없다. 선우학원, 홍동근, 백승배, 전충림 그리고 평양과 협력한 이들에게 그런 길을 택하도록 요구한 것은 아무것도 없었다. 그들의 떨리는 마음을 움직인 것은 고향, 가족, 민족, 평화, 통일과 같은 의제였다. 희망, 사랑, 슬픔, 두려움과 같은 감정이 속속들이 함께 이입된 의제 말이다.

해방과 한국전쟁 동안 북쪽을 떠났을 때 그것은 불가피한 일이었는지 모른다. 남쪽의 정착 또한 어떻게든 생존을 위해서 불가피했다. 분단의 자기장에 갇혀 서로 다른 세계의 일부분으로 살 수밖에 없었다. 하지만 그들이 남한을 떠나 제3국으로 이주를 했을 때 누구도 예상하지 못한 상황이 기다리고 있었다. 이 땅을 벗어난 사람들은 처음으로 자신들이 거쳐 온 나라를 밖에서 볼 수 있었다. 그들은 이곳에서 이념의 공간에 놓인 채 떠돌고 있었던 의식의 잠에서 깨어났다.

우리는 과거에서 왔지만 과거의 우리는 아니다. 땅을 실쩍 걷어치고 뛰어올랐을 때 아주 짧은 시간 동안 갖게 되는 두려움이 있다. 일순간 아무것도 의지할 수 없는 공중에 떠오른 것이다. 발이 땅에 닿을 때까지 느껴야 하는 그 순간은 일생에서 가장 긴 시간인지도 모른다. 선구자들은 사회주의 사회에 대한 두려움 속에서 과감하게 두 발을 땅에서 떼어 평양으로 내디뎠다. 멀리 떨어진 가족과 고향에 대한 열망으로 아파했던 그들은 금지된 해역으로 배를 몰아 항해해갔다.

남쪽 출신과 다르게 이북 출신들이 갖는 불가피한 심성, 북쪽에 두고 온 가족과 산천을 지워버릴 수 없었던 것은 과거 그 자체를 회상하는 것으로 끝나지 않는다. 캐나다와 미국에서 얼굴을 맞대고 살던 동포들의 방해가 없었던 것도 아니었다. 하지만 그들은 과거로 돌아가면서 미래를 대표했다. 종국에는 자신들의 행위가 남북한 사이에 대립을 완화하고 협력을 앞당기는 데 기여할 것이라고 믿었다.

토론토의 해외동포 이산가족찾기회 활동과 여기에 조응한 조선해외동포원호위원회가 남긴 자료들은 분단의 뒤안길에서 펼쳐진 또 다른 서사를 역사로 불러들인다. 이 뒤안길은 몇몇 사람이 가담한 우연의 소산이 아니었다. 이산가족 의제가 이산 1세대의 죽음으로 끝날 수 없고 활동이 미치는 효과는 단절될 수 없다. 해외동포 이산가족찾기회는 남한에도 영향을 미쳤는데, 북한에 관심 있는 사람들이 전충림을 통해 이북과 다양한 정보를 교류하고 활동을 넓혀나갔다.

이산가족찾기는 평양과 해외에 거주하는 월남민들의 관계에 큰 영향을 끼쳤다. 가족을 만나는 상봉의 수준을 넘어서 북한이 북미 지역에서 활동할 수 있는 기반이 되었고, 이는 제3국을 통한 남한 인사들의 방북으로 이어졌다. 토론토를 거쳐 북한에서 만남과 교류가 이어졌고, 북한 당국은 자신들의 입장을 해외에서 설명할 수 있는 기회를 뉴욕과 토론토에서 가졌다. 로동당 입장에서 이산가족찾기 사업은 북미주의 해외동포 정책을 제도화하고 자신들의 대외활동을 확대하는 기회였다. 재일조선인 문제에서 시작한 로동당의 해외동포에 대한 관심은 갈수록 늘어날 것이다.

미주 해외동포들이 펼친 평화통일운동은 재주가 뛰어난 몇 사람의 성취가 아니다. 평양으로부터 가슴 조이게 하는 일들이 많았지만 이것을 이겨낸 뒤에는 놀라운 광경을 목격할 수 있었다. 일정 부분 서로의 이해가 맞아떨어졌다. 평양은 바깥세계에서 해외동포들의 지지를 얻을 수 있었고, 월남민과 이산가족들은 꿈속에서나 보았던 부모 형제와 그 땅을 밟을 수 있었다. 그 사회의 속사정을 눈으로 확인하고 '어버이 수령의 나라'를 새롭게 보는 비판적 관점도 가질 수 있었다.

남한 정부의 정치적 명령을 무릅쓰고 북미 대륙의 월남민들은 평양

행 발걸음을 멈추지 않았다. 남미의 월남민도 마찬가지였다. 박정희의
독재권력은 멀리 캐나다까지 미쳤지만 전충림과 그의 동지들은 북한과
사업을 진행하는 데 개의치 않았다. 조국에서 서울 방문을 못 하도록
입국을 금지했으나 또 다른 조국에서 그들은 그 나름대로 자유로워졌
다. 편지를 주고받고 얼굴을 마주했으며 웃음과 눈물을 쏟았다. 탄압에
만 골몰한 남한 정부의 처사는 실제적이고 유용한 것이 동포들의 마음
을 움직일 수 있게 해주는 힘이라는 사실을 미처 깨닫지 못했다.

　해외 이산가족 교류가 남한에서 널리 알려지지 않은 이유는 역설적
으로 정부가 나서서 하지 못한 일을 했기 때문이다. 조금 나아지기는
했지만 현재도 국가보안법 때문에 남한에서 배척당하는 사람들이 있
다. 이유는 단순하다. 남한 정부의 통치를 벗어나 북한과 교류협력을
지속하기 때문이다. 2018년에 불거진 NK Vision2020 대표 최재영 목
사의 경우를 보더라도 정부의 통제와 '국가보안법'의 위협은 여전하다.
그는 미국 시민권자로서 평양을 수없이 드나들면서 그곳의 소식을 남
한 사회에 전해주고 있다. 남북정상 간의 4·27판문점선언 이후에 그는
'남북교류협력에 관한 법률' 위반 혐의로 조사를 받아야 했다.

　체제와 정치의 구조를 벗어나지 못한 현실에서 반공은 생리적인 것
이었는지 모른다. 한 국가의 국민으로만 살기를 거부한 이주민으로서
월남민들은 혼란스러웠다. 월남민이 아니더라도 최재영 목사의 경우도
마찬가지다. 어떤 사람들은 남한의 군사독재와 북한의 전체주의 사회
를 지옥이라고 느꼈을 것이다. 그렇다손 치더라도 그들은 자신들의 일
부이자 정체성을 이루는 그 환경에 갇혀 있지 않았다. 그들은 과거에
해결하지 못한 것을 앞으로도 그럴 것이라고 단정 짓지 않았다.

최재영 목사는 '친북' 인물로 간주되어 신변의 위협을 감내해야 할 곤경을 치렀다. 무슨 변명을 하더라도 이와 같은 문제는 우리 내부에서 성벽을 쌓고 북한에 대한 적의를 재생산하는 것에 불과하다. 이게 아니라면 정보수사기관의 관료화가 더 큰 문제라고 하겠다. 계속 이런 식이면 정부가 만들어놓은 규범을 애물단지 취급하는 것이 지혜처럼 되어버릴 수 있다. 시민사회에서 이뤄지는 평화통일운동은 새로운 패러다임으로 자리매김하는 중이다.

정부기관의 관료들이 시민사회의 남북 교류를 법률 위반으로 취급하려는 시도는 해외동포의 평화통일운동을 폄훼하는 편협한 사고의 찌꺼기일 뿐이다. 이산가족의 역사에서 국가의 통제와 권력의 승인을 요구하는 경우 그 한계는 분명해진다. 의미 있는 결과를 만들어간 사람들은 관료들이 아니었다. 오히려 월남한 이산가족들이 북한 사회에 대한 시각을 교정해줌으로써 관료들을 계몽했다. 이산가족이 인기 있는 정책은 아니지만 회피하거나 벗어날 수 없는 의제라는 것은 누구나 알고 있다.

'국가보안법'은 현실의 이상을 목적으로 하지 않는다. 지독히도 과거로 향하는 것이 '국가보안법'이다. 평양을 상대하면서 그들의 어떤 부분을 이해하고 긍정하는 것이 범죄가 될 수는 없다. 관료들이 정부의 허가 또는 신고 규정이 가지고 있는 배타성을 모를 리 없을 것이다. 그들이 분단의 사고 속에 갇혀 있는 동안 북미주 월남민들은 새로운 세계를 창출했고, 이제 또 다른 사람들이 다양한 방식으로 교류와 협력을 전승해가고 있다.

남한의 관료만이 문제가 아니다. 2000년 6·15남북정상회담 이후

2020년까지 최고지도자 사이의 민남이 여러 차례 있었다. 많은 사람이 이산가족 의제가 정례화되어 제도 이행으로 수렴될 것으로 기대했다. 그러나 진척된 일은 적었고 여러 번의 일시적 만남으로 끝나버렸다. 분위기를 휩쓸고 간 자국만 남았다. 이산가족 정책은 서울이 일방적으로 선언할 수 없고 평양이 호응하고 태세를 바꾸어야 할 필요성을 제기한다.

참여정부 시절 남북정상회담에서 이산가족 의제를 다룬 일화를 다시 떠올리자. 평양이 만약 이산가족 문제를 이대로 두고 간다면 그것은 인류의 보편 가치를 외면하는 것이다. 대미외교나 남북 정치 문제의 하위 의제로 보는 관점에 근본적인 변화가 필요하다. 국제사회에서 북한의 위치가 미국 문제에 절대적이라는 것을 받아들이더라도, 인본주의 시각의 보편성을 외면해서는 곤란하다. 경직되어 있는 로동당의 정책이 수용할 수 있는 범위에서 전환이 이루어져야 할 때다.

남북한의 관계 변화에 아랑곳하지 않고 일관성 있게 가야 할 노선이 이산가족들의 편지 교환과 만남, 상호방문이다. 이 땅에 사는 누군가가 자신의 근원을 찾으려고 할 때 남한과 북한은 자신의 사회만을 고집할 수 없다. 남북한을 동시에 부르지 않고 우리 존재를 설명하는 것은 한계가 있다. 서로 나뉘어 떨어져 왔더라도 남북한의 책임이 동시에 작용해왔다. 서로 주고받은 영향을 어떻게 무시할 수 있겠는가. 인도주의 원칙에 있어서만큼 북한의 전향을 독촉하는 것도 기대해볼 수 있다.

남한 정부에는 평양을 드나든 해외동포 이산가족에 대한 정책이 없다. 여전히 비공식 영역으로 남아 있을 뿐이다. 정부는 해외에서 북한과 협력하는 방안을 찾아야 할 것이다. 곧바로 가지 않고 이산가족이나 월남민을 매개로 외부세계에서 남북 교류를 확대하려는 정책이 유용할 수 있다. 통치체제의 민주성이 개인과 집단의 정치적 평등을 증대시키고 참여를 확대한다. 이 원리는 국내에만 한정되는 것이 아니다. 새로운 시대가 열렸지만 정부는 해외동포들의 북한 방문을 다루는 것에 능숙하지 않았다. 한반도 전체에 걸쳐 있는 사람들의 생존을 염두에 둔다면, 정부가 독차지한 이산가족들의 만남이나 대북 교류는 해제되어야 한다.

평양을 향해 반공주의를 적용하려는 여전한 시도는 재앙이나 다름없다. 법률의 형식으로 보자면, 북미주 월남민의 이산가족찾기와 북한 교류는 정치체제의 제도적 대의성代議性을 벗어나는 일이었다. 바꿔 말하면 남한 정부는 북미주 월남민의 다양한 활동을 지원하거나 뒷받침하지 못하고 억누르는 체제였다. 시민의 의견을 수렴하고 기본권을 보장하는 방향으로 민주주의를 제도화하고 있음에도, '북한'과 관련한 영역에서는 빗장을 걸어 잠그고 있었다.

분단사회는 해외동포 이산가족들에게 어느 한쪽의 사회를 선택하도록 강요해왔다. 해외에 거주하는 월남민들이 볼 때, 이산가족 상봉은 남한 대 북한 정부 수준으로 반드시 이루어져야 하는 것은 아니다. 이산가족찾기 사업이나 북한과의 교류에 대해 남한 정부는 사회의 다양한 이해와 가치를 가진 시민들을 대변하지 못했다. 인도주의 관점의 부재는 공권력 행사와 적용이 비록 합법이라는 절차적 형식의 합리성을 띠고는 있지만, 통치의 임의성을 증대시켜준 것에 불과하다. 그것은 폭넓게 존재하고 있는 이산가족, 월남민 또는 북한과 관련된 남한 사회와 해외동포의 다양한 활동을 왜곡했다.

평양을 다녀온 각 분야의 사람들이 남긴 수기와 여행기, 회고에서 보았듯이 그들은 북한에 관한 외부세계의 인식을 크게 개선시켰다. 비판적 사유를 할 수 있게 했고 이북이 처한 국내외의 환경에 대한 이해도 명확히 해주었다. '냉전'이 전파한 의식과 문화를 걷어차고 조국방문과 가족 만남, 당국자들과 가진 대화를 평화통일운동 차원으로 이해했다. 분단과 함께 살아온 월남민들에게 지구화는 초국적인 이주 현상을 보여준다. 국가의 경계를 넘어선 인구 이동과 분산은 남북관계의 또 다른 경로를 제시한다. 해외에 흩어져 있는 남북한 이산가족의 만남은 불가피하게 남북 교류로 확대되고 평화통일운동의 밑거름이 되었다.

　일부 정치 세력과 관료들은 남북관계를 한미관계의 종속으로 보는 경향이 있다. 북한 문제에 대한 정부의 취약성 중 하나가 미국과의 관계라는 의미다. 평화통일운동에 앞장선 사람들의 인식으로 비판하자면, 그들은 반통일 세력이다. 통일운동의 대중적 실천을 정치적 영향력의 확대를 도모하는 것으로 치부해서는 안 된다. 북한에 협조적이고 로동당과 신뢰를 바탕으로 협력하는 것을 남한에 적대적인 것처럼 재구성하는 담론이나 언론의 보도는 분단질서의 고착을 내부에서 부채질하는 것뿐이다.

　한 시대의 끝에 다다른 오늘날, 월남민들은 우리가 모르는 사이에 역사가 되어가고 있다. 이 현상을 당사자의 것으로 그 의미를 축소할 이유는 없다. 정치사회의 반목과 이념 중심의 사고방식을 벗어나려는 사람들이 남북한과 해외에서 교류에 앞장선 이들이다. 그들의 자부심은 정치인들의 허영심에 일격을 가했다. 월남민과 이산가족들이 사람들의 가슴속 깊은 곳에 호소하는 것이 있다. 북한 인민에 대한 이해와 그쪽

사회에 대한 편견을 삼가달라는 것이다. 그들은 국경처럼 분리되어 있
는 상태에서 남북관계에 대한 새로운 전망과 인식, 교류협력 같은 것들
에 대한 국가와 사회의 책임을 일깨워주었다. 누군가는 또다시 금단의
선을 넘어 평화통일운동의 디딤돌이 될 것이다.

사랑하는 가족을 몇십 년 만에 만나면 어떨까요. 상상에 사로잡힐 때가 있습니다. 아마 이러지 않을까 싶은데, 서로 떨어져 지낸 시공간을 단숨에 과거로 만들어버리겠죠. 그들은 이별 이후의 무소식에 친숙한 사람들이었습니다. 자신의 처지를 쉽게 말할 수 있는 것도 아니었죠. 희망은 과거가 되어 점점 사라지고 다시 만나지 못할 것이라는 절망은 굳어졌을 겁니다. 그만큼 분단이 가지고 있는 정치사회의 무게가 컸습니다. 고향과 출신을 밝히고 가족을 찾는 것이, 평양에 드나드는 것이 금지되어 있었기 때문이죠.

해외에서 북한과 협력한 사람들은 다른 것을 탐내는 것이 아니었습니다. 특권을 요구하는 것이 아니었지요. 북녘 땅에 태어난 사실만으로 감내해야 했던 말 못 할 사연으로부터 끊어진 관계를 회복하려고 했을 뿐입니다. 남한의 대북 정책과 남북관계의 영향을 받을 수밖에 없는 월남민, 이산가족들의 행보를 규범 속에 가두려고 하는 것이 얼마나 오만한 발상이겠습니까. 한쪽을 잃어버린 사람들은 서로 다른 정치체제와 지리의 장벽 앞에서 각자 나름대로 최선을 다한 셈이죠. 불가피하게 국가라는 존재를 의식하지 않을 수 없지만, 이 두려움을 이기고 등장한 개인의 사연을 밝히려고 이 책을 썼습니다.

전순영 여사의 사연은 이렇게 시작합니다. 본문에 남겨두었지만 그의 일생은 만주 용정에서 시작해 북한, 남한, 캐나다로 이어져 다시 평양과 서울로 향합니다. 『뉴코리아타임스』와 해외동포 이산가족찾기회 자료는 전순영 여사가 오랫동안 간직한 것입니다. 2016년 1월 토론토를 방문해 구술을 채록하고, 2017년 11월 다시 찾았을 때는 일주일 동안 사진과 자료에 대한 설명을 들었습니다.

평양을 배경으로 한 사진 속에는 낯선 인물과 사실이 너무 많았습니다. 정부와 학자, 시민사회가 외면했거나 귓등으로 흘려보낸 역사였죠. 같은 시간을 보내는 동안 아흔이 된 초로의 여인이 베풀어준 친절과 손수 장만해준 냉면을 잊을 수 없습니다. 토론토에서 도와주신 분들이 있어서 수월했습니다. 한인연합교회 정해빈 목사, 정학필 장로 그리고 토론토대학교에 계셨던 임혜영 선생님, 고맙습니다.

한 사람의 목소리에서 한반도의 지난 100년 시간이 다가옵니다. 전순영 여사는 자택에 보관한 자료를 연세대학교에 기증합니다. 2017년 11월 여사를 초청해 연세대학교 삼애캠퍼스에 있는 배민수 기념관과 묘소를 참배하는 것으로 작은 보답을 했습니다. 고양시에 있는 이 캠퍼스는 1967년 배민수 목사가 삼애정신(하나님 사랑, 농촌 사랑, 일 사랑)을 바탕으로 설립한 삼애농업기술학원이 있던 곳입니다. 1976년 그가 별세한 후 유족들이 기증해 연세대학교 캠퍼스가 되었죠. 엊그제께 출판 소식을 전하려고 국제전화를 했더니 반가운 목소리가 들려옵니다. 작년, 2019년에 평양을 다녀왔다는 최근 소식입니다. 낭랑하고 밝은 모습이 눈에 여전합니다.

책에서 밝힌 자료는 평양과 해외동포 이산가족찾기회의 기록입니다. 이것은 한 사람에 대한 것이 아니라 그와 같은 이산가족, 월남민 모두에 대한 것이죠. 이산가족이 아니라도 이 땅에 사는 누군가의 삶에 영향을 주는 남북한 사이의 교류와 협력, 평화통일에 관한 의제에 해당합니다. 헤어지는 곳, 마지막 사람, 숱한 장면으로 편철된 기록들은 누군가의 손을 거쳐 또다시 세상에 나오게 될 겁니다. 이 책에서 다룬 것은 그들의 노력에 비하면 아주 작은 모자이크 한 조각에 지나지 않습니다.

구술에 응해주신 분들에게 감사드립니다. 1950년 6월 어머니에게서 받은 편지를 건네준 이병욱을 비롯해 김경운과 김득렬, 이기활, 이수일은 부산에 계십니다. 삼화콘덴서 설립자 오동선, 소설가 이호철, 토론토의 황석근, 이춘수, 뉴욕의 김철웅, 임요한, 뉴저지의 유태영 목사, 뉴욕 주의 함성국 목사님, 모두 고맙습니다. 남쪽과 북쪽 두 나라의 명운을 생각하며 일생을 보낸 그들에게 위로와 존경을 보냅니다.

출판을 지원해준 (재)한국연구원 최상원 원장님과 직원 여러분께 감사합니다. 오래전입니다. 한국연구원과 인연을 맺은 지 20년이 넘었군요. 우리나라 최초의 인문사회과학 연구원으로서 귀중한 사료를 많이 보유하고 있습니다. 공부하는 데 큰 도움을 받았습니다. 진실화해위원회에서 일할 때는 국민보도연맹 중앙본부 기관지 「애국자」 창간호를 이곳에서 발굴했습니다. 도서출판 여문책 소은주 대표는 이 책의 첫 장부터 마지막 장까지 글의 의미를 명확히 하는 데 뛰어난 능력을 보여주었습니다. 훌륭한 편집자를 만나는 것은 저자의 또 다른 행운입니다. 고맙습니다.

그동안 연구활동의 성과를 줄곧 책으로 끝맺을 수 있었는데, 큰 행운입니다. 처음부터 염두에 둔 것은 아니지만 무의식중에 있었나 봅니다. 마침표를 찍는 것은 언제나 책이었습니다. 부족한 채로 마무리할 수밖에 없는 것은 완결된 삶이 없는 이치와 같을 겁니다. 글은 사물이 존재하는 형식과 우리의 인식을 다루는데, 무엇보다 그 정합이 중요하겠지요. 책상머리에서 글 욕심을 부리면 머릿속의 욕망 또한 견물생심 못지않습니다. 부족한 점을 이렇게 고백합니다.

아이가 태어나던 해부터 대모산을 빙 둘러 옮겨다니며 산 지 18년, 코로나19에 더욱 산을 자주 찾습니다. 다 떨어진 잎, 앙상하게 메마르고 하찮아 보이는 가지는 겨우내 이 나무의 존재를 의심하게 만들죠. 한겨울이 지나면 볼품없이 가느다란 가지에서 싹이 트고 봉우리가 맺힙니다. 무엇인가 제 형태를 갖추기까지 기다려야 합니다. 진가를 알아볼 수 있는 날이 오겠지요. 다른 사람들이 하지 않은 일을 한 사람들의 마음을 이렇게 헤아려봅니다. 지금 시작하고 마음에 둔 일이 있다면, 아마 세월이 흐른 뒤에 이와 같은 이치로 깨닫게 될 겁니다.

인간이 만물의 영장이라는 경구를 더는 맹신할 수 없군요. 하루빨리 폐기해야 할 유산입니다. 기후위기로 나타난 인류의 막다른 길 앞에서 삶의 방식을 바꾸지 않는다면, 내일은 신기루에 불과할 겁니다. 습관이 되어버린 사소한 일상을 변화시키기 위해서, 지구를 위해서 인류가 해야 할 몫이 점점 커지고 있습니다. 칼 세이건의 『창백한 푸른 점』을 꺼내놓고 보니 젊은 시절이 떠올랐습니다. 공중에 붕 떠 있는 지구를 우주에서 바라보는 모습을 상상하는 습관이죠. 성간공간의 암흑 속에서 태어난 생명의 근원을 생각합니다. 앤 드루얀의 『코스모스: 가능한 세계들』을 읽었을 때는 미래에 대한 그의 긍정이 한없이 부러웠습니다. 하지만 지금대로라면 인류가 파국을 피하기는 어렵지 않겠습니까.

우리는 영원히 사라지는 존재입니다. 누군가 기억하는 사람이 있겠지만 그래도 인간은 잊혀져가는 존재가 답이지 않을까, 이 생각을 지울 수 없군요. 삶에 욕망을 더하는 어리석음을 후회하면서 '스스로 그러한' 자연의 이치대로 하루하루 사는 것이 소중하다는 사실을 점점 깨닫습니다. 인류는 또 다른 세계를 향해 종점에 섰지요. 이 시간은 새로운 출발이라고 하기보다는 역사의 끝이라고 해야 할 겁니다. 이 땅에 존재하는 동안, 자연이 그대로 있기를 염원하는 부탄 사람들의 기도로 마무리합니다. 맞닥뜨린 어려움 속에서 작은 진전이라도 이루어지길 소망합니다.

2020년 10월
한성훈

단행본

강원용, 『빈들에서: 나의 삶, 한국현대사의 소용돌이 1』, 서울: 열린문화, 1993.

게오르그 짐멜 지음, 김덕영·윤미애 옮김, 『짐멜의 모더니티 읽기』, 서울: 새물결, 2005.

경기도 사이버도서관, 『전쟁으로 고향을 떠나온 경기도민 이야기』, 수원: 경기도 사이버도서관,
　　2015.

고 마태오, 『아, 조국과 민족은 하나인데: 고 마태오 신부 북한 방문기』, Los Angeles: 코리안스트
　　릿저널, 1985.

고 마태오, 『43년만의 귀향: 고 마태오 신부의 두 번째 북한 방문기』, 서울: 빛들, 1992.

국립국어원, 『표준국어대사전』, 서울: 두산동아, 2000.

국사편찬위원회, 『북미주 한인의 역사(상)』, 과천: 국사편찬위원회, 2007.

김귀옥 외, 『전쟁의 기억 냉전의 구술』, 서울: 선인, 2008.

김귀옥, 『월남민의 생활 경험과 정체성: 밑으로부터의 월남민 연구』, 서울: 서울대학교출판부,
　　1999.

김귀옥, 『이산가족, 반공전사도 빨갱이도 아닌: 이산가족 문제를 보는 새로운 시각』, 서울: 역사비
　　평사, 2004.

김덕홍, 『나는 자유주의자이다: 정치망명자 김덕홍의 회고록』, 서울: 집사재, 2015.

김련희 지음, 평양주민 김련희 송환준비모임 엮음, 『나는 대구에 사는 평양시민입니다』, 서울:
　　615, 2017.

김삼웅, 『리영희 평전: 시대를 밝힌 사상의 은사』, 서울: 책보세, 2010.

김성수, 『함석헌평전: 신의 도시와 세속 도시 사이에서』, 서울: 삼인, 2006.

김성훈 엮음, 『남북경협의 현장: 한 중 일 교역 당사자들, 이렇게 말한다』, 서울: 시민의신문사,
　　1996.

김세원, 『나의 아버지 김순남』, 서울: 나남출판, 1995.

김우종, 『이 조용한 시간에』, 서울: 범우사, 2003.

김우창, 『체념의 조형: 김우창 문학선』, 파주: 나남, 2013.

김정숙,『인천시 황해도민의 정착과 정제성 형성』, 한국교원대학교 교육대학원 석사학위 논문, 2007.

김종운,『전쟁포로: 송관호 6·25전쟁 수기』, 서울: 눈빛출판사, 2015.

김태청,『법복과 군복의 사이』, 서울: 원경, 2001.

김하영 외,『구술로 본 해외 한인 통일운동사의 재인식: 미국지역』, 서울: 선인, 2010

남근우 외,『구술로 본 해외 한인 통일운동사의 재인식: 일본지역』, 서울: 선인, 2010.

大韓民國政府,『6·25事變 被拉致者名簿 1~5』, 釜山: 大韓民國政府, 단기4285(1952).

데이비드 헬드 외 지음, 조효제 옮김,『전지구적 변환』, 서울: 창작과비평사, 2002.

리영희·임헌영,『(한 지식인의 삶과 사상) 대화: 리영희』, 파주: 한길사, 2005.

박명근,『소년병의 일기』, 파주: 문학동네, 2008.

박명림,『한국전쟁의 발발과 기원 2』, 서울: 나남출판, 1996.

박상섭,『근대국가와 전쟁: 근대국가의 군사적 기초, 1500~1900』, 서울: 나남출판, 1996.

박용규,『북녘에 두고온 교회』, 서울: 생명의말씀사, 1991.

신은미,『재미동포 아줌마 또 북한에 가다』, 서울: 네잎글로바, 2015.

방기중,『裵敏洙의 農村運動과 基督敎思想』, 서울: 연세대학교 출판부, 1999.

박종철,『중국인민지원군의 철군과 북중관계, 한반도 분쟁과 중국의 개입』, 서울: 선인, 2012.

박찬승,『마을로 간 한국전쟁』, 파주: 돌베개, 2011.

백승배,『아! 내고향 우리고향』, 서울: 예루살렘, 1993.

사미자,『종교심리학』, 서울: 장로회신학대학교출판부, 2001.

서광선, 서인선, 서철선, 서만선, 홍경만,『대동간 건너, 요단강 넘어: 서용순 목사 순교 60주년 추모문집』, 서울: 동연, 2010.

선우기성,『어느 운동자의 일생』, 서울: 배영사, 1987.

선우종원,『사상검사』, 서울: 계명사, 1992.

선우학원,『아리랑 그 슬픈 가락이여: 미주이민 90년을 맞으며』, 서울: 대홍기획, 1984.

선우학원·노길남·윤길상,『미주동포 민족운동 100년사』, 서울: 일월서각, 2009.

안쏘니 기든스 지음, 진덕규 옮김,『민족국가와 폭력』, 서울: 삼지원, 1991.

알프레드 그로세르 지음, 심재중 옮김,『현대인의 정체성』, 서울: 한울, 2002.

양은식 외,『분단을 뛰어넘어: 북한방문기』, 서울: 중원문화, 1988.

에곤 바 지음, 박경서·오영옥 옮김,『독일 통일의 주역, 빌리 브란트를 기억하다』, 서울: 북로그컴퍼니, 2014.

오동선,『지봉자전』, 서울: 삶과꿈, 2005.

오인동,『평양에 두고 온 수술가방』, 파주: 창비, 2010.

오재식,『나에게 꽃으로 다가오는 현장: 오재식 회고록』, 서울: 대한기독교서회, 2012.

외교부,『2018 외교백서』, 서울: 외교부, 2018.

유태영, 『제 소리』, 뉴욕: 가나안, 2010.

윤춘병, 『한국감리교 수난 100년사』, 서울: 기독교대한감리회본부 교육국, 1988.

이경남, 『분단시대의 청년운동: 자유대한의 원형을 찾아서(상·하)』, 서울: 삼성문화개발, 1989.

이임하, 『전쟁미망인, 한국현대사의 침묵을 깨다: 구술로 풀어 쓴 한국전쟁과 전후 사회』, 서울: 책과함께, 2010.

이종석, 『북한-중국관계』, 서울: 중심, 2000.

이호철, 『문』, 서울: 문학세계사, 1995.

이호철, 『탈향: 이호철 소설집』, 서울: 국학자료원, 2013.

이회림, 『걸어온 길: 동양화학 이회림 명예회장 자서전』, 서울: 삶과꿈, 1999.

임동원, 『피스메이커』, 서울: 중앙북스, 2008.

임시수도기념관, 『우암동 사람들의 공간과 삶』, 부산: 신흥기획, 2014.

장철희, 『격동기를 살아온 머슴살이 반세기: 설죽 장철희 회고록』, 서울: 설죽장철희회고록 발간 추진위원회, 2004.

제주4·3사건진상조사보고서작성기획단, 『제주4·3사건 진상조사보고서』, 서울: 제주4·3사건 진상규명 및 희생자명예회복위원회, 2003.

전충림, 『세월의 언덕 위에서』, 서울: 한겨레신문사, 1996.

정병준, 『현앨리스와 그의 시대: 역사에 휩쓸려간 비극의 경계인』, 파주: 돌베개, 2015.

조종무, 『아메리카 대륙의 한인풍운아들(상)』, 서울: 조선일보사, 1987.

존 포트만 지음, 서순승 옮김, 『죄의 역사』, 서울: 리더스북, 2008.

통일부, 『주간 북한 동향』, 제1334호, 2016. 11. 5.~11. 11.

통일부, 『통일백서』, 서울: 통일부, 2005.

투퀴디데스 지음, 천병희 옮김, 『펠로폰네소스 전쟁사』, 고양: 숲, 2011.

표인주 외, 『전쟁과 사람들: 아래로부터의 한국전쟁연구』, 서울: 한울, 2003.

한성훈, 『전쟁과 인민: 북한 사회주의체제의 성립과 인민의 탄생』, 파주: 돌베개, 2012.

한성훈, 『가면권력: 한국전쟁과 학살』, 서울: 후마니타스, 2014.

한성훈, 『인민의 얼굴: 북한 사람들의 마음과 삶』, 파주: 돌베개, 2019.

한인섭 편, 『거창양민학살사건자료집 Ⅲ(재판자료편)』, 서울: 서울대학교법학연구소, 2003.

함석헌, 『함석헌전집 4』, 서울: 한길사, 1988.

홍동근, 『(홍동근 북한방문기) 미완의 귀향일기: 주체의 나라 북한을 가다(상·하)』, 서울: 한울, 1988.

황석영, 『손님』, 서울: 창작과비평사, 2001.

후지와라 아키라藤原 彰 지음, 엄수현 옮김, 『일본군사사』, 서울: 시사일본어사, 1994.

T. H. 마셜·T. 보토모어 지음, 조성은 옮김, 『시민권』, 나눔의집, 2014.

논문, 수기, 자료

강인덕, 「평생 '공산주의 공부'를 업(業)으로 삼게 된 계기」, 월간조선, 『60년 전, 6·25는 이랬다』, 2010년 6월 월간조선 별책부록, 2010.

강인철, 「월남 개신교·천주교의 뿌리: 해방후 북한에서의 혁명과 기독교」, 『역사비평』, 제19호, 1992.

강정구, 「해방후 월남인의 월남 동기와 계급성에 관한 연구」, 한국사회학회 편, 『한국전쟁과 한국 사회변동』, 서울: 풀빛, 1992.

고바야시 소메이小林聰明, 「미군정기 통신검열체제의 성립과 전개」, 『한국문화』, 제39호, 2007.

김귀옥, 「한국전쟁과 이산가족: 지역에서 이산가족의 기억과 고통」, 김귀옥 외 지음, 『동아시아의 전쟁과 사회』, 서울: 한울, 2009.

김귀옥, 「해방직후 월남민의 서울 정착: 월남인의 사회·정치적 활동에 대한 접근」, 『典農史論』, 제9권, 2003.

김동선, 「지금도 어린 아이들의 고생을 보면 눈물부터 난다」, 월간조선, 『60년 전, 6·25는 이랬 다』, 2010년 6월 월간조선 별책부록, 2010.

김보영, 「분단과 전쟁의 유산, 남북 이산(분단 디아스포라)의 역사」, 『역사학보』, 제212호, 2011.

김성보, 「북미주 이민 월남민의 민족통일운동과 이산가족찾기 사업: '분단 디아스포라'의 관점에 서」, 김성보 편, 『분단시대 월남민의 사회사: 정착, 자원, 사회의식』, 서울: 혜안, 2019.

김아람, 「38선 넘고 바다 건너 한라산까지, 월남민의 제주도 정착과정과 삶」, 『역사문제연구』, 제 35호, 2016.

김재기, 「남북통일과정에서 재외동포의 대북한 경제협력: 중국 조선족과 재일 조총련 동포를 중 심으로」, 『한국동북아논총』, 제34집, 2005.

류동규, 「전후 월남작가의 자아정체성 기원-선우휘의 불꽃과 깃발 없는 기수를 중심으로」, 『비평 문학』, 제24호, 2006.

박금숙, 「동화작가 이영철의 생애 고찰」, 『동화와 번역』, 제32호, 2016.

박명자, 「지옥으로 끌려가던 의사와 간호사들」, 조선일보 특별취재팀, 『나와 6·25』, 서울: 기파랑, 2010.

박영숙, 「우리 가족은 금붕어의 生死에 운명을 걸 정도로 약한 존재였다」, 월간조선, 『60년 전, 6·25는 이랬다』, 2010년 6월 월간조선 별책부록, 2010.

박영실, 「정전이후 중국인민지원군의 對북한 지원과 철수」, 『정신문화연구』, 제29권 4호, 2006.

서일범, 「중립적 입장이어야 더 큰 역할 가능해―남북한 이산가족 교류에 있어 해외동포의 역 할―」, 『통일한국』, 제126권, 1994.

손기만, 「북한의 해외동포 정책에 관한 연구」, 경남대학교 북한대학원 석사학위 논문, 2001.

송해, 「뚫고 가까스로 피란 내려와 통신부대 입대…내가 휴전 전보 첫 타전」, 조선일보 특별취재팀, 『나와 6·25』, 서울: 기파랑, 2010.

신군식, 「난 인민군 소위였다」, 조선일보 특별취재팀, 『나와 6·25』, 서울: 기파랑, 2010.

안신, 「에릭 에릭슨의 종교심리학에 대한 연구―발달이론과 종교이론을 중심으로」, 『종교와 문화』, 제14호, 2008.

유광렬, "재기에 찬 소장 언론인―김형원 편", 『기자반세기』, 서울: 서문당, 1969.

윤공희, 「인민군이 성당 찾아와 반동분자 색출에 협조하라 요구」, 월간조선, 『60년 전, 6·25는 이랬다』, 2010년 6월 월간조선 별책부록, 2010.

이명희, 「반공주의와 작가정신: 월남 작가 박순녀의 경우」, 『아시아여성연구』, 제47권 1호, 2008.

이신철, 「월남인 마을 '해방촌'(용산2가동) 연구―공동체의 성격을 중심으로」, 『서울학연구』, 제14권, 2000.

이윤제, 「야마시타 사건과 상급자 책임」, 『서울국제법연구』, 제20권 1호, 2013.

이진영, 「통일과 글로벌 코리안 네트워크의 구축: 재외동포와 신뢰프로세스」, 『문화와정치』, 제1권 1호, 2014.

이진영·김판준, 「통일과 동북아 평화를 위한 재외동포의 역할 모색」, 『재외한인연구』, 제37호, 2015.

임헌영, 「내가 겪은 사건―74년 문인간첩단사건의 실상」, 『역사비평』, 통권13호, 1990. 장세진, 「원한, 노스탤지어, 과학―월남 지식인들과 1960년대 북한학지(학지)의 성립 사정」, 『사이間 SAI』, 제17호, 2014.

전소영, 「월남 작가의 정체성, 그 존재태로서의 전유―황순원의 해방기 및 전시기 소설 일고찰」, 『한국근대문학연구』, 제32호, 2015.

전충림, "혈육이 묻혀 있는 땅", 양은식 외, 『분단을 뛰어 넘어: 북한방문기』, 서울: 중원문화, 1988.

정영철, 「북한 재외동포 정책의 역사와 변화 가능성」, 『사회과학연구』, 제25집 2호, 2017.

정주아, 「'정치적 난민'의 공간 감각, 월남 작가와 월경의 체험」, 『한국근대문학연구』, 제31호, 2015.

조은, 「분단사회의 '국민 되기'와 가족―월남 가족과 월북 가족의 구술 생애이야기를 중심으로」, 『경제와사회』, 제71호, 2006.

조형·박명선, 「북한출신 월남인의 정착과정을 통해서 본 남북한 사회구조의 비교」, 변형윤 외, 『분단시대와 한국사회』, 서울: 까치, 1985.

지충남, 「재일동포사회의 '제3의 민족통일운동' 고찰」, 『한국동북아논총』, 제18권 4호, 2013.

지충남, 「한반도 통일에 대한 재일한인의 인식」, 『한국민족문화』, 제66호, 2018.

진실화해를위한과거사정리위원회, 「월남난민 양준호 간첩조작 의혹 사건」, 『2007년 하반기 조사보고서』, 2008.

진실화해를위한과거사정리위원회, 『국민보도연맹 사건 진실규명결정서』, 서울: 진실화해를위한

과기시정리위원회, 2009.

진실화해를위한과거사정리위원회, 「문인 간첩단 사건」, 『2009년 상반기 조사보고서 05』, 서울: 진실화해를위한과거사정리위원회, 2009.

진희관, 「북한의 재외동포정책 연구─재중총련, 재CIS동포, 재일총련 그리고 재미동포 정책 비교 연구를 중심으로─」, 『통일문제연구』, 제23권 1호, 2011.

차철욱, 「부산지역 피란민 유입과 피란민 공간만들기: 우암동 피란 여성을 중심으로」, 『석당논 총』, 제63권, 2015.

차철욱·공윤경, 「한국전쟁 피란민들의 정착과 장소성: 부산 당감동 월남 피란민 마을을 중심으 로」, 『석당논총』, 제47권, 2010.

한성훈, 「진영지역 학살과 진실규명: 역사의 법정과 희생자 복원」, 『역사연구』, 제21호, 2011.

한성훈, 「개인 편지에 나타난 북한 인민의 전쟁 서사」, 『경제와사회』, 제94호, 2012.

한성훈, 「중국 조선족의 독일 이주 연구」, 『동방학지』, 제163집, 2013.

한성훈, 「신해방지구 인민의 사회주의체제 이행」, 『북한연구학회보』, 제20권 2호, 2016.

한성훈, 「월남 지식인의 정체성: 정치사회변동과 자기결정성」, 『동방학지』, 제180집, 2017.

한성훈, 「월남민의 서사─출신지와 이산가족, 신념, 전쟁체험을 중심으로」, 『사림』, 제60호, 2017.

허은경, 「북한의 해외동포 정책 전담기구 분석─조선해외동포원호위원회와 해외동포사업국을 중심으로」, 『통일연구』, 제19권 2호, 2015.

구술 자료

강현두 구술, 이봉규 채록, 서울시 서초구 방배 1동 884-21, 102동 303호, 2015. 4. 15.

김경운 구술, 한성훈 채록, 부산시 수영구 광안로 258길 23, 3층, 2015. 10. 28.

김득렬 구술, 한성훈 채록, 부산시 서구 부민동 1가, 재부이북5도연합회 사무실, 2016. 1. 11.

김우종 구술, 김아람 채록, 서울시 동작구 상도로 구술자 자택, 2015. 4. 15; 4. 22; 4. 27.

김철웅 구술, 한성훈 채록, 미국 뉴욕 주 플러싱 금강산 식당, 38-28 Northern Blvd., Flushing, NY 11354, 2016. 2. 17.

김태청 인터뷰, 한성훈, 서울시 중구 태평로2가 계림합동법률사무소, 2005. 3. 30.

백승배 구술, 김성보 채록, 미국 캘리포니아주 포모나시 언약의 교회, 2016. 1. 24.

오동선 구술, 한성훈 채록, 서울 강남구 논현동 삼영빌딩, 2015. 3. 5.

유태영 구술, 한성훈 채록, 미국 뉴저지, 해링턴 파크, 유태영 자택, 2016. 2. 20.

이기활 구술, 한성훈 채록, 부산시 연제구 연산동 해암뷔페, 2015. 12. 17.

이병욱 구술, 한성훈 채록, 부산시 서구 부민동 1가, 재부이북5도연합회 사무실, 2016. 1. 11; 1. 22.

이수일 구술, 한성훈 채록, 부산시 서구 부민동 1가, 재부이북5도연합회 사무실, 2016. 1. 22; 3. 11.

이춘수 구술, 한성훈 채록, 캐나다 토론토 노스요크, 황석근 자택, 2017. 1. 20.

이호철 구술, 한성훈 채록, 서울시 은평구 불광동 구술자 자택, 2014. 12. 27; 2015. 1. 5.

임요한 구술, 한성훈 채록, 미국 뉴욕 주 플러싱 금강산 식당, 38-28 Northern Blvd., Flushing, NY 11354, 2016. 2. 18.

전순영 구술, 한성훈 채록, 캐나다 토론토 전순영 자택, 131 Beecroft Rd. North York, ON, M2N 6G9, 2017. 1. 20; 1. 22.

정학필 구술, 한성훈 채록, 캐나다 토론토 전순영 자택, 131 Beecroft Rd. North York, ON, M2N 6G9, 2017. 1. 22.

함성국 구술, 한성훈 채록, 906 Pondside Drive, White Plains, NY 10607, 미국 구술자 자택, 2016. 2. 19.

기타

『경향신문』, 1982. 11. 1.

『뉴코리아타임스』, 1990. 6. 9; 1992. 5. 23; 1992. 5. 30; 1993. 11. 6; 1996. 6. 22; 2000. 4. 8.

『동아일보』, 1963. 8. 7.

『미주중앙일보』, 1994. 8. 10.

『민족21』, 2001년 9월호(통권 제6호).

『서천신문』, 2008. 6. 16.

『송도민보』, 제154호, 2012.

『시사저널』, 제122호, 1992. 2. 27.

『五道民新聞』, 2015. 4. 23.

『월간 한국수필』, 2013년 1월호.

『재외동포신문』, 2020. 3. 10.

『중앙일보』, 1990. 10. 22.

『한겨레』, 1990. 10. 19.

『한국경제신문』, 1986. 10. 10.

MBC, 1990. 10. 22.

『중앙일보』, 1985. 9. 24.

『통일뉴스』, 2016. 2. 8.

NARA, RG242 Entry299 Box767 SA2009 Item 67, 「良心書」.

북한편

김일성, 「국가활동의 모든 분야에서 자주, 자립, 자위의 혁명정신을 더욱 철저히 구현하자」, 1967.
12. 16, 『김일성저작집 21』, 평양: 조선로동당출판사, 1983.

김일성, 「인민군대는 공산주의학교이다」, 1960. 8. 25, 『김일성저작집 14』, 평양: 조선로동당출판
사, 1981.

김일성, 「일본《요미우리신붕》기자가 제기한 질문에 대한 대답」, 1956. 11. 21, 『김일성저작집 10』,
평양: 조선로동당출판사, 1980.

김일성, 「재일본조선인총련합회결성 15돐에 즈음하여」, 1970. 5. 24, 『김일성저작집 25』, 평양: 조
선로동당출판사, 1983.

김일성, 「조선로동당과 공화국정부의 대내외정책의 몇가지 문제에 대하여」, 1971. 9. 25; 10. 8, 『김
일성저작집 26』, 평양: 조선로동당출판사, 1984.

김일성, 「조선민주주의인민공화국은 재일 조선동포들의 참다운 조국이다」, 1959. 12. 21, 『김일성
저작집 13』, 평양: 조선로농낭출판사, 1981.

김일성, 「조선정전축하 일본인민평화친선사절단 접견석상에서 한 연설」, 1953. 11. 9, 『김일성저작
집 8』, 평양: 조선로동당출판사, 1980.

김일성, 「총련사업에서 이룩한 성과를 더욱 공고발전시키자」, 1962. 1. 30, 『김일성저작집 16』, 평
양: 조선로동당출판사, 1982.

김일성, 『(김일성 회고록) 세기와 더불어 1』, 평양: 조선로동당출판사, 1992.

김일성, 『위대한 수령 김일성 동지의 불멸의 혁명 업적 18: 해외 교포 문제의 빛나는 해결』, 평양:
조선로동당출판사, 1999.

김일성, 『조선해외교포운동에 대하여』, 평양: 조선로동당출판사, 1985.

김정일, 「총련사업을 잘 도와줄데 대하여」, 1975. 3. 25, 『김정일선집 5』, 평양: 조선로동당출판사,
1995.

김정일, 『재일본조선인운동과 총련의 임무』, 평양: 조선로동당출판사, 2000.

사회과학원 력사연구소 편, 『조선전사 32: 현대편(사회주의 건설사 5)』, 평양: 과학·백과사전출판
사, 1982.

조선해외동포원호위원회, 「해외동포리산가족찾기회 앞」, 제4호, 1991. 7. 18.

『로동신문』, 1990. 1. 13.

『조선중앙통신』, 2016. 11. 5.

해외편

June Hee Kwon, "The Work of Waiting: Love and Money in Korean Chinese Transnational Migration", *Cultural Anthropology*, Vol. 30, No. 3, 2015.

Alberto Melucci, "The Process of Collective Identity", Hank Johnston and Bert Klandermans(ed.), *Social Movements and Culture*, The University of Minnesota Press, 1995.

Anthony D. Smith, "Culture, Community and Territory: the Politics of Ethnicity and Nationalism", *International Affairs*, Vol. 72, No. 3, 1996.

Anthony Giddens, *Modernity and Self-Identity: Self and Identity in the late Modern Age*, Cambridge: Polity Press, 1991.

Charles Tilly, "Citizenship, Identity and Social History", *International Review of Social History*, Vol. 40, Issue S3, Dec. 1995.

Edward W. Said, *Reflections on Exile and Other Essays*, Harvard University Press, 2000.

Frederik Barth, *Ethnic Groups and Boundaries*, Bergen: Universitats-fur Paget, 1969.

Jill Kiecolt, "Self-Change in Social Movements", in Selden Stryker(ed.), *Self, Identity and Social Movements*, Minneapolis/London: University of Minnesota Press, 2000.

Robert Segal, "Erik Erikson: Psychologist or Historian of Religions?", *Religion and Social Sciences*, Atlanta, GA: Scholars Press, 1989.

Stephen Castles, Mark J. Miller, *The age of migration: international population movements in the modern world*, Basingstoke: Palgrave Macmillan, 2009, 4th rev. ed.

Sunghoon Han, "The Ongoing Korean War at the Sinch'ŏn Museum in North Korea", *Cross-Currents: East Asian History and Culture Review*, Vol. 4, No. 1, May 2015; E-Journal No. 14, March 2015.

(재) 한국연구원 한국연구총서 목록

번호	저자	도서명	발간연도
1	김주수	신혼인법연구 1958	
2	이창열	한국경제의 구조와 순환	1958
3	홍이섭	정약용의 정치경제사상연구	1959
4	박병호	한국법제사특수연구	1960
5	이만갑	한국농촌의 사회구조	1960
6	남광우	동국정운식한자음연구	1966
7	김경탁	율곡의 연구	1960
8	이광린	이조수리사연구	1961
9	김두종	한국의학발전에 대한 구미 및 서남방의학의 영향	1960
10	이현종	조선전기 대일교섭사연구	1964
11	박동서	한국관료제도의 역사적전개	1961
12	김병국	한국중앙은행연구(영문)	1965
13	곽상수	한국조세연구	1961
15	김동욱	이조전기 복식연구	1963
16	박원선	부보상	1965
17	최학근	전라남도방언연구	1962
18	이기문	국어표기법의 역사적연구	1963
19	김은우	한국여성의 애정갈등의 원인연구	1963
20	서남원	외국원조의 이론과 실제	1963
21	이춘령	이조농업기술사	1964
22	노창섭	서울주택지역연구	1964
23	유인호	한국농업협업화에 관한 연구	1967
24	강신항	[운해훈민정음] 연구	1967
25	유원동	이조후기 상공업사연구	1968
26	김병하	이조전기 대일무역연구	1969
27	이효재	도시인의 친족관계	1971
28	최영희	임진왜란중의 사회동태	1975
29	원유한	조선후기 화폐사연구	1975
30	최태호	개항전기의 한국관세제도	1976
31	김완진	노걸대의 언해에 대한 비교연구	1976
32	하현강	고려지방제도의 연구	1977
33	김태준	임진란과 조선문화의 동점	1977
34	황패강	조선왕조소설연구	1978
35	이기백	신라시대의 국가불교와 유교	1978
36	김용덕	향청연구	1978
37	권영철	병와 이형상연구	1978
38	신용하	조선토지조사사업연구	1979
39	강신표	단산사회와 한국이주민	1980
40	소재영	임병양란과 문학의식	1980
41	이기동	신라골품제사회와 화랑도	1980
42	홍승기	고려시대 노비연구	1981
43	김두진	균여화엄사상연구	1981
44	신동욱	우리 이야기문학의 아름다움	1981
45	이기준	한국경제학교육사연구	1982
46	민현구	조선초기의 군사제도와 정치	1983
47	정형우	조선시대 서지사연구	1983
48	조희웅	한국설화의 유형적연구	1983
49	김용숙	한중록연구	1983
50	이배용	구한말광산이권과 열강	1984
51	윤근호	한국회계사연구	1984
52	김학준	북한. 중공관계1945-'84 (영문)	1985
53	이태진	조선후기의 정치와 군영제변천	1985
54	박은경	한국화교의 종족성	1986
55	권병탁	약령시연구	1986
56	김용선	고려율서제도연구	1987
57	김영자	한국복식미의 연구	1987
58	양동휘	한국어의 대용화	1988
59	정두희	조선성종대의 대간연구	1989
60	오두환	한국근대화폐사	1991
61	윤홍노	이광수 문학과 삶	1992
62	정규복	한국고소설사의 연구	1992
63	김동철	조선후기 공인연구	1993
64	이희덕	한국고대자연관과 왕도정치	1994
65	이호영	국어 운율론	1997
66	오 성	조선후기 상업사연구	2000
67	우대형	한국근대농업사의 구조	2001
68	김철웅	한국중세 국가제사의 체제와 잡사	2003
69	오항령	한국 사관제도 성립사연구	2003
70	노계현	간도 영유권 분쟁사	2006
71	백옥경	조선 전기 역관 연구	2006
72	홍정근	호락논쟁의 본질과 임성주의 철학사상	2007
73	유헌식	한국인의 일상행위에 감춰진 의미구조 연구	2008
74	김현숙	근대 한국의 서양인 고문관들	2008
75	최선일	17세기 조각승과 불교 연구	2009
76	김도형	일제의 한국농업정책사 연구	2009
77	금지아	한중 역대 서적교류사 연구	2010
78	이 찬	한국 현대시론의 담론과 계보학	2011
79	송기한	서정주 연구-근대인의 초상	2012
80	노용필	한국도작문화연구	2012
81	엄연석	조선전기역철학사	2013
82	박광연	신라법화사상사연구	2013
83	박미선	신라 점찰법회와 신라인의 업·윤회 인식	2013
84	김병길	역사문학, 속과 통하다	2013
85	표정옥	신화적 상상력에 비쳐진 한국 문학	2014
86	허용호	인형연행의 문화전통연구	2014
87	문성화	「삼국사기」와 「삼국유사」의 역사인식과 역사의식	2015
88	이경재	다문화 시대의 한국소설 읽기	2015
89	김수연	유(遊)의 미학, 「금오신화」	2015
90	홍성민	감정과 도덕, 성리학의 도덕감정론	2016
91	박해훈	한국의 팔경도	2017
92	김우연	궁중의례미술과 십이장도상	2018
93	박평식	조선전기 대외무역과 화폐연구	2018
94	임채우	한국의 신선 그 계보와 전기	2018
95	엄태웅	대중들과 만난 구운몽	2018
96	허태구	병자호란과 예 그리고 중화	2019
97	한성훈	이산-분단과 월남민의 서사	2020

지은이 | **한성훈**

사회학자. 연세대학교 대학원 사회학과 박사, 현재 국학연구원 연구교수. 연세대학교 사회발전연구소에서 '시민사회의 대안적 발전모델에 관한 동아시아 비교연구'와 국학연구원에서 '월남민 구술생애사 조사연구'에 전임연구인력으로 일했다. 여러 대학에서 강의했으며 연세대학교에서 최우수 강사로 선정되어 총장상을 수상했다. 대통령소속 의문사진상규명위원회에서 임용준과 허원근 의문사건, 강제징집 녹화사업을 조사했고 진실·화해를위한과거사정리위원회에서 한국전쟁 때 일어난 민간인 학살사건을 밝히고 종합보고서를 작성했다.

저서로 『전쟁과 인민: 북한 사회주의 체제의 성립과 인민의 탄생』(2012), 『가면권력: 한국전쟁과 학살』(2014), 『학살, 그 이후의 삶과 정치』(2018), 『인민의 얼굴: 북한 사람들의 마음과 삶』(2019)이 있다. 함께 쓴 책으로 『인권사회학』(2013), 『한국현대 생활문화사 1950년대: 삐라 줍고 댄스홀 가고』(2016), 『질적 연구자 좌충우돌기: 실패담으로 파고드는 질적 연구 이모저모』(2018)가 있다. 발표한 글은 「국가폭력과 반공주의: 고문조작간첩 피해자를 중심으로」(2015), 「하미마을의 학살과 베트남의 역사 인식: 위령비와 '과거를 닫고 미래를 향한다'」(2018) 외에 여러 편이 있다.

사회인문학과 예술의 만남, 연구주제의 형상화를 중요하게 생각해 2014년 제10회 광주비엔날레 "터전을 불태워라" 오프닝 작품 〈내비게이션 아이디 Navigation ID〉 제작에 참여했다. 민간인 학살을 다룬 이 작품은 경산 코발트 폐광과 진주 명석면 용산고개에서 발굴한 유해 그리고 유족들을 광주로 이송하는 전 과정을 현장에서 생중계한 퍼포먼스였다. 세월호 참사 이후 연극 동인 '혜화동1번지'의 초청으로 죽음에 대한 사유와 국가 책임, 가해자를 주제로 강연하면서 대학로와 인연을 맺었다. 이를 계기로 2017년 두산아트센터에서 공연한 해보카 프로젝트HaVokA Project의 〈캇트라인〉에서 배우로 무대에 섰고, 다양한 연극에서 드라마투르기에 관심을 갖고 관객들을 만났다. 장기적인 사회변동에 주목해 중대한 인권침해와 사회운동, 한국전쟁이 남북한 사회에 미친 영향, 북한 인민의 사회상을 꾸준히 밝혀왔으며 '평화통일운동과 남북교류협력 구술채록' 연구를 진행하고 있다. 전쟁과 평화에 관한 민주시민교육 강연과 글쓰기에 나섰고, 최근에 성간 우주와 생명체의 근원에 대한 탐구에 빠져 종로문화재단 아름꿈도서관의 2020년 '도서관 길 위의 인문학'에서 기후위기를 주제로 강연을 시작했다.

· 나도 너를 보지 못하고
늘을 강는줄 알았는데
이렇게 비소성을 듣자고
산것만 같구나.
   그저 너를 만나고 싶은
마음 뿐이다.
   편지라도 빨리 보고
싶구나.
   학수고대한엿